シリーズ「自伝」my life my world

真実に悔いなし

親鸞(しんらん)から卑弥呼(ひみか)へ
日本史の謎を解読して

古田武彦

シリーズ「自伝」
my life my world

ミネルヴァ書房

刊行のことば

自伝を書くのは勇気の要ることである。自分が仕事をなしとげ、回顧し、歩んだ途を後輩に伝えるのが自伝であるとすれば、学者の場合「功」はともかく、「学」成って初めて書けるのかもしれない。日本で最もよく読まれ、成功した自伝は『福翁自伝』であろうが、刊行は福沢諭吉が没する二年前であった。

しかし、一方で学問には終わりがないことを考えるならば、誰も自伝は書けなくなる。もちろん数学や物理学のようなハード・サイエンスでは、比較的若いうちに勝負は決まり、ソフト・サイエンスたる人文科学系の学問では、知識・資料の集積がものをいうので、集大成は晩い。社会科学はその中間だろう。このように分野による違いはあるにしても、もうすべてやり尽くしたと考える者はいないだろう。

そういったことは承知の上で、このシリーズ「自伝」my life my world は企画された。したがって、著者は自伝が書かれた時点での達成過程を書くわけで、何年か後にそれを自ら否定することだってあり得る。重要なのは、いかなる動機でその世界を出発させ、どのように進展させ、時には遍歴し、とにかくあるところまで達成したか、の軌跡を公開することである。ある場合には失敗もあったろうし、壁にぶつかったり、悩んだりしたに違いない。それらがどう乗り越えられたかを知ることだけでも、その個人の経験を超えた、「知」の求道が読み取れるだろう。この点が、本シリーズが、単なる伝記シリーズではなく、シリーズ「自伝」my life my world と銘打たれる理由である。

平成二二年（二〇一〇年）一月

速水　融・日髙敏隆

第８回古代史セミナーにて
（平成23年11月５日，八王子大学セミナーハウス）

メガーズ博士と

初期三部作
(『「邪馬台国」はなかった』,『失われた九州王朝』,『盗まれた神話』)

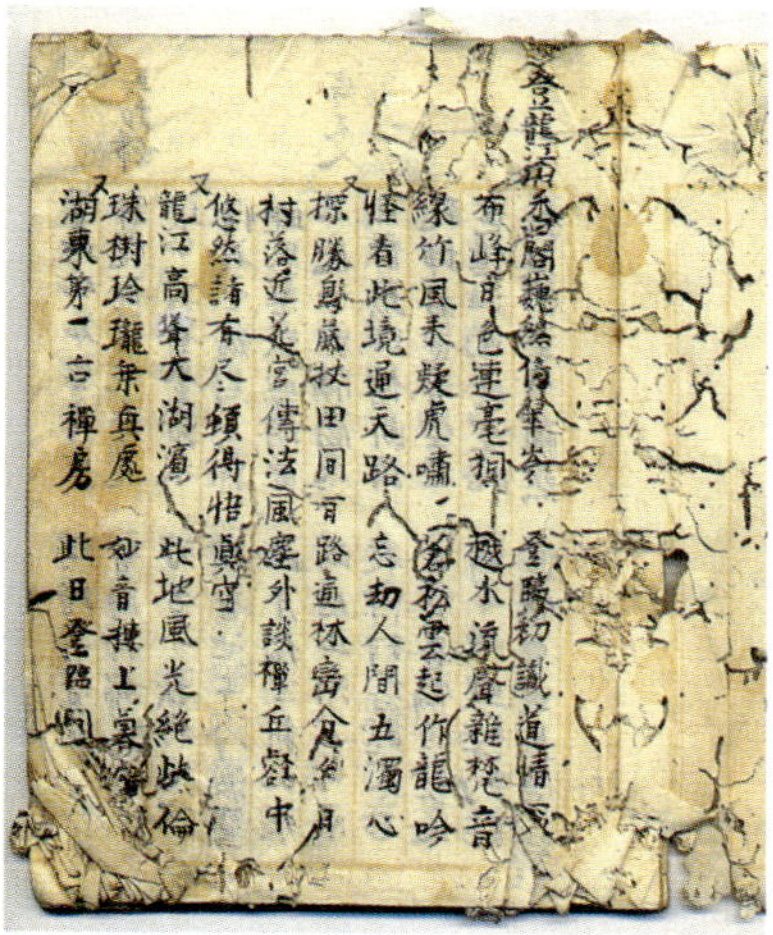

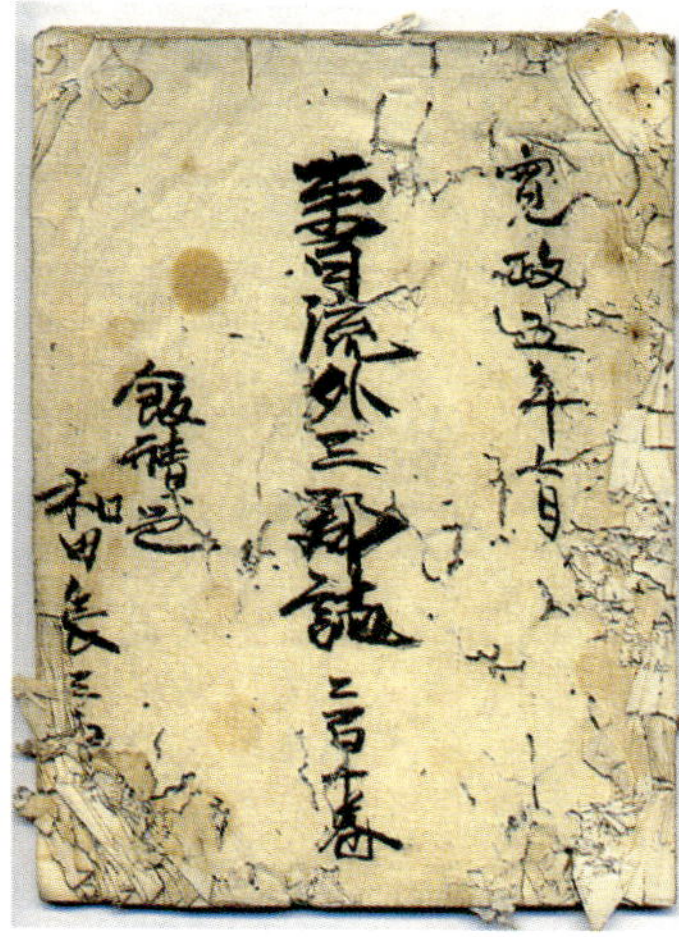

「寛政五年七月　東日流外三郡誌二百十巻　飯積邑　和田長三郎」（寛政原本）

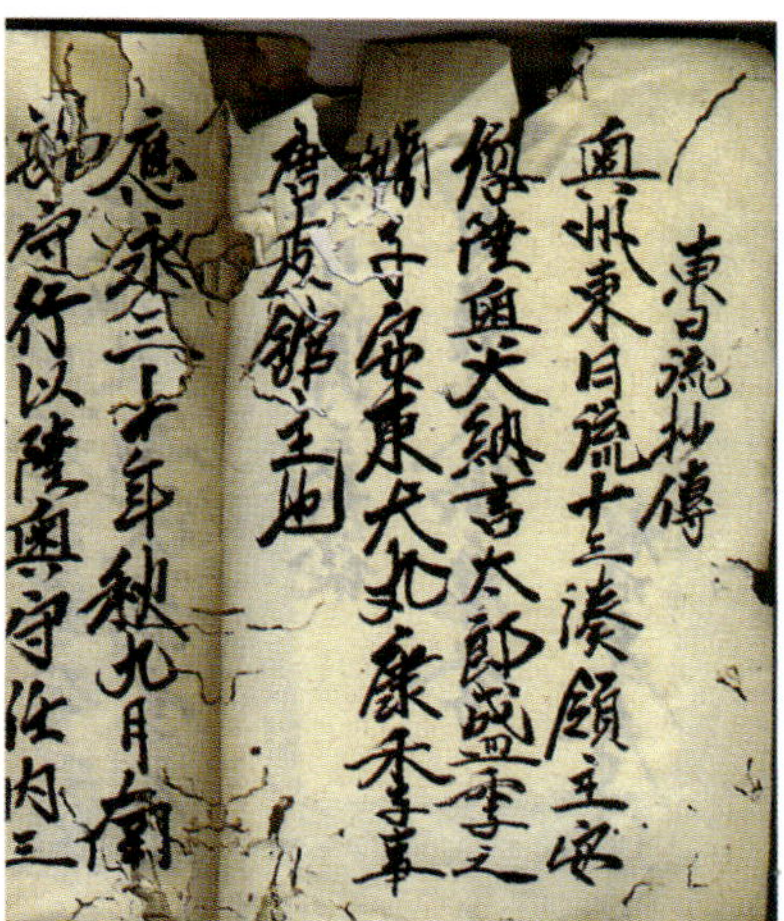

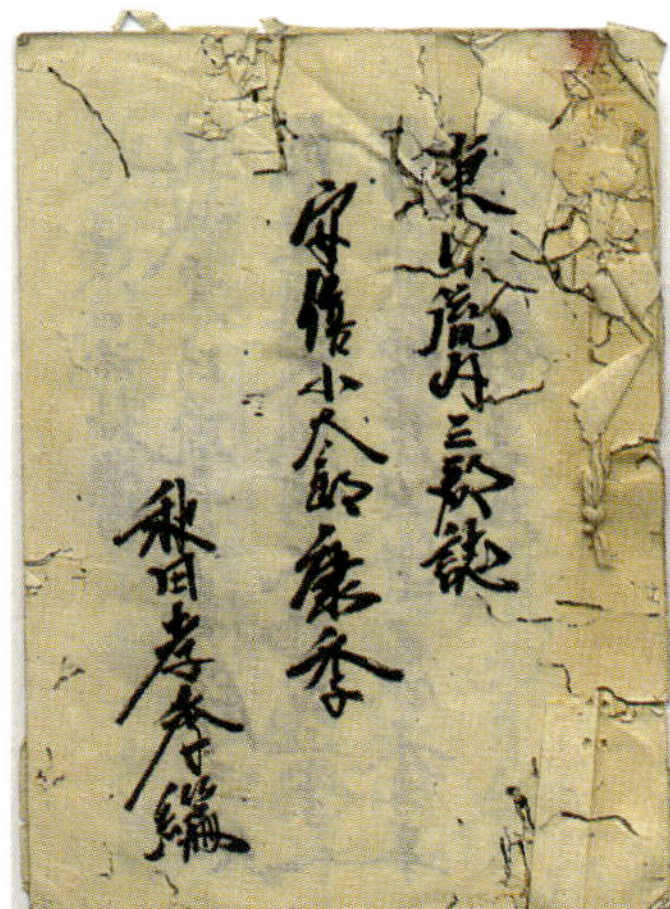

「東日流内三郡誌　安倍小太郎康季　秋田孝季編」（寛政原本）

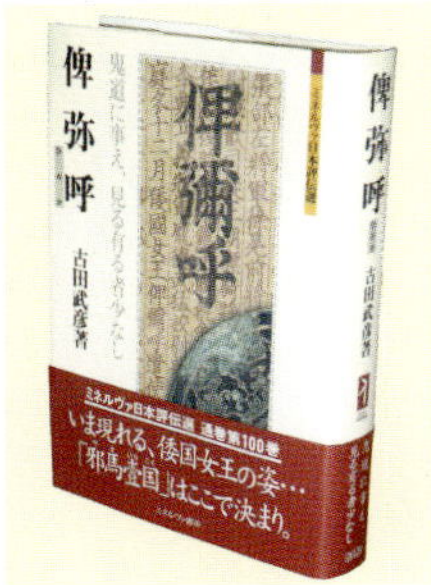

『卑弥呼』

『親鸞思想』

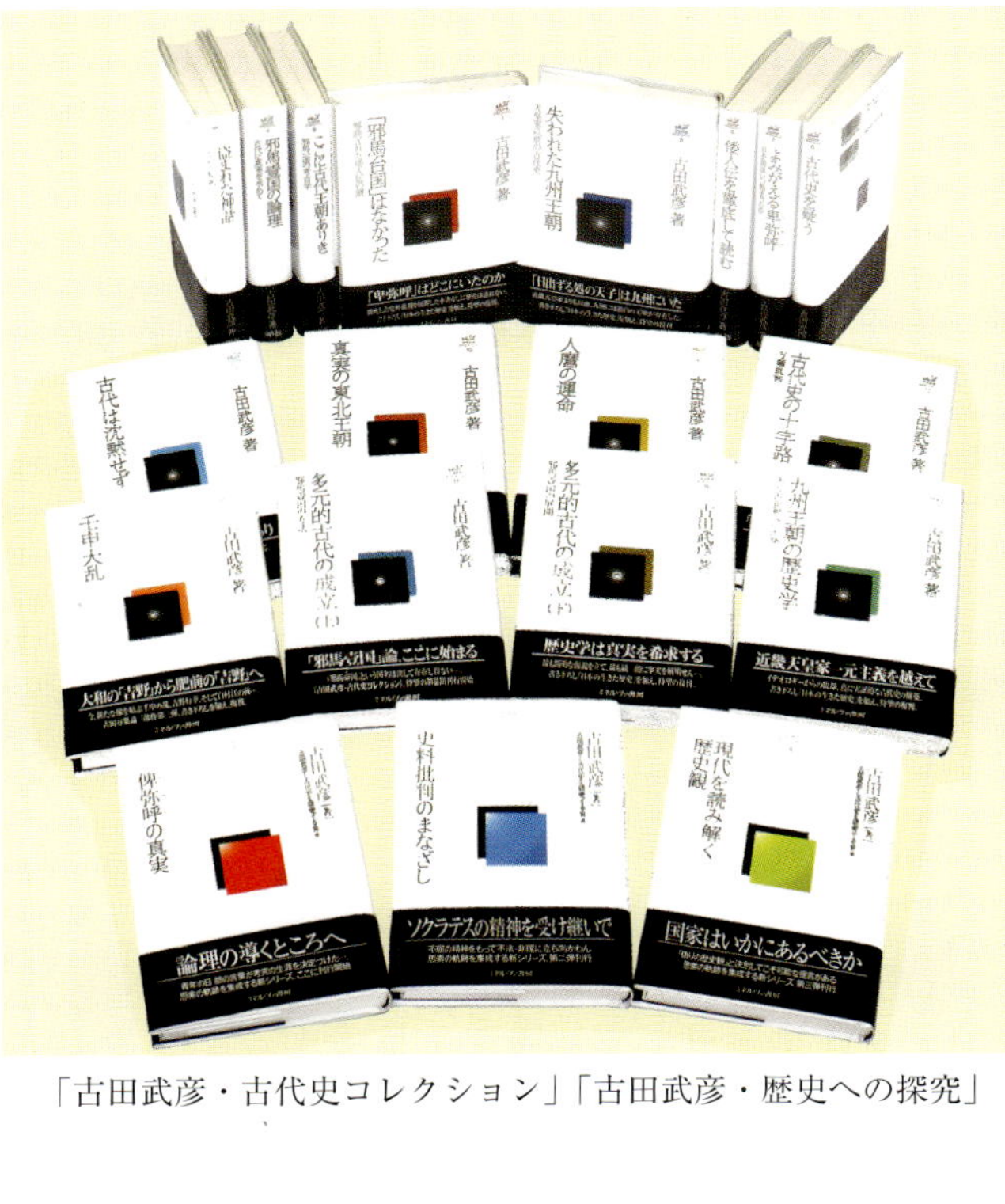

「古田武彦・古代史コレクション」「古田武彦・歴史への探究」

はしがき

運命の一書である。

『俾弥呼（ひみか）』（ミネルヴァ日本評伝選）を書き終ったとき、わたしは後生に残すべき、すべてを書いた。そのように信じた。「いつ、生涯が終っても、悔いるところはない。」そう思ったのである。

けれどもなお、余命を保ち、この研究自伝に筆を染めた。そして稿を終える今日を迎えた。何たる幸いであろうか。運命の神に対して、わたしは言葉がない。

この本を書きすすめるとき、指針は一つしかなかった。「虚偽を書くな。」この一語である。

現代は「立て前」の社会だ。本音とは別の「公の口実」をもとに〝語り〟〝教え〟ている。〝いつわりの情報〟が、新聞やテレビ、大手のメディア、そして「公教育」をも〝侵して〟いるのだ。日本も、世界も。

たとえば、その一例。「日出ず（づ）る処の天子、書を日没する処の天子に致す。恙（つつが）なきや。」の「名文句」は、近畿天皇家の推古天皇（女性）の発言ではない。筑紫の多利思北孤（タリシホコ）の言葉だ。彼は男性である。九州王朝の天子なのである。七世紀前半、同時代の史書、『隋書』に記するところ。彼から中国側（隋朝）に送られた国書の「自署名」そしてその国書の「中心」をなす「名文句」だったのである。著者の魏徴（ぎちょう）は、その国書を見ながら、この一節を書いているのだ。

だが、わが国の「公教育」では、この事実を「無視」してきた。この三十数年間、わたしが何回これを〝くり返し〟て叙述してきたか、すべての読者の「周知」するところ。しかし「公教育」や大手メディアの「立て前」では「古田説はなかった」「九州王朝説など存在しない。」その「虚偽の日本」の歴史を発信しつづけてきた。明治以降の百三十年の宿痾（しゅくあ）（永い持病）、国家が採用してきた〝いつわり〟の歴史像にもとづいているのである。

もちろん、「こと」は日本の歴史問題にとどまらない。中国や韓国の歴史認識についても、同じだ。アジアも世界も、「日本の公教育」の下にはいない。だが、同類である。

真実の日本が今、どれほど輝ける未来の「眼前」にあるか、その肝心の一事を、国民に告げ知らせる人々がいない。あまりにも乏しいのである。それが「現代の現実」だ。

わたしは今、それらを率直に語ろうと思った。そしてここに語り尽くしたのである。――では。

真実に悔いなし——親鸞(しんらん)から俾弥呼(ひみか)へ　日本史の謎を解読して　目次

はしがき

第一章　わたしの学問形成

1　幼少のころ

故郷

わたしは大正十五年（一九二六）八月八日、福島県の喜多方で生れた。今はラーメンの町として有名だが、当時は日本酒の名産地だった。父親（貞衛）が旧制喜多方中学の英語の教師として在任していた時である。

後日、その生家をおとずれたが、今は医院となり、当主はわたしとほぼ同年に近い方だった。

生れて八ヶ月経ったとき（昭和二年〈一九二七〉三月）、父が転任となり、わたしも連れられて広島県の呉に移った。軍港のある町だった。広島県立呉二中への転任であり、教頭として招かれたのである。

後述するように、父は広島市の旧制広島高等師範学校の出身だったから、母校近くの広島県内へと招かれたのだった。

「武彦」の由来

「武彦」という名前をつけた由来について、父親に聞いたことがある。答えなかった。かつて陸軍士官学校への受験を志したが「近眼」のため、断念したというから、それなりに「武」の一字に対する理想をもっていたのであろう。かえってそれを明確に説明しにくかったのかもしれない。

そこで、わたしは考えた。

「武」は、「戈（くわ。「干戈」は武器の総称）を止める」という字形だ。事実、

「戈を止むる、武と為す。」（説文解字）

「文は、戈を止むる、武と為す。云云、夫れ武は暴を禁じ、兵を戢（おさ）め、大を保ち、功を定め、民を安んじて衆を和らげ、財を豊かにする者なり。」（左氏春秋伝、宣、十二）

とある。

諸橋大漢和辞典で「干戈の力により、兵乱を未発に止める」と解しているのは「後代のイデオロギー」による「再解釈」にすぎず、文字そのものは、端的、かつストレートだ。それを二つの引文がしめしている。

とすれば、わたしが今、総力をあげて取り組んでいる「宗教」と「国家」論、その未来としての「人類における戦乱の終滅」そして「原水爆と原発の完全廃滅」のテーマは、あるいは天がわたしに課した最終の運命なのかもしれぬ。父母に感謝したい。

（右の「戢〈シフ〉」は「兵器をおさめる」意であり、「武器をあつめ蔵して後に用いぬ、戦争をやめること。」

〈詩経、説文、及び左氏伝等〉に用いられている。〉

昭和八年、呉市の東本通小学校（通称）へ入学した。自宅は学校から裏道を上ったところ、溝路町(みぞろ)にあった。「ようち」という高台に登ると、市街地の一角を見おろすことができた。ここでは兄（孝夫）と〝追っかけっこ〟をしていて、段差に気づかず、左腕を折ったこともあった。自宅のすぐそばの空地(あきち)には夕方になると、赤とんぼや鬼やんまなどのとんぼが集ってきた。わたしは晩御飯の時間まで、とんぼの大群に見とれていた。やがて日が暮れると、家へ帰った。

血袋と母

わたしにとっての最初の「事件」は、喜多方時代にあった。それは「生れる前」の事件だった。母親（玉意）が二階から下へ降りようとしたとき、つまづいて転んだ。わたしをお腹(なか)にもったまま、下まで〝落ちた〟のである。

生れてみると、赤児のわたしの左目の上に大きな血袋(ちぶくろ)ができていたという。落下の痕跡だと思われたのである。

母は気に病(や)んだ。市内各地の医院をたずねた。雪状(せつじょう)炭酸で〝散らす〟ことができる、と医師に告げられ、その手術を受けたけれど、逆に血袋が周辺へと〝拡散〟しただけだった。母はさらに悲しんだ。

わたしは母に告げた。「もしぼくが悪い人間になったら、他(ひと)から『あの人は顔も醜い上に、心がけも悪い。』と言われるよ。でも、『いい人』になったら、『あの人は顔は醜いけど、あんなに立派な人だ。』と言われる。心配しなくていいよ。」

と。母は絶句してわたしを見つめた。

　これをここに書くのは、他でもない。この研究自伝を報告したい、第一の人はこの母親なのである。ここに「ウソ」や「誇張」や「一片の不正直」でもあれば、わたしは死しても、母に会わす顔がない。その報告の発端、それがこの「事件」にはじまっていたのである。

　一つ、わたしにとって、重要な「後日譚」がある。この原稿執筆中、わたしの病室に来られた、（北多摩病院の）院長、加藤一良（かずよし）さんに、例の「血袋」の話をしたところ、「それはちがいますよ。」と言われる。驚いて、問いかえすと、

「それはイチゴ状血管腫だと思いますよ。階段から落ちてできる、そんなものじゃありません。それなら、脳がやられていますよ。」

とのこと。確かに、脳の方は、この八十六歳まで「健在」だから、言われる通りだ。

加藤さんは、早速、皮膚科の沖永美彌子先生を呼んでこられた。沖永さんも、同意見だった。

おそらく、昭和初年の頃と現在との「医学知識の落差」が影響しているのかもしれない。わたし自身は、その「治療」のための、雪状炭酸の器械（「金属のつつ状のもの」）をよく覚えている。

「当時としては、それしか、方法はなかったんでしょう。」

加藤さんはそう言われたが、もちろん今さら「手術」してどうこう、という年齢ではない。

ただ、死んで亡母に会うことができたら、土産話としてそれを告げることができるかもしれない。

溝路町時代の思い出がある。この頃、将棋に没頭した。町内にリーダーがいて教えられ、その魅力に捕えられ、夢中になった。夏にはあちこちの家々の前に長椅子の縁台がおかれ、優劣を競った。当時の日本では、至るところで見られた光景であろう。やがて町内の将棋大会がもよおされ、わたしは優勝した。けれども、やがて、プッツリと将棋を止めた。

将棋への熱中

その理由は、一つ。将棋以外の、何事にも一切興味がもてなくなったからである。勉強であれ、遊びであれ、目も耳も心も、一切関心を失なった。「これは、危い。」そういう声が自分の中から聞えてきた。だから、この類の勝負事には、決して手を出さない。わたしが自分に課した掟である。

もっとも、勝負事といえば、後年パチンコに入りびたったことがある。長野県の松本、浅間温泉の木村さんのお宅、瀬戸屋に下宿していた頃、勤務はもちろん、松本深志高校、浅間から歩いて登校、下校していた。

夢中になる気質

その浅間の温泉街の坂道の中ほどにパチンコの店があった。この店に入ると、わたしの目指した、一つの台のところに行き、その台の一つの特定の穴をねらって玉をはじいた。後に一般化した自動式のものは、まだなかったから、一回一回、玉を入れてはじく方式だった。

だから、習熟してくると、玉がその台の自分の狙った特定の穴に落ちる確率はきわめて高くなった。何回かに一回は、その穴に落ちるのである。面白くなくなって、止めた。素朴な機械で、景品などもなかったけれど、あれも「勝負事」といえば、いえるのかもしれない。

わたしには生来、「勝負事」に熱中する要素と、それを危険視してみずから遠ざかる要素と、二つの心が同居しているのかもしれない。もっとも、こんな経験なら、誰しももっている、人間の心裡の一端にすぎないのかもしれない。ただ、自分の心の中に「それは止めろ。」とささやく強い声の存在すること、それは確かだ。

あるいは、限りある人生を生き抜くための「選択の知恵」なのかもしれない。今わたしの住んでいる、京都府の向日市には競輪場があり、阪急東向日駅やJR向日町駅から、「一山」をねらった人々の列が日曜など出来ていたけれど、わたしは一回も足を向けたことがない。自分の「夢中になる」性癖を熟知しているからである。

五・一五事件と世相

東本通の学校生活は恵まれていた。授業は各科目とも楽しかった。休み時間は当時流行(はや)っていたドッヂボールをやり合った。ボールを投げつけて相手に当れば、彼は〝死ぬ〟。受けとめられれば、こちらが〝死ぬ〟のだ。最後まで〝残った〟者の勝ち、という単純なスポーツだ。大柄で、動作も機敏な方だった、わたしには得意のゲームだった。

授業で〝不便〟だったのは「図画」の時間だ。なぜなら、「軍港」であるために、外の景色を〝写生〟することが禁止されていたのである。「灰ヶ峰」という中心の山のふもとの美しい町だったけれど、一切写生禁止なのである。代って〝ぬいぐるみ〟の熊さんやワンちゃんなどの写生が多かった。

やがて外界で本当の「事件」がおこった。昭和七年五月十五日、いわゆる「五・一五」と呼ばれる政変である。海軍の青年将校たちが「反乱」をおこし、時の総理大臣の犬養毅(いぬかいつよし)等を射殺したのである。「君側の奸を討つ」というのが、彼等の名目だった。

わたしの小学校でも、隣の二組の若い担任がこれに〝呼応〟して学校を去った。青年将校たちの一団に加わるためだったと聞いた。

わたしの担任は肥和田（ひわだ）先生という、中年の温和な先生だったけれど、一組と二組と計二組の担任を任されて、四苦八苦しておられた。その若い担任の、その後の運命は、わたしは知らない。

けれども、当時の世相は必ずしも〝ピリピリ〟していたわけではない。むしろ、浮薄というか、〝浮っ調子〟だったように見えた。たとえば、学校の帰りに、友だちと一緒に繁華街に行くと、歌謡曲や映画のパンフレットをくれた。それを〝集めて〟喜んでいたという記憶がある。そのような時勢のさ中に、あの「五・一五」またやがて「二・二六」の〝事変〟は勃発したのである。

こうしてみると、現在の一見〝浮っ調子〟な政治状勢の中でも、否、だからこそ「政治テロ」めいた事件が〝突発〟しても、あるいはおかしくないのかもしれない。最近〝リフレイン〟されている、三島由紀夫の事件も、あるいはその「予告」なのかもしれないのである。

「歴史をやろう」

そのような世相は、わたしには関心がなかった。家の中がわたしの世界だった。父と母、そしてお手伝いさん。父母の郷里の土佐（高知県）から親戚の方が来ていた。

そして忘れてならぬ「家族」がいた。ナポレオン。通称、ナポ。わたしが猫に命名した名前だ。

この名前には、由来がある。この頃、わたしが夢中になった本が二冊あった。一つはジャンヌ・ダルク。もう一つはナポレオンの伝記だった。二人の生涯の数奇さに酔い痴れ、愛猫の名前に「命名」

したのである。

この二冊がわたしの生涯を左右した。「歴史をやろう。」少年の志は決定された。のちに、旧制広島高校を受験したとき、英・数・国の三科目の中で、数学の答案が良かった、と言って、細川藤右衛門という数学（波動力学）の教授が志望を「文科から理科へ」変えるように、父親（旧制広島二中の校長）へとすすめに来てくれた。当時「理科」は徴兵延期ができたのである。

しかし、父からそれを聞いたわたしは、直ちにことわった。「ぼくは歴史をやるんだ。」と。徴兵延期など、支葉末節だった。

もっとも、ずっとあと（五十代頃か）、この話を聞いた、ある方が「忠告」してくれた。「ナポレオンは、エジプトへの侵略者なんですよ。」と。その資料も送って来られた。しかし、そんなことは、わたしの関心からは関係がなかった。ピラミッドの下で「お前は何千年もの間、わたしの来るのを待ちつづけていたのか。」と呼びかけたという、その応答に胸がしびれたのである。

そのような「征服者」そして「侵略者」としての彼が、やがて一転して敗者となり、セント・ヘレナの孤島で幽囚の中で死んでいった、そのような「時」の流れに感動したのだ。「歴史」を見たのである。

ジャンヌ・ダルクについては、言うまでもない。祖国の危機の前に、スックと立ち上り、祖国の独立の運命を守り、みずからは敵の捕囚の中で死んでゆく、その生涯の変転に打たれたのだ。

最近、学術論文の「『男系男子』の史料批判」（『東京古田会ニュース』第一四七号、「学問論」第三十六

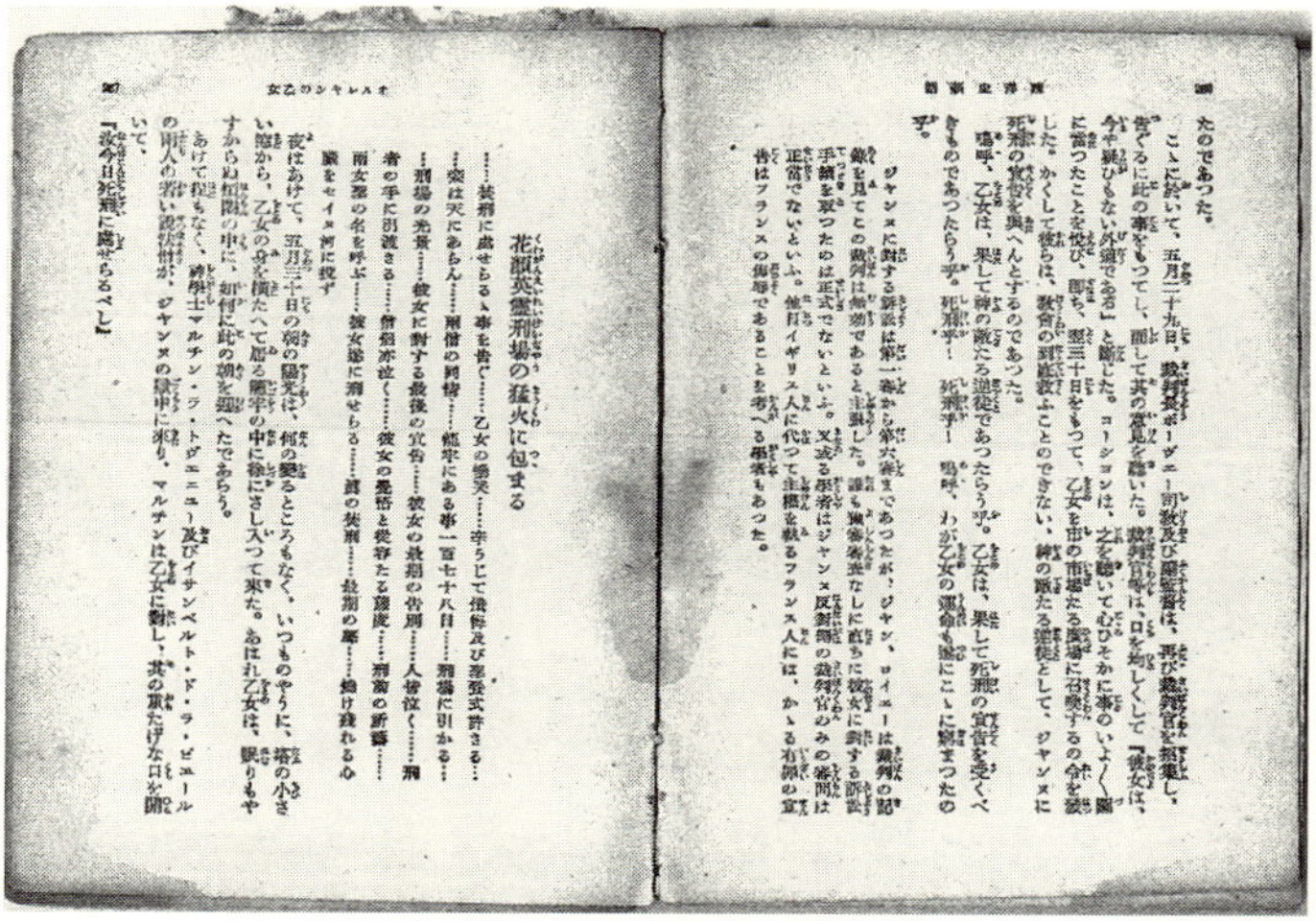

西洋史新話

たのであつた。

こゝに於いて、五月二十九日、裁判長ボーヴェー司教及び副監督は、再び裁判官を招集し、告ぐるに此の事をもつてし、而して其の意見を聴いた。裁判官等は、口を均しくして「彼女は、今や紛ひもない外道である」と断じた。コーションは、之を聴いて心ひそかに事のいよ〳〵図に当つたことを悦び、即ち、翌三十日をもつて、乙女を市の市場たる広場に召喚するの令を発した。かくして彼らは、教会の到底救ふことのできない、神の敵たる逆徒として、ジャンヌに死刑の宣告を与へんとするのであつた。

嗚呼、乙女は、果して神の敵たる逆徒であつたらうか。乙女は、果して死刑の宣告を受くべきものであつたらうか。死刑乎！　死刑乎！　嗚呼、わが乙女の運命も遂にこゝに窮まつたのか。

ジャンヌに対する訴訟は第一審から第六審まであつたが、ジャンヌ、ロイエーは裁判の記録を見てこの裁判は無効であると主張した。誰も[illegible]なしに直ちに彼女に対する訴訟手続を取つたのは正式でないといふ。又或る学者はジャンヌ反対派の裁判官のみの審問は正当でないといふ。彼等イギリス人に代つて主権を執るフランス人には、かゝる有罪の宣告はフランスの侮辱であることを考へる学者もあつた。

オルレアンの乙女

花顔英霊刑場の猛火に包まる

……焚刑に処せらるゝ事を告ぐ……乙女の慟哭……辛うじて懺悔及び聖餐式許さる……英は天にあらん……刑僧の同情……監牢にある事一百七十八日……刑場に引かる……刑場の光景……彼女に対する最後の宣告……彼女の最期の告別……人皆泣く……刑者の手に引渡さる……僧侶亦泣く……彼女の覚悟と従容たる態度……刑前の祈禱……両女聖の名を呼ぶ……彼女遂に刑せらる……真の英雄……最期の声……焼け残れる心臓をセイヌ河に投ず

夜はあけて、五月三十日の朝の陽光は、何の変るところもなく、いつものやうに、塔の小さい窓から、乙女の身を横たへて居る監牢の中に徐にさし入つて来た。あはれ乙女は、眠りもやらぬ幾時間の中に、如何に此の朝を迎へたであらう。

あけて程もなく、牧師士マルチン・ラ・トヴェニュー及びイサンベルト・ド・ラ・ピエールの両人の若い説教師が、ジャンヌの獄中に来り、マルチンは乙女に対し、其の震へがちな口を開いて、

『汝今日死刑に処せらるべし』

ジャンヌ・ダルクの伝記「オルレアンの乙女」

（箕作元八『西洋史新話』第７巻，博文館，昭和16年 より）

回）では、「男系男子」ではなく「女系女子」もしくは「女系男子」がわが国の「伝統」であることを論じた。もちろん、ジャンヌ・ダルクとは何の縁もゆかりもないけれど、「歴史の真実」は興味に満ちているのである。

幼なじみ

わたしの家へよく遊びに来てくれた友達がいた。藤原孝子ちゃん、といった。父親は海軍の高官で、東本通の小学校で同学年だった。優秀な頭脳の持ち主だった。

二人の間の会話など、覚えてはいないけれど、おそらくわたしの夢中になっていたテーマを語り、彼女は良き聞き手でもあったのであろう。

後年、彼女が結婚し、彼女の息子（長男）との「不幸な交流」をもった。彼は小林秀雄の心酔者だった。わたしも、秀雄の作品の愛

読者だったから、話がよく〝合っ〟た。ところが、いささか（多分、日本の古代史と秀雄の『本居宣長』論に関してだったと思うけれど、）異論を唱えると、彼は「許さず」、論、深夜より明け方に及んだ。

そのあと、母親（孝子）から、当人がみずから「早世」したことを聞き、暗然とした。良き聞き手、そして語り手を失なったのである。

これも、プライヴェートながら、「歴史の変転」のひとこまとなった。

父祖の地・土佐

父母は土佐（高知県）の出身だった。すでに（「言素論」で）書いたことがあるけれど、両親とも「ず」と「づ」とを明確に〝発音し別(わ)け〟ていた。だから、わたしの「耳」はそれを聞き分けることができる。しかし、周囲の友達（広島県）はみな、「同音」として〝発声〟するから、わたしも「口」では「同音」だった。「耳」と「口」とが別、という、変な「言語構造」をもっていたのである。

これは例の「日出ず（づ）る処の天子云々」を「ず」と表記するか（岩波文庫、隋書俀(たい)国伝）、それとも「づ」と表記するか（後年、文部省が「制定」した「文語」と「口語」の表記分け）にかかわる問題だ。だが、いずれとも（それぞれの立場からの）「正解」なのである。

それはともあれ、父親は高知県の高知市の出身、広島の高等師範学校に入学した。はじめ、陸軍士官学校を目指していたけれど、「近眼」のため、高等師範志望に〝変えた〟という。当時、船は〝広島から多度津（香川県）まで〟。多度津と高知との間は〝歩いて〟かよったという。大歩危(おおぼけ)・小歩危(こぼけ)の断崖に沿った山道である。

母（玉意）は高知県の安芸市奈半利の出身。岩崎弥太郎の話など、よく聞いていた、という。もっとも、町に働きに出てきて、一杯飲んで帰る。平凡な朝夕の頃だった。母はいったん農家に「嫁入り」（「足入れ婚」か。戸籍には、なし）したけれど、〝合わず〟何ヶ月かで〝帰って〟きた、という。以後、旧藩主の山内侯のお邸の「女中（頭）」として働いていた。

父親が最初の妻（加寿江）を失い、子供（房子）がいたため、「後添え」を求め、わたしの母親と再婚したという。このときの子供、房子は長命で、今年（平成二十五年）八月二日、百歳で亡くなった（宮崎県宮崎市）。

わたしは母親に連れられて、高知県の母親の故郷に行ったことがある。母親の兄（漁師）や知り合いの家に連れてゆかれた。

彼等に一貫していたのは、眼前を流れる「黒潮」への憧れだ。だが、反面、その「黒潮」は〝大津波の源流〟でもある。

「大津波の前には、必ず『海鳴り』があるけんのう。それが聞えてきたら、高いところへ逃げねばならん。」

そういう話を何回も聞かされた。二階の屋根の上に畳を積み上げ、やっと難を逃れた話など、きわめて真実（リアル）だった。

母親からは、いつも聞かされていた言葉がある。「農家はつらい仕事じゃけん、ね。」と。それは呪文のように〝言い聞かせ〟ているように思えた。次の世代が「克服」してくれるよう、そのために語っているように聞えたのである。

三次に移った。広島県の北部、中国山脈と江ノ川に囲まれた町である。その三次女学校の校長として、父が赴任した。官舎は十日市町の十日市駅（現、三次駅）の北側にあった。わたしは十日市小学校の二年から三年にかけての「途中」だった。そこは雪の深い町だった。雪が降り出すと、一メートル前の人すら、よくは見えなかった。

吉川英治の『親鸞』

隣の家の石野節雄君は、無二の親友だった。後に海軍士官学校へ進んだ。太平洋の海底に沈んだ、と聞いていたが、後日の情報では、あの真珠湾への攻撃のさいだったという。旧海軍兵学校、今は海上自衛隊第一術科学校のある江田島には、今も彼の遺品が残されているようである。

同じく、当時の女性の友だちには、黒瀬真規子さんがいた。三次女学校の校医の娘さんで、当人も女医となった。黒瀬医院の輝ける星だった。

この頃、わたしは「本を読む」のに熱中していた。江ノ川の支流、馬洗川の河原で、勤労動員の作業の間、寸刻を惜しんで読んだ。吉川英治の『宮本武蔵』や『親鸞』も、そのとき読みふけった記憶が残っている。わたしが「親鸞」その人に深く吸引されはじめたのは、旧制広島高校で岡田甫先生の「倫理」（当時「道義」と改称）の時間だったけれど、その前にすでに親鸞に〝ふれた〟ことがあったのである。

差別といじめ

十日市小学校の生活は、否「クラス」は、東本通小学校とは、一変した。転校生だったため、「いじめ」の対象とさせられた。それは〝残酷〟なものだった。

「いじめ」のリーダーは、X君だった。すぐれて太った子で、元のボス、Y君を制圧し、クラス全体を「支配」していた。その命令には皆、恐れ、従っていた。

「ボロをなぐれ。」わたしを指して、皆に命令した。「ボロ」は〝古田〟の「古」をとっての〝仇名〟である。

彼の命令で、クラスの全員が新しく「転校」してきたわたしを、順々に出てきて〝なぐり〟はじめた。それがクラスのX君に対する「忠誠のあかし」だったのである。わたしには耐える他はなかった。けれども、その命令に従わなかった子が二人いた。石野君と李(リー)君だった。石野君は、断じてこの儀式に加わることを拒否した。「無二の親友」だったからだ。

もう一人の李君は、朝鮮人だった。人の良い、やや〝知的障害〟のある少年だった。だが、この残酷な儀式には加わることを拒否した。以後、わたしの「朝鮮人」「韓国人」を見るときの「原点」となった。もちろん〝障害者〟としてではない。「人間」として凛然(りんぜん)としていた李君の姿は、今もわたしにまぶしい。

X君は、被差別部落の出身だった。何かあると、親に訴え、親が学校の教師に〝どなりこんで〟きた。「差別だ」と言い立てるのである。学校側も、もてあましていた。

このX君は、逆の意味で、わたしの「被差別民」観を形成する原点となった。「人間疎外(そがい)」の典型と見えたからである。本当の「人間らしい人間」の姿が、「差別」という社会環境によって〝逆転〟させられていたのである。

わたしにとってこの「転校生差別」の経験は貴重だった。いかなる「差別」にも耐え抜く力を、幼いわたしの中に養ってくれたのであるから。

さらにすばらしい方がいた。それは担任の高村幸雄（ゆきお）先生だった。この「新入生差別」の真相を察知して、X君に対して「かかってこい。角力（すもう）をしよう。」と言われた。そして何回も、何回も、黙って投げ飛ばした。X君がみんなの前で、フラフラになっても、止めなかった。先生は、一言の説明もされなかったけれど、みんなには先生の「真意」が十分に伝わっていった。誤解はなかった。

わたしにはそこに最高の「教育者の魂」を見る思いだった。自分の生涯を貫くべき師表をそこに見た。そこでもまた、「差別」がわたしを鍛えたのである。

漢文に挑む

十日市小学校から旧制三次中学へ進んだ。県立の著名校だった。その時代の思い出の一つは「漢文」の授業だった。厳しい先生で、生徒に質問して、彼が答えられないと、片耳を上につるし上げた。「痛々（いた）」と、生徒は半ば立ち上らざるをえない。今なら「ハラスメント」の一つに数えられるかもしれない。しかし、それが先生の「教育法」だった。

わたしは逆に、その先生に〝挑戦〟した。あらかじめ、十分に予習して、質問事項をたくさん作っておくのである。先生は「閉口」して、「もう、古田、止めてくれ。」と言われた。だが、おかげでわたしの「漢文」への知識は急進展していった。後年の「三国志の魏志倭人伝」などへの探究も、このときの勉強が基になっている。要するに、漢文が「好き」になったのである。名授業だった。

その後も、唐宋八家文や頼山陽（らいさんよう）の日本外史など、漢文の「名文」を朗々と〝訓み上げた〟こと、それはわたしにとって基礎的な「文章感覚」を形成してくれたようである。

『柿本人麿』への耽溺

府中町に移った。やはり、父親の転任のためだった。府中味噌で有名な町、南の瀬戸内海沿いには尾道や福山の町があった。父は旧制府中中学の校長として転任し、わたしも同校に転学した。

この学校には二つの思い出がある。一つは李先生。台湾出身の方で、音楽の指導をふくめ、全生徒の敬愛を集めておられた。台湾という言葉を聞くと、わたしにはこの先生の姿が思い出される。

もう一つは、同校で一組上の佐伯博也（ひろや）さんのお宅にうかがったことだった。同校から旧制第一高等学校、いわゆる一高の理工に進学しておられた（のちに東京大学医学部進学）。一高生活について聞き、胸を打たれた。

「けぶり争う春霞　春は都の花に暮れ　よし浮かれ男は浮かるとも　我は浮かれじとことわ（永遠）に　知恵と真実（まこと）と友情の　泉を秘むと人の言う　弥生が丘を慕ひつつ」

この歌を口ずさみ、「ここの『人の言う』というところが好きなんですよ。」と言った。わたしも、その一高へ行きたい、と思った。そして猛然と全力をあげて勉強しはじめたのである。

中学二年から三年にかけて、十五歳前後に集中した勉強、これが現在のわたしの学力の基礎となったのである。この頃の同級生に大永勇作君がいた。隣の岡山県の旧制六高から東京大学の法学部に進み、「大永・小永」と併称された高級官僚への道を進んだ。

わたしの方は、再び転校した。今度は広島市の旧制広島二中だった。父親がその学校の校長となったのである。

広島二中の校長官舎は西観音町にあった。この地は、あの原爆投下のため、父母が被災した場所となった。

けれども、わたしは広島二中から旧制広島高校へ進んだ。年来の「一高志望」が断念させられたのは、父親の反対だった。というより、当時の「配給制度」のため、広島から東京へ〝移転できない〟と言われたのである。代って広島高等師範から文理大学へのコースをすすめられたのである。

わたしはそれを拒否し、皆実町の旧制広島高校を選んだ。合格発表も見にゆかなかった。しかし、この進路変更がわたしの生涯の運命を大きく変えることとなった。後に、詳しくのべよう。

その前に、この広島二中時代、国語の教師、矢野先生のお宅へうかがったのが、一つの忘れられぬ経験となった。先生は斎藤茂吉への心酔者だった。

「のど赤きつばくらめ二つのきにいて、たらちねの母は死にたまふなり」

「死にたまふ母」の一連の名作を、舌なめずりするように、吟じて下さった。わたしの「短歌」への関心が深く根ざした「事件」となった。旧制広島高校の教授、中島光風先生も、「アララギ」の会員で、週に一回その会があり、参加した。後年『人麿の運命』『古代史の十字路――万葉批判』『壬申大乱』という、万葉集、ことに柿本人麿研究がわたしの古代研究の一つの柱となった。それはこの広高時代、耽溺した、斎藤茂吉の大冊『柿本人麿』に関する一連の著作を〝書き写した〟のが、直接の基礎作業となったけれど、その基礎は、この矢野・中島両先生の影響だったのである。矢野先生のお宅は、旧制広島二中の隣、道一つへだてた所にあった。

2　恩師と学問との出会い

師・岡田甫先生との出会い

旧制広島高校に入学して間のない頃、それこそわたしの「人生」を決する事件に会った。学校に向う途中、御幸橋の上で、一人の紳士に声をかけられた。「広高へ行くのかい。」「ハイ。」「わたしと一緒だ。一緒に行こう。」それが岡田甫先生だった。「倫理」の教科、当時は〝戦時色〟豊かな「道義」と改称されていた。文部省の大臣、橋田邦彦の〝肝入り〟だったという。

岡田甫先生

しかし、岡田先生の授業はそのような「戦時色」とは関係がなかった。洋の東西、古今の偉人の言葉を黒板に大書し、簡単な解説を加える。それだけだった。その「それだけ」がわたしの肺腑に沁み通った。この世には、「人間がいた」ことをわたしに告げてくれたのである（個々の他のケースは、改めて詳述する）。

たとえば、親鸞。

「たとひ法然聖人にすかされまひらせて、念仏して地獄に落ちたりとも、さらに後悔すべからずさふらう。」

「専修念仏」を唱える輩（やから）は、死んだら地獄に落ちる。そういう罵声が飛んできた。旧仏教からも、新仏教の他の宗派からも、そのような声が満ちていた。それに対して親鸞が静かに答えたのだ。

「あの法然聖人と一緒なら、喜んで地獄に落ちましょう。」

と。すでに「天国」とか「地獄」とかの〝観念〟を越えた「人間の声」がここには響いている。深く流れているのである。

「これは、人間が人間をこれほど深く信頼することができる、ということだよ。」

岡田先生の「解説」はそれだけだった。しかし、その「解説」をひとたび聞いたわたしには、生涯忘れることが不可能となったのである。「何宗が是。」「何宗は非。」といった〝評論〟とは、次元のちがう世界が、人間には存在する。それを知らされたのだった。

当時、世上に〝ふりまかれ〟ていた、皇国史観流の「絶叫」など、あまりにも〝浮わっすべり〟だ。十六歳頃の少年だったわたしにも、それがクッキリと見えてきたのである。

「論理の導くところへ行こう」

極めつきは、ソクラテス。

「論理の導くところへ行こうではないか。たとえそれがいかなる所に到ろうとも。」

黒板に書き終えて、コツコツと教室を巡回された響きが今もわたしの耳朶（じだ）に残っている。その巡回の間に、生徒に対して「ここで一番大事なところはどこか、分るかい。」と、質問を投げかけておられたが、誰も答える者はなかった。

「『いかなる所に到ろうとも。』だよ。」

黒板の太い文字を指さしつつ、言われたのである。

この逸話は、すでに何回も書いたり、話したりしたから、直接プラトン全集に当った方もあった。しかし、どこにもこれと「同じ句」は存在しないのである。わたしにも〝見出せ〟なかった。すなわち、これは通例の「引用」のケースではない。岡田先生がプラトン全集の中のソクラテスの言動の中から「趣意」され〝要約〟されたものだったのである。

わたしは想像する。岡田先生が東京大学の教育学の学生、あるいは院生だった頃、たとえば英訳か独訳などのプラトン全集を読み、その「要旨」をみずからのノートに書き留められたものではなかったか、と。

後年、東北大学の日本思想史科の村岡典嗣(つねつぐ)先生の研究室に、英訳本のプラトン全集がズラリと並んでいたことも、わたしに右の想像をいだかせた。

しかし、岡田先生すでに亡き現在、その是非を確かめる術(すべ)はない。

ともあれ、あの『ソクラテスの弁明』一つとってみても、彼の生涯、その生と死は、右の岡田先生の「要約」とピッタリと言う他はない。

ともあれ、この一句はわたしの生涯の学問研究を一貫する道標となった。

たとえば、三国志の魏志倭人伝。わたしの古代史研究の第一書『「邪馬台国」はなかった』の「はじめに」に書いた。

「はじめから終りまで陳寿を信じ切ったら、どうなるか。その明白な回答を、読者はこの本によって、わたしからうけとるであろう。」

と。これはわたし自身の内部にあった、あの「ソクラテスの原則」の貫徹に他ならなかったのである。

わたしが第一書の原稿を朝日新聞社の米田保（よねだたもつ）さんに渡したあと、米田さんから「要望」があった。

「あの、裸国、黒歯国が南米にあるという話、あれは削除しませんか。読者がついていけないと思いますので。」

わたしは直ちに「拒否」した。

「おことわりします。わたしは読者を〝面白がらせよう〟として、あれを書いたのではありません。陳寿を信じ通す。わたしの論理を一貫させただけです。あれを削除したら、心ある読者から『古田は逃げたな。』そう言われたとき、弁明のしようがありませんから。」

かねて用意していた「言葉」だった。それを〝受け入れ〟られなかったら、もちろん、朝日新聞社から出すことはできない。

数日たって、再び米田さんが来られた。

「分りました。」

朝日新聞社から出すことのきまった一言だったのである。

親鸞の場合も、そうだった。

敗戦前までは「念仏以上に国を尊ぶ愛国者」が親鸞聖人とされた。敗戦後には一転して「民主主義の念仏者」だという。同一の学者の「書く」ことが一変した。その敗戦後にも、各学者各様のイデオロギーに〝合った〟親鸞像が鼓吹されていた。後述する通りだった。

しかし、わたしの赴くべき道はちがっていた。それらの「時代」や「イデオロギー」のいかんを問わず、親鸞の自筆本、彼のすべての用語法に従って「親鸞を見る」それ以外になかった。「こういう親鸞であってほしい。」そういう〝自家の主観〟に合うような、親鸞では駄目だ。親鸞自身の言葉のしめすところに従い切る。わたしにはそれ以外の道はなかった。それがわたしにとっての「学問」だ。

図書館に入り浸る

広高へは弁当を二つ持って出かけた。一つは、昼休み用。もう一つは晩御飯。学校の図書館で本を読み、夕方になると、図書館の前でもう一つの弁当を食べた。庭の隅の水道の蛇口から、水を飲み、また本を読んだ。

五時すぎて、図書館が閉館時間になると、場所を鷹の橋にあった広島文理大の図書館に移した。こちらでは九時半まで開館だったからである。先述の、斎藤茂吉の大冊『柿本人麿』やその続篇・続々篇を次々と味読した。そして書き写した。当時は、コピー機など、なかったからである。しかし「写す」ことによる〝御利益〟も、多分少なくはなかったのかもしれない。

文理大の図書館の閉館までいて、帰宅した。たいてい、十時半くらいになっていた。「家には、寝るだけしか、おらんな。」父からは、よくそう言われた。その通りだった。

「この戦争は敗ける」

けれども、その間に、わたしには特別の時間が生れた。先述した岡田甫先生のお宅への訪問だ。先生が広高の図書館の司書さんからわたしの生活ぶりを聞かれたのであろう。

「わたしの家（うち）へお出で。お茶くらい出せるから。」

お言葉に甘えて、時々お宅にうかがった。やがて、先生のお話を聞くことに夢中になった。当時の「世相」とは断絶した、全く〝斬新な〟お話ばかりだったからである。

たとえば、先生は言われた。

「この戦争は敗けるね。それからが君たちの出番だよ。」

当時としては、全くの「禁句」だった。しかし、先生は淡々と、深いリズムの中で、このように告げられたのである。だから、あの「敗戦」、昭和二十年八月十五日の到来も、わたしには全く意外ではなかった。

「とうとう来たな。これからだな。」

そういう思いに尽きたのである。

こういう時局観は、必ずしも先生のお宅の中だけではなかった。学校の友だちの間でも、「日本は必ず勝つ」といった、〝勇ましい〟合言葉が信じられていたわけではなかった。たとえば、クラスのコンパのとき、年上の同級生の「出征」を見送る会などのさいも、現在の戦争の意義、その行く末についても、尽きせぬ「議論」が行なわれた。もちろん、楽観論ではなかった。そこでは「自分たちが戦争で死んで、何が残るのか。」という〝問い〟が全員を常におおうていたのである。

「今、アジアが西欧の植民地とされているのは、確かだ。」

「どちらが勝つにせよ、われわれが見事に戦って見事に死んでいったら、必ずアジアの解放に役立つのではないかな。」

「うん。」

やがて近づいている「戦死」は恐ろしくはなかった。その「戦死」のもつ意義を、青年たちは必死で知ろうとしていたのである。

文書は真相を描いているか

注意すべきテーマがある。当時の〝公開された文書〟また〝私的な文書〟としての手紙や日記など、〝必ずしも信用できない〟という問題だ。たとえ「日記」や「私信」でも、当時の「表向きの立場」つまり「皇国必勝」の〝向き〟の文章でなければ、〝危なくて〟書くことができないのである。たとえば封書のような「私信」でも、平気で〝切り割かれ〟また貼り合わしてあった。だから、「私信」でも「日記」でも、〝他聞をはばかる〟ような内容は〝書けない〟のである。

たとえば、有名になった、加藤陽子（東大教授）の『それでも、日本人は「戦争」を選んだ』（朝日出版社、平成二十一年刊）を見ても、必ずしも当時の人々の「意識」や「認識」の「深相」にはふれていない。そのように感ずることが少なくないのである。

わたしにとって、当時は本の「売り、買い」に忙しい日々だった。広島市内の古書店は、相手にとっても、わたしにとっても、「お得意さま」だった。買って読むと、すぐ他の店で売るのである。店主も、心得たもので、「古田さん、こんな本が来てますよ。」と言って出してくれるのは、レーニンの著作『ロシアにおける資本主義の発達（発展）』などだった。こんな本は、〝表向き〟には出せないけれど、〝内緒に〟は、貴重な本として〝売り〟〝買い〟されていたのである。わたしも、この本の影響を受けた。なぜなら、レーニンは論議の基礎として、経済上のデータを表にして、至るところに〝しめして〟いた。

「マルクスやレーニンたちの『理論』には、このような『実証的なデータ』が用意されている。」その事実に感動した。またエンゲルスが原始キリスト教運動の「革命性」と「進歩性」を評価している点にも、感銘したのである。

このような本は、すでに図書館では〝借りられなかった〟から、古書店のおやじさんたちとの「交流」が貴重だったのである。

マルクスやレーニンへの敬意

わたしは、昔も今も、マルクスやレーニンに敬意をもつ。人類の歴史に対する一般的、理論的把握を志した思想家、そして研究者だからである。しかし、反面、彼等の「学説」に耽溺したり、麻痺したりはしなかった。その点、昔も今も、全く変らない。それは旧制広高時代に〝売り〟〝買い〟した読書に拠るところ、少なしとしないのである。

一人の女性がわたしに決定的な影響を与えた。ショックを受けたのである。
それは旧制広高の図書館の司書、藪田さんだった。

司書・藪田さんの言葉

先述のように、わたしは、広高の図書館に日参していた。生意気にも、習いたてのドイツ語の本、ディルタイの著作などにかじりついていたのである。肝心のドイツ語の授業では、教授の矢野先生に「古田君、また寝ていますね。」と、いつも言われていたが、三時頃授業が終ると、途端に、目がパッチリ開くのである。そして図書館へ閉じこもった。

司書の若い女の方が、藪田さんだった。こちらの欲しい本を出してもらうだけで、私話も私語も、全くしたことがなかった。

ところが、ある日、藪田さんはわたしに言った。

「わたしはもう、ここの司書を辞めなければならなくなりました。」

あとで、次の司書さんに聞くと、奈良県のお姉さんが亡くなり、幼い子供たちが残されている。その「後添え」として嫁ぐこととなった、というのである。

藪田さんは静かに、一語一語、念を押すように言った。

「でも、古田さんを見ていると、日本は亡びないと思います。」

唐突な発言だった。しかし、日本の「敗色」はすでに歴然としていた。心ある人々には「敗戦」は既定の事実、必然の「近い将来」だったのである。だから、人々の「深層」では、決して「唐突」ではなかった。

この図書館に日参している間、ほとんどは利用者として、わたし一人の時間が多かったから、その姿を沈黙の中で見つめていてくれたのである。そして去る瞬間に、その感懐をわたしに告げてくれたのである。

この一言は、一生を貫く、忘れがたい言葉となって、わたしの中に沈着した。

女性の一言は、男子の一生を左右するのである。

勤労動員で目を病む

昭和十九年になると、ほどなく「授業」はなくなった。広島市の郊外、海田市(かいたいち)の軍需工場に動員されたのである。砲弾、つまり大砲の弾の下底に「穴」を開(あ)ける作業だった。昼も夜も、その一台の機械がフル回転させられていた。人間の方は三交替で入れ変った。その〝貴重な〟機械には〝made in England〟の刻印が打たれていた。その英米が当面の「敵」なのである。「これじゃ勝てないな。」口には出さないが、それが「実感」だった。

ある暁(あ)け方、女性の悲鳴がひびいた。隣の機械のベルトに、その女生徒の髪が巻きこまれたのである。頭髪がビッシリと〝はがれ〟ていた。見るに耐えなかった。彼女もつい、〝うたたね〟をしていたのではなかろうか。

わたしの場合は「目」に来た。旋盤(せんばん)の切り子、つまり鉄くずが目の中に飛びこんだのである。医務室で検査されたあと、再び作業現場に行こうとすると、「監督」として来ておられた岡田甫先生が「駄目だ。休みなさい。」と、厳(げん)として命じられた。わたしの「行く末」を案じられたのであろう。

直ちに、広島湾の沖合いにある江田島の一角へと「転地、保養」を命じられた。二年の文乙（ドイツ語）担任の登張正實先生の旧家がそこにあり、そのお家が旧制広高の「病者」や「傷害者」のための「保養地」とされていた。その家で朝夕を過すこととなったのである。

「目」が悪いから、本が読めない。これが苦痛だった。当時は、自転車に乗って、自宅から鷹の橋の耳鼻科病院へ通うにも、左手でハンドル、右手に本。そういう、文字通りの危険運転をしているような日々だったから、この「読書禁止」期間は〝こたえ〟た。〝こたえた〟けれど、逆に、「物を考える」ためには絶好の期間となったようである。

岡田先生と「皇国の本義」

一年生のときの担任は、佐中壮先生だった。東京大学在学中、あの平泉澄氏の愛弟子だった。平泉氏は本来は〝まともな〟日本の中世史の研究者だったけれども、戦時中には「極右の思想家」として有名だった。その弟子は、各地の各学校の「教師」となり、学生の間に「御楯会」という結社を作らせていたのである。

その生徒、また学生は、当の学校の教師の〝授業ぶり〟を直ちに東京の本部や各地の学校の配属将校に報告する。各学校とも、現職の軍人が「配属将校」として〝配置〟されていたのである。

「何とか、『皇国の本義』などという言葉だけでも、授業のとき言ってくれませんか。」

広高の校長から、岡田先生は再三〝注文〟をつけられていたという。先生の授業にこのような「戦時色」がもりこまれていないのを、毎時間、「生徒」から軍部（の出先）への「通報」がとどいていたのである。

敗戦のあと、岡田先生が校長に、

「おかげで、わたしの授業は全く変えずにすんでいますよ。」
と言うと、校長は「いや、もう、もう。」と手を振っていたという。

消えていった戦艦・大和

忘れられぬ思い出がある。この登張先生のお宅で「静養」していたとき、ある日、海岸にひとりで寝そべっていると、目の前の「島」が動いた。否、「島」と思っていたのは、実は巨大な軍艦だった。しずかにその「島」は動きはじめ、やがて視界から消えていった。驚いた。

おそらく、あれは有名な、ウルトラ級の軍艦として「名」を残した、「戦艦・大和」だったのではないか。戦艦大和が、あの壮絶な大沈没の中で消えていった、それまでの経緯を見ると、わたしが見た「島」こそ、あの「大和」の残影だったように思われる。

日本の決定的な敗戦は、刻一刻と近づいていたのである。

3 ヒロシマ、そして敗戦

八月六日原爆投下

広島への原爆投下の報に接したのは、仙台の北、宮城県の志田(しだ)村にいたときだった。東北大学の学生として勤労動員に派遣されていた。「広島に新型爆弾投下。」というニュースに接した。しかしその「新型爆弾」が何物か、全く知らなかった。

当の昭和二十年八月六日には、本来わたし自身が広島市の爆心地にいたはずだった。西観音町の町内会からの連絡で、当日は各家一名、「爆心地」となった流川近辺に「疎開用の空地(あきち)作り」に〝動員〟されることになっていた。そのとき、父が交通事故で寝ていた。母がその看病をしていた。次男のわたしが八月のはじめに〝帰って来る〟から、その子供に必ず行ってもらうから。そういう約束だった。

それとは知らぬ、わたしは〝帰り〟を一週間おくらせた。一軒一軒に一人ずつ、東北大学は学生を各家に〝派遣〟していた。七月三十一日までの約束だった。だが、その家ではまだ「麦刈り」がすんでいなかった。「いいですよ。」わたしはそう言って、勝手に帰りをのばしたのである。それがわたしの生命(いのち)を救った。全くの偶然だった。

「広島がない」　わたしが原爆投下後の広島を見たのは、八月十五日、あの敗戦の当日だった。「麦刈り」をすませて、広島へ帰ろうとしたけれど、東京と名古屋経由の東海道線は駄目だった。重なるアメリカのB29の爆弾で、寸断されていた。だから北陸・山陰まわりで、日本海沿いのルートをえらんだのである。それでも、敵機の襲来ごとに、汽車から降りて線路脇に隠れた。次々とそのような行動をくりかえしつつ、島根県の松江のプラットホームに出たとき、若い女生徒がいて「戦争は終りました。」と告げられた。例の、昭和天皇の「終戦の詔勅」がラジオから伝えられたのである。女生徒の口調に抑揚はなく、静かに事実を告げてくれたのであった。

そのあと、芸備線に乗って広島に向った。そして己斐(こひ)駅、今の西広島駅に降り立ったとき、呆然とした。目の前に「広島がない」のである。見馴れた、広島の中枢部、さらに東の端の比治山まで、一切の「町」が消えていたのである。

「これは、何だ。」わたしは胸の中で問うた。今まで〝確固不動〟のもののように見えていた、広島という都市が一瞬にして〝消え去った〟のだ。そういう衝撃だった。

人間がこの地上に築いてきたもの、現在築きつつあるもの。その一切は本来「幻」なのだ。「不滅の本体」など、存在しないもの、上辺（うわべ）の〝飾り〟にすぎない。人間の文明そのものに対する、新たな「感覚」を、そのとき、ハッキリと内心に焼きつけられたのである。――歴史の真相だ。

わたしは千言万語に勝る教訓を、そのときの一望の瞬間に〝かちえた〟ようであった。

原爆はなぜ日本に落とされたのか

もう一つ、原爆に関する貴重な教訓を与えられたのは、翌年、仙台から広島へ帰る列車の中だった。おそらく東北本線の途中だったであろう。わたしの目の前に、一人のドイツの青年が座っていた。向い合って四人掛けの席だったから、乗客同士の「会話」の生れること、珍らしくはなかった。このときも、目の前のドイツの青年と会話が生れた。わたしが広島の出身だと言うと、彼は原爆について語りはじめた。

「原爆が完成したのは、ドイツの降服のあとですが、もしその前だったとしても、彼等はドイツには、原爆は落さなかったと思いますよ。」

「どうしてですか。」

と、わたし。

「アメリカには、たくさんのドイツ系の国民がいます。もしドイツに原爆を落せば、彼等の親や兄弟、また祖父母たちがその犠牲となります。だから、落せなかったと思います。」

彼は「差別」とか「白人中心」とか、そんな言葉は一切使わなかった。またいかなるイデオロギーに立った「口ぶり」をも見せなかった。むしろ、それがなかったからこそ、静かに語る、彼の口ぶりには、考え抜かれた上での〝行きとどいた〟説得力がふくまれていた。〝ひとりよがり〟の「主張」ではなかったのである。

確かに、わたしの尊敬するアメリカの学者、エヴァンズさんとメガーズさん。夫のエヴァンズさんは英国系だが、妻のメガーズさんはドイツ系だ。それぞれの「親元」は、一方は英国・アイルランド。他方はドイツなのである。このような〝組み合せ〟は、アメリカでは珍らしくないであろう。だから、このドイツの青年の〝語る〟ところは、まことに真実（リアル）なのである。

後日、わたしは知った。原爆投下の十ヶ月くらい前、ルーズヴェルトとチャーチルの二人は、この原爆を「日本に落す」ことを〝約束〟していたことを。それはヒットラーが自殺し、ドイツが敗戦するより、ずっと前のことだった。それも、このドイツの青年の語ったところ、その判断から見れば、きわめてスムースに理解できるのである。

あのアインシュタインは、ちがった。ナチスが先に原爆を完成させたら、危険だ。だから、彼等が〝使う〟ことができないように、英米側が、先に「原爆を開発すること」が必要だ。そのような立場から、ルーズヴェルトに書簡を送り、「原爆製造」をすすめた。有名な「アインシュタインの書簡」だ。ルーズヴェルトはこれに「O・K」したけれど、その「使い道」は別途だった。アインシュタインが日本に来たとき、この「原爆使用」の仕方について、深い後悔と謝意を表明していたこと、決して偶然ではなかったのである。

惨禍

父母は古市（ふるいち）にいた。広島から北への支線、可部線の途中の駅である。被爆した広島市内の西観音町を逃れていったのである。その自宅は「爆心地」から約二キロ。「爆心地」側の庭にでも出ていたら、アウト。家の中にいたら、セーフ。そういう境界線に位置していた。母は交通事故で病臥していた父の看病中だった。「ピカ」と呼ばれる原爆が投下されたあと、荷車に父を乗せて、己斐の方へ逃げた。「黒い雨」に打たれながらの脱出だった。学校の父兄に招かれて、古市に住んでいたのである。

古市には、たくさんの被爆者が来ていた。ある日、下痢が出はじめる。喀血（かっけつ）する。そうすると、一巻の終り。死の到来である。そのような光景が朝夕の慣例だった。

わたしは一日中、広島の市街地を歩きまわった。知り合いの家を探したのである。道ばたには、たくさんの死体や半死体があった。斃れたままで、息はあるものの、傷口に蛆（うじ）が湧いている。それは〝ありふれた〟光景だった。

父母とも、もとの自宅、西観音町の官舎に帰っていた。広島二中の生徒の父兄がひっきりなしにたずねてきた。特に、山口県の東端の岩国あたりの「汽車通学」の父兄が多かった。広島市内に家のあった生徒の場合、家もろとも、父兄もろとも、被爆していた者が多かったからであった。

わたしは大八車を引き、「爆心地」へ向った。広島二中の一年生が「疎開作業」に来ていて被爆した地帯の土と骨を拾って、自宅へもち帰った。たずねてきた父兄に、父が「おくやみの言葉」をのべると、「この土や骨は誰のものとも分りませんが、生徒たちのいたところのものですから。」と言うと、わたしがそばで、持って帰っていた土や骨を〝手渡し〟た。

復員兵の絶叫

わたしが大八車を引いて「爆心地」へ向ったとき、一人の復員兵に会った。大きなハンドバッグを背にかつぎ、その辺を〝探し〟まわっていた。当時は、よく見馴れた姿だった。帰ってきて、自宅を探していたようである。

突然、彼は泣き出した。天地にとどろくような〝絶叫〟に近かった。自宅のありかを確認したけれど、そこには〝完全に消滅した〟痕跡だけ、否(いや)、そんな痕跡すらなく「皆滅」させられたこと、それを知ったのであろう。

彼は、泣きつづけた。男の絶叫だった。絶叫しながら、とぼとぼと夕日の方へ歩いた。〝あて〟もなく、歩きつづけている姿がいたましかった。

忘れられぬ、思い出のシーンである。

岡田先生のご家族

岡田先生のお宅も〝消え〟ていた。そこは「爆心地」からはかなり離れていたけれど、火災におおわれていた。皆実町の広高から先生が駆けつけられたときは、もうお宅は無かった。

先生がわが家の残骸を歩き、そこにころがっていた鉄かぶとを蹴ると、下から奥さんの遺骸が崩れているのを見られたという。次女の姿も、共にあった。

奇跡があった。数日して、町内会の係の方から連絡があり、行ってみると、一番末の男の子がいた。

お家が火事になって、ぼうぼう燃えている中を逃げたという。小さかったので、そばの「塀」のかげになっていて、「ピカ」の直撃を免れたのだろう、と言われたそうだ。

わたしは悲しみに耐え切れなかった。奥様は、かつて三日に明けず岡田先生のお宅にうかがっていたとき、いつも暖く、やさしく迎えて下さった、憧れの方だった。その女(ひと)は、もう亡(な)い。

夕闇に消えた行進

思い出に残るシーンがあった。西観音町の自宅に帰って間のない頃、夕闇の中から「軍歌」のような響きが足音と共に聞えてきた。出てみると、一小部隊くらいの兵列がこちらへ進んできた。鷹の橋側から己斐の方へと抜ける大通りを、ザク・ザクと行進してきた。彼等が歌っていたのは「血盟団の歌」だった。

「汨羅(べきら)の淵に風騒ぎ　巫山(ふざん)の雲は乱れ飛ぶ　財閥富におごれども　社稷(しゃしょく)を思う心なし　権門上(かみ)に叫べども　国を思う誠(まこと)なし。」

そういった歌詞は、わたしも〝うろ覚え〟で聞いていたけれど、それを隊員一同が声をそろえて歌いつつ、行進していた。行進して己斐の方へと消えて行った。

敗戦直後、アメリカの進駐軍が到来する前夜だった。彼等の行方をわたしは知らない。

兄と特攻隊員

「思いっ切り、ふっ飛ばしてやった。みんな、食ってないから軽いんだ。」

兄（孝夫）は、泣きながら話してくれた。八月中旬、敗戦の直後だった。

十五日に、日本側ではすでに戦争は終結していたけれど、海軍の軍医だった兄からの音沙汰はなかった。父（貞衛）と母（玉意）は心配した。仙台から、その日（十五日）に帰ってきたわたしに、兄のところへ行くことを求めた。汽車に乗った。目指すところは、浦頭（うらがしら）、長崎県の海軍病院（保養所）の所在地だった。

院長自身が病臥していたから、まだ二十五歳の、少尉だった兄が、事実上、とりしきっていた。

当時、「特攻隊員」だった青年たちの間にチブスが流行した。次々とこの病院へ収容されてきていたのである。

けれども、彼等は「特攻隊員」として出撃することを希望した。

「出ていったら、もう帰って来ないのでありますから、病気など関係ありません。」

それが彼等の〝言い分〟だった。兄は医者として、その言い分を斥（しりぞ）けた。

「お前たちは、病人だ。だから駄目だ。」

言い分は、それで十分、何もつけ加えるところはなかった。しかし、彼等は、次々と兄の所へ来て、出撃を許すよう、歎願するのだ。兄は「駄目だ。」の一言で、病室へ帰ろうとしない彼等、否、一人ひとりの彼を、〝ふっ飛ばし〟たのである。

これをわたしに語る兄は、眼前の事実のように〝ぼうだ〟と涙を流していた。二〜三週間前の現実だったのである。

この兄は、わたしより四歳年長だった。だから十四歳上の長女（房子）や七歳上の次女（淑子）より、ずっと「兄弟関係」は濃密だった。よく〝けんか〟もした。

ところが、兄が旧制中学（広島県三次中学）の最後のとき（わたしは十日市小学校の生徒）以来、プッりと〝けんか〟をやめた。代って弟として、可愛がってくれはじめた。なぜか、分らない。台湾の旧制高校受験の〝途中〟の「事件」のためだと聞いたが、その「事件」のことを話してはくれなかった。

わたしが旧制広島高校を卒業するとき、岡田甫先生が父親に会いに来られて、わたしの東北大学への進学を「許可」してくれるよう、依頼された。父は、結局承諾した。本来は自分（父）と同じ、広島の高等師範（文理大学）へ行くことを期待していたようである。

以上は、わたしの「知った」話だった。だが、後日、〝隠された話〟を聞いた。

兄が、わたしの志を聞き、父に手紙を出した。

「自分が、海軍の軍医を志望すると、授業料や生活費の一部などが免除になるから、その金を武彦の方へ使ってやってください。」

と。兄は、生涯、その事実をわたしに話すことなく、この世を去った。

今も、天上で〝見守り〟つづけてくれることであろう。

石を投げる子供たち

代って広島にやってきたのがアメリカ軍だった。そのアメリカ軍に対して、活躍しはじめたのは、日本の子供たちである。彼等がジープに乗ってやって来る。瓦礫（がれき）の曲り道でスピードを落す。すると、子供たちが十人、二十人と瓦礫の蔭（かげ）から現われて、ジープに向って石を投げつけるのである。

アメリカ兵がジープを止めて降りてくると、子供たちは蜘蛛（くも）の子を散らすように、隠れてしまう。アメリカ兵たちは、ほとほと、手を焼いていた。しかし、この光景はくりかえし、まきかえし絶えることはなかった。

不思議なのは、多くの人々の「ヒロシマ」体験譚に、この光景が「報告」されていないことである。彼等はそれを「見た」。しかしそれを「書かない」つまり〝除外〟しているのである。「日米友好」とか「平和を祈る」とか、そういった〝お題目〟に合わないからであろうか。しかし、その頃、広島にいた人なら、この光景を見なかったはずはない。

しかし、最近一人の方の「広島回顧譚」に、それが現われた。「わたしは、アメリカ軍に向って石を投げつけた」と。年齢は七十歳台半ば、ちょうど、わたしが「見た」光景の時期に「子供」だった年齢である。やはり、わたしが朝夕に見ていた「広島の光景」は事実（リアル）だったのである。

「手を焼いた」占領軍、いわゆる進駐軍はイギリス軍に代った。インド兵だった。それ以後、「石を投げる」光景を見なくなった。

按摩から受けた教訓

わたし自身の生涯に、重要な影響を与えた「事件」があった。こちらは、身の廻りで「見聞き」した、いわばプライヴェートな出来事にすぎなかったけれど、骨身に沁みた。

西観音町で、何軒か隣りの、筋向いの家に、新婚の夫婦がいた。若奥さんはスラリとした美人で、会えば挨拶の会釈をするだけで、口をきいたこともなかった。

「ピカ」が落ちたとき、新夫が被爆し、亡くなった。彼女はうら若き未亡人となったのである。

一方、按摩（あんま）のQさんは、目が不自由で貧しく、身をかがめて生活（なりわい）していた男だった。ところが、

「ピカ」のあと、環境は一変した。原爆の被害者は周辺にあふれた。彼等には「被爆の身体」に対する「薬」も「療法」もなかった。できることは、痛んだ身体への「あんま」だけだったのである。

Qさんの仕事は〝活況〟を呈した。あの若い未亡人を〝第二夫人〟とし、叱り付けながら「杖」代りに〝こき使う〟毎日。わたしには見るに耐えなかった。

「女の人は、自分の能力を伸ばし、仕事をもたなければならない。」

これが、わたしの受けた、痛切な「教訓」だった。のちに、結婚したあと、妻に大学へ行くことをすすめたのも、この「教訓」のためだったのである。

今のわたしの「目」では、この「事件」には、もう一つの重大な「教訓」が含まれていた。それは次の一点だ。

「障害者は、自分の〝得手(えて)〟を持てば、原爆投下すら、チャンスとなる。」

障害者には〝生きる技術〟のあることが必要だ。これこそこの「事件」の与えた、最高の「教訓」だったのではあるまいか。

第二章　思想探究への第一歩

1　東北大学日本思想史科の青春

時の流れを巻きもどし、東北大学の日本思想史科に入った頃、昭和二十年（一九四五）の四月、その日々を語ろう。

村岡典嗣先生とギリシャ語

わたしがそこに向ったのは、他でもない。岡田甫先生のおすすめである。村岡典嗣先生のもとに行かないか、との言葉だった。わたしには一も二もなかった。「岡田先生のおすすめ」というだけで、必要にして十分。決定に一分のすきもありえなかったのである。

早速、岡田先生は村岡先生に手紙を出された。長文の、わたし（古田）に対する「推薦文」だったようである。もちろん、わたしは見たことがない。ないけれど、村岡先生の奥さまからお聞きすると、「学校では、他の先生方から『君の恋人は、まだ来ないかい。』」とからかわれていたとのこと。岡田

村岡典嗣先生

先生と村岡先生との〝交流〟がしのばれる。

わたしは村岡先生にお会いしたとき、聞いた。「単位は何をとったらいいですか。」と。先生は直ちに答えられた。「何でもいいですよ。ただ、ギリシャ語だけはとって下さい。」意外だった。「日本思想史科で、なぜギリシャ語を。」と思ったけれど、言われた通り、ギリシャ語とラテン語の授業をうけることとした。「語学の天才」と呼ばれた河野与一先生が、この二つの語学を受け持っておられたからである。

すでに『俾弥呼（ひみか）』にも書いたことだけれど、これは「学問の方向」をしめすべき、重要な指針だった。当時の「大日本帝国」は、息苦しい空気に満たされていた。「皇国史観」この一語によって、全教育界を〝縛りつける〟こと、それが「国家の一大方針」だった。すでに書いたように、上は総理大臣から下は大学・中学・小学校まで、この一語を〝至上命題〟として、そこからの「逸脱」を許さず、とする網の目が張りめぐらされていたのである。大学の「授業」とて、例外ではなかった。それが「公式の立場」だったのである。

これに対する、村岡先生の学問はちがった。いわゆる「皇国史観」流ではなく、ソクラテス・プラトンの依拠した「学問の方法」によって、日本の古典を見る、これを根本とされた。それを「学問」と呼んでおられたのであった。そういう学問の方向を指ししめされたのが、あの「ギリシャ語を！」の一語だったのである。

この一語によって、わたしの生涯の学問の向うべき道が決定されたのである。

激烈な授業

村岡先生の授業は〝激烈〟だった。日本思想史の「一般講義」も、内容は〝論争形式〟だった。愚管抄に対する、津田左右吉（そうきち）の説を紹介し、「わたしはこれに反対する。」と、みずからの反論を堂々とのべられるのである。慈円が書いた時期、その内容と彼（慈円）の説の異同とその前後関係、といった、すこぶる〝微妙な〟しかしその説の〝真実性（リアリティ）〟をめぐる、当時の学界の第一線をなす論争点だったけれど、その子細を「一般講義」で論じられる。気迫に満ち、一番前に座っていた、わたしの所へ「つば」が飛んでくる。そういう感じだった。

驚いた。それまではそれほど「切迫感」に満ちた学術論議など、全く経験がなかったからである。しかも、先生の口調には、論争相手の津田左右吉さんに対する敬意が十二分にめぐらされていた。むしろ、「敬意あればこその、烈しさ」に満たされていた。「これが学問なんだな。」理屈抜きで、それを実感させられたのである。

『尚書正義』と『古事記』の共通点

一段と、わたしが「村岡史学」の本領、その学問としての「面目」に直面させられたのは、「特殊講義」だった。こちらでは、古事記序文が題材だった。その序文に対する学問上の見解が、二つに対立していた。一方は、序を「漢文」として〝訓（よ）む〟、それを基本とする立場。山田孝雄さんの『古事記序文講義』がテキストだった。

これに対する反論が村岡先生の立場だった。漢語・漢文は表面の修飾にすぎず、基本は古代的思想にありとする。本居宣長を受け継ぐものだった。

ところが、わたしが東北大学の図書館で『尚書正義』（漢、孔安国伝、唐、孔穎達疏）を見ていると、その上表（上五経正義表）と古事記序文との間には〝容易ならぬ〟共通点、類似点が「発見」されたのである。

もちろん、一般的な「類似の指摘」はすでに存在した。井上頼圀の『古事記考』（明治四十二年発行）や武田祐吉の『古事記研究帝紀攷』等がそれである。けれども、それらは「修文・修辞」上の〝類似〟の指摘にとどまっていた。

これに対し、わたしはさらに進んで両書（尚書と古事記）の成立上の経緯そのものが「酷似」している事実に気づいたのである。

たとえば、尚書の場合、「時に伏生已に九十有余」という人物が「文を誦すれば則ち熟す」という「習誦」の名手であり、その「習誦」するところを〝書き採った〟とされている。

これと、古事記序文における「稗田阿礼」の役割は、年齢が「年は是れ廿八」として若いけれども、「目に度れば口に誦み、耳に拂るれば心に勒しき」という異能の持主である点、共通の〝役割〟を帯びている。

さらに懸案となっていた古事記の「序」と「表」の〝対応〟もまた、右の尚書正義の場合の〝模倣〟であった。

これらの「発見」を村岡先生に申し上げると、「面白い。次の時間には、君がそれを発表しなさい。」と、速刻に命じられた。五月の下旬であった。早速、発表しようとしたが、馴れないこととて、語るに手間どり、一回では終らなかった。

「では、次の時間に。」と言われたけれども、その時間はすでに、宮城県の北端、志田村への勤労動員となり、二回目の発表は出来なかった。しかし、わたし自身、絶大な刺激を受けた。なぜなら、自分が「発見」したものは、村岡先生の立場とは、むしろ「逆の立場」だった。「和文中心説」より、むしろ「漢文中心説」に近かったのである。けれども、委細構わず、授業における「発表」をすすめ、実行させられたからである。

そこに先生の「学問」の真骨頂を見たのだった。

（この時の報告内容は『多元的古代の成立〈下〉』の第四篇「古事記序文の成立について――尚書正義の影響に関する考察」に収録。駸々堂出版、昭和五十八年刊。）

「分刻を惜しんで勉学せよ」

六月上旬、その日が来た。授業がストップし、全員が勤労動員に出る、その送別会が行なわれたのである。もちろん、学生は全員出席したけれど、それでも先生方と大差のない数だった。助手や事務局の人々もいたからであろう。

先生方は交々（こもごも）立って、力説された。

「もはや学業のことなど忘れて、勤労にはげんでほしい。そして身体は大切にして、新たな仕事に打ちこむように。」

その「時」と「場」に合った、適切な助言が相次いでいた。そのあと、村岡先生が立たれた。

「フィヒテは言った。『青年は情熱をもって学問を愛する。』と。わたしはこの四月以来、この言の真実なるを知った。」

と。そして言葉を継がれた。

「先ほどよりの諸先生方の御忠言、まことに由(ゆえ)あり、と思う。そう思った上で、なおかつ、わたしは言いたい。『分刻を惜しんで勉学せよ。』と。彼(か)の荻生徂徠は『寸刻を惜しんで勉学した』というけれど、諸君はさらに、分刻を惜しんで勉学すべきである。わたしはこれを諸君に対する『はなむけ』の言葉としたい。」

と。

烈帛(れっぱく)の気合いのこもった、先生の一言であった。

八十六歳を迎えたわたしの上に、この一言は今も鳴りひびいているようである。

志田村での勤労動員

志田村の日夜は快調だった。祖母(おばあ)さんと主婦と子供たちだけ残されていたから、若い学生の助力は歓迎された。朝、五時頃起きるとすぐ、農作業に出た。簡単な朝御飯と昼は握り飯、夜は六時頃の夕御飯。七時過ぎには寝(しん)に着く。健康そのものの日課だった。

「うんざにはかせしたねえ。」

お祖母さんの言葉は、異邦人。まるで通じなかったが、やがて判ってきた。「うんざりと（吐息(といき)を）

お吐かせしましたねえ。」という、やさしいねぎらいの日本語だった。

思いがけない「副産物」があった。自分自身の「持病」だった蓄膿症の症状がピタリとおさまったのである。広島二中から広高にかけて、毎日悩まされていた。鷹の橋の耳鼻科の林病院へ毎日通って「洗滌」してもらっていたが、三十分くらい〝気持が良い〟だけで、すぐ頭脳への、重い圧迫を感じていた。その症状が〝消えた〟のである。以後、八十六歳の今日まで、その症状を「自覚」しなくなったのだ。有難い、天与の恩恵だった。

志田村は平和だった。仙台への敵機の襲来と火災とは遠望できたけれど、この村へはほとんど余波はなかった。ただ一回、経験があった。敵機と日本の飛行機と各一機、闘っている。わたしは一人、土橋の上で見ていた。

すると、いきなり敵機が下降しはじめ、ド・ド・ドとこちらに機銃掃射してきた。驚いて、土橋から下の河原へ飛び降りた。静まったあと、土橋へ上ってみると、機銃掃射の痕跡がわたしのいたところに、点々と残っていたのである。間一髪だった。

前にのべた「麦刈り」のために、広島への帰郷を〝延ばした〟頃の一コマであろう。

梅沢伊勢三さんと原田隆吉さん

昭和二十年の八月十五日から翌年の四月下旬まで、広島に滞留し、それから仙台へ帰った。帰ったけれど、「大きな空白」が生じていた。村岡典嗣先生が亡くなっておられたのである。わずか一ヶ月半の「対面」と教授だった。その一ヶ月半のもった意義、それは限りなく大きかったけれど、それだけに「亡師孤独」のポカッと開いた空白は埋めようもなかった。

そのようなわたしを元気づけて下さった、二人の先輩がある。日本思想史科の助手の梅沢伊勢三さんと一年上だった原田隆吉さんだった。梅沢さんはすでに小学校の教師を経験した上で、東北大学へ来た方。原田さんは神宮皇学館から来た方だったから、いずれも歳はずっと上だった。それだけに歳下のわたしをいつもやさしくリードして下さったのである。

この三人チームは〝果敢〟だった。原田さんとわたしが他の研究室に〝なぐりこみ〟をかける。「論争をいどむ」のである。その「成果」を梅沢さんに報告する。そういう毎日だった。

講師に家永三郎さんが来られた。若くして日本思想史に関する新視点を提供した、新進の学者だった。わたしたち三人は、あえて「村岡史学」の立場からの〝質問〟を用意していた。あとで聞くと、家永さんの方も、この点、特に「意識」して参りました、とのこと。この家永さんには、後に書物(『親鸞思想』)の出版に関してお世話になった。さらに家永さんとわたしの「論争」も、書物化された(『聖徳太子論争』平成元年、『法隆寺論争』平成五年。各新装版とも、新泉社刊)。

軍隊と性

不幸な思い出がある。夕方過ぎ、二階の部屋で勉強していると、女の悲鳴が聞えた。一瞬とまどった。町内会からくりかえし「通達」が来ていたからである。「女性の悲鳴が聞えても、絶対外に出ないで下さい。」と。当然、「助け」に男が飛び出す。すると、相手の拳銃で撃ち殺される。そういう「事件」が相継いでいたからである。もちろん、「相手」は進駐軍の兵士だ。占領軍なのである。

今、考えてみれば、「相手」から見れば〝当然〟だ。彼等は、昨日まで「敵軍」のいた「敵地」に乗りこんできたのである。そこで「敵側の男」が〝飛び出して〟来れば、必ず彼の「銃」によって銃撃される。そう考えるのが自然だ。特に、彼等アメリカ軍は、平常時でも、各家ごとに「自衛用の銃」をもっている。だから、それが〝自然な反応〟なのである。そのケースの「事件」が相継いでいたから、町内会からの「くりかえす注意書き」となっていたのである。

やがて悲鳴は消えた。しかし、私の耳朶（じだ）には、その声が今も消えることがない。

このような「事件」は、新聞にも、ラジオにも出ない。占領軍に不利な情報は、一切カットされていたからである。時に「大男が来て、乱暴され」云々の形式の記事はあったけれど、もちろん「詳細」は不明である。

近来の「日本軍の慰安婦」問題や「沖縄のアメリカ兵士の暴行」問題は、報道されている。とんでもない「問題」だ。徹底的に究明しなければならない。しかし、さらに深く考えよう。真に「巨大な圧力」の前では「報道されず」、「問題にすらされぬ」ケースのあること、それも「一般的に」存在すること、この「深相」にわたしたちが目を向けなければ、逆に一種の「政治利用」の道具とされてしまうのではあるまいか。

わたしがこれを改めて痛感したのは、西太平洋、ミクロネシアのパラオ島に行ったときだった。昭和薬科大学退任の直前である。平成八年三月だ。渡辺和仁君と一緒だった。彼はもっとも熱心な聴講生だった。

その目的は「二倍年暦」問題だった。古事記や日本書紀の「暦法」である上、三国志の魏志倭人伝でも、倭人の「長寿」のごとく書かれていたテーマである。それが現在も、パラオ島で実在しているのではないか、という「?」だった。

この「?」は、簡単に解決した。現在でも、パラオ島の各地方では（都部分を除き）、この「二倍年暦」が実用されていたのである。

だが、思いがけぬ「副産物」があった。彼等は当初予定された「スペイン軍」から新たに「日本軍」へと〝転換〟した、その「変化」に今も、大きな感謝をいだいていたのである。

韓国の場合など、日本軍の「悪名」ばかりを聞かされていた、わたしは、とまどった。聞いてみると、サイパン島における、スペイン軍の「業績」のためだった。原住民の「男」を殺し、「女」に混血児を生ませる「方策」だった。そのスペイン軍が次にこのパラオ島に来る直前、状勢が一変し、日本軍の駐留（委任統治）となった、というのである。

確かに、テレビでサイパンの大統領を見ると、「白人」と「原地人」の〝混血〟の相貌である。全島民の〝代表〟なのであろう。すでに戦争中、この種の「うわさ」を聞いたことがあったけれど、それは事実だったのである。

この問題は〝微妙〟だ。日本軍以外の「他の国軍の非」は論ぜず、ひたすら「日本軍の非」のみを〝高唱する〟ことを以て「誠実」であるかに見なす人々があるけれど、わたしは「ちがう」と思う。日本人だけではない。遠い歴史の古（いにし）えから、現代の世界全体に至るまで、「軍隊」という「若者たち〈の集団」が存在する限り、〝避けて通れない〟永遠のテーマではあるまいか。

もっとも誠実に、もっとも〝逃げず〟に、この「軍隊と性」の問題に正面から対決する、真実の研究者が生れることを深く、強く、こいねがうものである。

それがわたしの耳朶に残った「女の悲鳴」の告げるところだ。

異性への想い

仙台市内の北山の寮に移った。お世話になっていたお家の方が他県へ引っ越しされたからである。北山の寮は、東北大学の工学部の寮だったけれど、他の学部の学生にも〝開放〟されていた。市の中心部からは少し離れていたけれど、それだけに〝静か〟だった。

この寮では、他の学部の学生と、広く交わることができた。まかないの叔母さんとその家族とも、親しみを深めた。

その娘さんが、寮生の一人と〝恋仲〟になったあと、彼が横浜方面に行ったまま、帰って来ず、代ってわたしが広島へ帰る途次、寄ってみると、すでに彼はそこで「家庭」をもっていたのである。仕方なく、事実を報告すると、彼女は〝半狂乱〟になった。当然である。しかし、わたしには〝なす術〟がなかった。

他人はともあれ、わたし自身にも、同類の問題はあった。同じ法文学部の同年の女子学生に〝思い〟を寄せていたのである。彼女の父親は、当時の仙台の高等専門学校の教授だった。哲学の先生である。遊びにゆくと、とても可愛がって下さったけれど、肝心の〝当人〟はちがった。同じ国文科の歳上の学生を〝慕って〟いたのである。当然、わたしから見れば「高嶺の華」に過ぎなかった。それでも、そのお家のあった八木山付近をよく覚えているけれども、一面林の中だったその地帯は、今は完全に住宅街となり、昔の面影もないようである。

そのように〝異性にうとかった〟朴念仁（ぼくねんじん）のわたしとは異なり、歳上の「相棒」、原田隆吉さんは見事だった。同じ国文科の華、古田夏子さんを射とめたのである。夏子さんは、山梨県の出身で、東京の日本女子大から、この東北大学の国文科へ来られた。わたしと同じ「古田」姓である上、才色兼備の「姉上」格だったから、わたしにとっても憧れの的だった。その方が、わたしの「兄貴分」の隆吉さんと結婚した。

「何時（いつ）の間に？」と〝いぶかっ〟た。それほど、隆吉さんとわたしとは、いつも行動を共にしていたのである。だが、あとでお聞きすると、わたしが仙台を去って信州（長野県）へ行ったあと、ということで、いささか「納得」したのである。ともあれ、わたしは「異性にはうとい」青年であった。

母の死

母が亡くなった。昭和二十三年の三月、わたしが仙台でうろうろしている間に、生を終えたのである。「彦ちゃん、彦ちゃん。彦ちゃんはまだ帰らんの？」と、いつも病床でくりかえしていたとのこと。身も心も痛み尽くした母を思うと、たまらなかった。学校が終ると、直ちに飛んで帰ったら、と後悔した。不肖の子である。

今回の原稿の最初に書いたように、母は本当にわたしを愛してくれた。限りなく、愛をそそぎ通してくれたのである。

それは、母と子との間の「自然の感情」であるかもしれない。「必然の姿」ともいえよう。しかし、わたしには、何かそれだけでないものを感じる。「愛し通された」という感覚が牢固として、わたしの一生を貫いてきたのである。まちがいなく、わたしは無類の幸せ者だ、自分の生涯を通して。そのように思う根幹は、やはり「母の愛」以外にないのである。ここにはおそらく、人生の最大の秘密があろう。やがて来る「死」に対しても、何等の恐怖感をもたない。いつでも「歓迎」だ。それは母のすでにいる「死の国」へ行くのだからである。たとえそれが「永遠の虚無」であったとしても、わたしにとってはそんなことは〝取るに足らぬ〟些事なのである。

2　アウグスト・ベエク

東北大学在学時代の最後、一つのトラブルがあった。卒業論文の一件である。

変更させられた卒業論文

わたしは早くから決めていた。ドイツのアウグスト・ベエク（ベーク）の『フィロロギイ』を対象とすることだ。他に考えられなかった。なぜなら、今は亡き村岡典嗣先生の「日本思想史学」の母胎がこの一書にあることを、生前の先生から、明確にうかがっていたからである。卒業の一年前、「卒業論文のテーマ」を書いて出すように、と事務局から言われて直ちに、それを書いて出しておいた。

ところが、昭和二十二年の九月末、事務局から連絡があった。「日本の文献を題材にせよ。」と。わたしには、とんでもない話だった。卒業論文提出はその年の末、十二月中頃で、わずか三ヶ月。書けるわけがなかった。

しかし、いくら「クレーム」を言っても、事務局は「否（ノウ）」。審査の先生から、そう言われたから、その一点張りなのである。止むをえず、テーマを変えた。「道元の『利他思想』をめぐって」という形で、一篇の「物語」のような形式で〝書きおろし〟たのであった。審査は、無事〝通過〟したけれど、わたしは不満だった。

今、考えてみると、審査の先生方、仏教史の山田龍城先生と国文学の岡崎義恵先生、お二方にとって「アウグスト・ベエクのフィロロギイ」など、ドイツ語であり、翻訳も出ていないから、「審査者」として〝不安〟を感じられたのであろう。提出期の三ヶ月前の〝変更〟というのは、いささか「乱暴」だけれど、おそらく〝気付かれ〟てすぐ、事務局に〝命じ〟られたのであろう。

確かに、審査者としては「やむをえない」と思われたかもしれないけれど、今のわたしから見ると、「やらせてみる」べきだったのではあるまいか。すでに「大学の教授職」を経た今、八十六歳のわたしから見ると、若い学生が〝意気ごんでいる〟姿勢を〝買ってみる〟のも、一つの道、否、「審査の本道」だったように思われるのである。

けれども、それは「否（ノウ）」の指図で〝逆転〟させられたのだ。

『フィロロギイ』との再会

今年、平成二十四年になって、思いがけぬ「再逆転」があった。問題のアウグスト・ベエク（ベーク）の『フィロロギイ』が手に入ったのである。右の経緯を、わたしがのべたところ、それを知った、東京古田会の平松健さんが、当の本を入手してプレゼントして下さったのである。

平松さんはインターネットで検索され、英国のケンブリッジ大学にこの本が存在し、注文によって入手できることを突きとめられた。オンディマンド形式で、こちらが注文してから、全く同一書を印刷し、送付してくれるのである。平松さんはそれを注文し、入手し、わたしにプレゼントして下さった。

文字通り、躍り上った。二十歳台のはじめ以来、待望の本だった。いったん入手しながら、手離した経験もあった。めくると、かつて〝むしゃぶりついて〟読みふけった、その文脈にありありと〝再びふれる〟ことができた。最高の「とき」だ。

アウグスト・ベエク『フィロロギィ』

「生きていてよかった」という思い、「これを読み尽くすまで生きていたい」そんな思いの交錯する毎日だ。ともあれ、この本を手元において死んでゆけるなら、もうわたしには言う言葉はない。

「フィロロギイ」とは

この本の語るところに耳を傾けよう。

ベエクにとっての学問とは、一言にして表現すれば「認識せられたものの、再認識」である。「認識せられたもの」とは、「当代の文物」のすべてを指す。たとえば、ギリシャで生み出された文献、「イリヤッド」のような詩文はもちろん、ソクラテスの対話をもとにしたプラトン全集から、どのような些末な断片に至るまでも、すべて「認識せられたもの」に入るのである。

それだけではない。ギリシャの風習や祭儀、神殿や庶民の家など、そのすべてが「認識せられたもの」の一端なのである。あのオリンピックなども、当然その「重要な一徴表」をなしているのだ。

それら、すべての「認識せられたもの」を、現代（十九世紀）のわれわれが、もう一度、正確に「認識する」こと、それが彼にとっての「学問」なのである。それを彼は「フィロロギイ」と呼んだ。「フィロ」は〝愛する〟。「ロギイ」は「ロゴス」の称。「論理」である。すなわち「フィロロギイ」とは「論理を愛する学問」という意味の、彼の「造語」だった。

すでに存在した言葉、それは「フィロソフィ」だ。通例「哲学」と訳されているけれど、「フィロ」は〝愛する〟、「ソフィ」は〝智慧〟だから、正確にいえば「愛知学」という訳がふさわしい。

これに対して、ベエクの「フィロロギイ」の場合、「愛、論理の学」という意味、それを現わした「造語」なのである。おそらく「フィロソフィ」より、一段と〝包括的〟な「古代把握」を志していたのではあるまいか。考えてみれば、オリンピヤのような著名の祭儀はもとより、一片の土偶や鏃(やじり)の先にも、その時代の人々の認識、さらにいえば、彼等の「哲学」が内蔵されている。それがベエクの思考の及ぶところだったのではあるまいか。その詳細は、これから時間をかけてジックリ読んでみなければ分らないけれど、わたしの「知りえた」ところ、それは大略右のようだった。

もちろん、それらはすでに村岡先生からお聞きしたところだった。その上で、先生は言われた。

「その中で、わたしは文献だけを扱っています。」

と。ベエクの学問の全面継承ではなく、その一部としての「文献」に、研究対象を限定する、との立場だった。

けれども、「フィロロギイ」の本質は、あくまで「総体としての再認識」の学問であるから、すでに行なわれていた「文献学」という、わが国の「訳語」は不適切だった。わたしは卒業論文において、先ずその一点を明確にしたい。そう思っていたのである。

ベエクの「学問の方法」

さらに深い、さらに広い意義をもつもの、それがベエクの「学問の方法」、そしてその「学問の本質」だった。その全貌は、おそらくこの研究自伝の全体においてしめされるところだ。だが、今はその「キイ・ポイント」にのみ、若干ふれてみよう。

わたしは驚いた。あの、旧制広高の授業で岡田先生の大書された言葉。

「論理の導くところへ行こうではないか。たとえそれがいかなるところに到ろうとも。」

あの「ソクラテスの言葉」として、「趣意」されたところ、それはまさにアウグスト・ベエクの「フィロロギイ」すなわち「愛、論理の学」そのものではないか。

このとき、すでに岡田先生がアウグスト・ベエクの『フィロロギイ』を読んでおられたかどうか、不明だ。だが、ベエクにとって「ギリシャ」と「ソクラテス」は、単に学問の「対象」であるだけではなかった。当然、彼の「学問の方法」樹立のための〝導き〟だったと思われるから、この「暗合」

は偶然ではないのかもしれぬ。

わたしはバイブルを分析した。旧約聖書の冒頭が、宇宙の創造者としているのは「男女神」であると。「イヴとアダム」である。だから「六日間」働きつづけ、「七日目」に〝休憩〟するのである。初産婦の「胎児」と同じタイミングなのである。

一週間はなぜ七日間か

旧約聖書の成立より、はるかに古い「多神教時代」の〝通念〟によって、「後世」の旧約聖書の冒頭が〝はじめ〟られているのだ。

現在、一週間が七日、七日目が日曜日という「暦」は一般的だが、その淵源は、右のような理解以外にありえない。わたしはそのように論じた。『俾弥呼』の第十一章である。

これも、わたしにとっては「認識せられたものの、再認識」に他ならなかった。

孤独な青年イエス

旧約聖書だけではなかった。『トマスによる福音書』に赤裸々に表現された、真実のイエス像だ。この史料は一九四五年、エジプトのナイル川の中流、ナグ・ハマディ村の墓地から出土した。アラブ人の農夫のムハンマド・アリー・アッサーマンが作物の肥料（サバッハ。軟土）を採る作業の途中の発見だった。

このコプト語の本は、荒井献氏の解説と翻訳によって、講談社学術文庫に収録された。

ただ、その「解説」や「編集」は、荒井氏の属する〝宗派〟の立場から〝ほどこされた〟もの。わたしの「目」とは異なっている。

わたしの「目」は、当然、キリスト教のカトリックやプロテスタントの立場ではない。「そこに表

現された認識」そのものの「再現」だ。たとえば、
「父母を天の国に求める者は、淫売婦の子と呼ばれる。」
といった、一見〝奇妙な告白〟の中に、イエスが子供の時から少年、そして青年になりゆく間に、周囲から彼に向けられていた「世間の声」が知られよう。「あいつは、娼婦の子だぞ。」という声に包まれて、彼は育ったのである。なぜか。

時は、ローマ占領軍の支配下だ。占領軍の兵士たちは「被征服者側」のユダヤの女たちを〝犯し〟た。あるいは「性のたわむれ」の対象としたのである。女が既婚であれ、未婚であれ、関係がなかった。あの「軍隊と性」の根本問題がここにも、レッキと存在していたのである。イエスの「正式の父」は、当然ヨセフだ。だが、いかなるバイブルでも、「ヨセフの影」はない。あるいはきわめて〝空しい〟のだ。これに対して、無責任な「世評」は、生れた子供のイエスを、「淫売婦の子供」とののしったのである。真実か否か、もちろん母親のマリヤ以外には知るはずもなかった。

このような「世評」の中で育つ子は、どのような運命をたどるか。当然「世間に対して、反抗し、無気力化し、〝グレル〟」のが一般の青年たちのたどりゆく道であろう。そうでなければ、極度に〝純粋化〟して、「父母の国」を「天に求める」ような、一筋の道を選ばざるをえない。イエスはその一筋の道を選んだ、孤独の青年だったのである。

わたしは、正規のバイブルが「除外」した、真実のイエスをここに見たのである。おそらく、旧教であれ、新教であれ、既成のキリスト教徒の「目をそむける」べき道であろう。しかし、わたしに

とって、これ以上のすばらしいイエスはいない。この『トマスの福音書』で「認識せられたところ」の再現なのである。

ギリシャはなぜトロヤを攻撃したか

アウグスト・ベエクは「バイブルの分析」は行なわなかった。もっぱら「ギリシャ」に向って、彼の「目」は向けられていたようである。

そのギリシャ観こそ、アウグスト・ベエクの求めるところ、その「本番」だ。身辺においた、この本を〝なめる〟ように眺めてみよう。読み尽くしてみよう、いのちのある限り。楽しみである。

かつてわたしはトロヤに行った。妻と二人だった。成田からアラスカ廻り、モスクワを経てワルシャワへ。ワルシャワから乗り換えてイスタンブールを目指した。

そのイスタンブールの空港に着く三十分前、ボスホラス海峡の上を旋回しているとき、ヨーロッパとアジアの接点、その海上と陸地を見おろしているうちに、気づいた。

「新興のギリシャは、古代から栄えてきた黒海沿岸の地帯との接点だった、このトロヤを攻撃したのだった。」

と。もちろん、トロヤの王子、パリスがアプロディテとヘレとアテネとの三人の女神からリンゴを渡され、「もっとも美しい女神に渡してごらん。」と言われ、そのリンゴをアプロディテに渡したため、女神アテネの怒りを買い、トロヤ戦争の発端となったのだという「お話」は〝造り話〟だ。

さらにギリシャの美女、ヘレナをパリスが〝かどわかして〟連れ帰ったのが「トロヤ戦争の原因」という話も、ちがう。本当の「原因」ではない。

歴史の真実は、次の一点だ。

「新興の軍事集団をもったギリシャが、富裕なる黒海沿岸の先進国の『富と繁栄』を手に入れたかったからである。」

と。トルコの各地の博物館を巡るうち、わたしの「予想」の正しかったことを知った。「先進の黒海沿岸」が、〝黄金の国々〟としての遺物群を各地に残していたからである。

もちろん、シュリーマンの「トロヤ」は健在だった。最初第六層とされていたが、のちにアメリカの調査団によって第七層Aと認定されたという。その遺跡はまさに「実在」し、わたしたちが訪れたとき、その遺跡の前に見事な、生きたペルシャ猫が「鎮座」していたのであった。

この「トロヤ」を攻撃し、国民と全国家を「根絶」させた、新興ギリシャの「一大侵略戦争」について、アウグスト・ベエクがどのような「視点」から、何を「再認識」していたか。わたしの楽しみである。

第三章　松本深志高校の教師として

1　松本深志高校赴任

教師生活開始

わたしは信州に向った。長野県松本市である。県立松本深志高校の教頭になっておられた岡田甫（はじめ）先生に招かれたのである。昭和二十三年（一九四八）の四月だ。

東北大側でも、特別推薦学生として、多額の奨学金が約束されていたけれど、わたしは一顧もしなかった。岡田先生の〝お招き〟だったからである。この松本行きは、「大学から離れた場での、自分ひとりの研究」という点、わたしの「学問」の性格を〝規定〟した。その点、改めて詳述しよう。

ともあれ、松本に着くと、早速一軒のお宅を訪ねた。わたしと〝入れ代り〟のように、旧制松本高校を卒業し、東京大学の医学部あたりへ入学した方の〝後釜〟だった。仙台の北山で仲の良かった方の兄上だった。そのお宅へうかがうと、歓待して下さった。あらかじめ、連絡されていたからである。

その上、わたしと年齢の前後する感じの美女三人が出てきて、「是非、こちらにどうぞ。」と、両親ともども暖かくすすめて下さった。わたしも「是非お願いします。」とお願いして辞去した。

しかし、「好運」はそれまで。次いで肝心の深志高校へ行き、事務局で自分の「給与」を聞いて、一驚した。ついさっき聞いた、下宿代には、とても〝及ばない〟のである。「破談」とせざるをえなかった。

けれどもわたしは、幸せだった。深志の先生方がみな、暖くこの若僧を可愛がって下さったからである。

石上順さん

まず、石上順先生。わたしの机の左隣りだった。この石上さんの〝そば〟に居たこと、これはわたしの人生にとって「無類の幸せ」となった。専門の「国語科」は、わたしにとっては〝思いがけない〟科目だったけれど、すべて石上さんの「指南」のもとで、半歩、一歩と前進してゆくことができた。わたしの古代史研究にとって「不可欠」の要素となった「言素論」もまた、この石上さんの「訓育」なしには考えられないのである。

石上さんは国学院大学の出身だった。折口信夫（おりくちしのぶ）の愛弟子である。赤茶けたベレー帽のよく似合う、文字通り〝いかす〟タイプの方だった。女生徒などからの「人気」も、当然高かった。しかし、それ以上に一般の男子生徒にとっても「敬愛」と「崇敬」の的だった。その講義は「源氏物語」が中心であり、達筆の洗練された筆跡の教材（ガリ版刷（ばんず）り）は、今も〝貴重な思い出〟として保存している者も少なくないことであろう。

もっとも恵まれた「弟子」はもちろん、わたしだった。隣の席から、一々、微に入り、細をうがって「聞く」ことができたからである。当然ながら「幼稚」な質問も、多かったであろうけれど、少しもいやがらず、丁寧に教えて下さった。いつも、変らなかった。

わたしは不思議に思う。わたしの人生には、要所要所にすばらしい方々がいらっしゃって、わたしを導いて下さるのだ。なぜだか、これはわたしにも分らない。「天与の幸い」という、ありふれた言葉で〝表現〟しておくしかないけれど、この本全体を見終ったとき、読者はこれが決して〝誇張〟ではなかったことを、深くうなずいて下さることであろう。

生徒への「特別指導」

石上さんとわたしとの「間」は、国語科という関係だけではなかった。「特別指導」に対する〝無二のコンビ〟だった。

旧制中学から高校へ、この年代の生徒たちは〝危険〟だ。各自が「自家爆弾」をかかえている。友人関係、恋愛関係、親子関係、学業・入試関係、あらゆる「障害」を〝もてあまして〟いる。そしてある日、〝簡単に〟生と死との境を乗り越えてしまうのである。〝思い切り〟がいいのだ。

だから、わたしたち教師は、その「危険の深さ」をいつも見つめ、熟知していなければならぬ。「まさか」では、おそすぎるのだ。

もちろん、「最上のケース」は、その本人と連絡がとれることだ。当人からの「相談」である。その場合、「必須の条件」がある。

「あの先公（教師）なら、誰にももらさない。」

という〝安心感〟だ。それがなければ、絶対に「相談」などしてこない。知れ切ったことだ。だから、たとえば職員会議でも、その件は、絶対に「口外」しないのだ。もちろん、一般論としては扱っても、具体的な人名や件名をあげない。これがわたしたち（石上さんとわたし）の「掟」だった。

「次のケース」は、「本人と接触している人物」つまり、友人との「交点」だ。この「友人という名の交点」こそ、重大だ。なぜなら、「本人からの直接相談のないケース」こそ一般だ。〝ありうる、最多の事例〟なのである。従って、

「〝危険〟を抱く本人と『接触』している友人たち」

との「交流」こそ、わたしたち「特別指導」の「眼目」だったのである。「親友、X」の発見だ。

多くのケースが、この「親友、X」との交信を通じて「解決」された。もしくは「改善」できたのである。

しかし、それの及ばぬ場合もあった。急報によって〝駆けつけた〟ときには、すでに彼の体内に「毒物」が吸収されつつあった。医師の手によって、「上」や「下」から〝解毒の手術〟が行なわれた。ようやく助かった。そういうケースにも遭遇した。しかし、深志在任時代、一回も「自殺」を〝成功〟させなかった。

このような記録は、今やどこにも残っていないだろうけれど、ひそやかな「わたしたちの誇り」である。

近年、「教師として責任のあるのは、午後五時まで。」といった「主張」や「契約」があると聞く。

わたしたちとは、別世界である。

マルクシズムと実存主義

わたしが深志で最初に受けもったのは「時事問題」だった。これは翌年からの「国語科」とは異なり、日本思想史出身の身には、いわば予定通りの「社会科」に属する。旧制松本中学時代の最後の学年だった。

「時事問題」といっても、必ずしも現代の新聞ダネ、メディアダネとは限らない。生徒側の〝もちこんで〟きたテーマを扱った。たとえば、マルクシズムと実存(じつぞん)主義。当時は、日本共産党青年部も〝花咲かり〟で、生徒には「社研(社会科学研究会)」の猛者(もさ)も少なくなかった。当然、マルクシズムの立場に立つ。

他方は実存主義。当時「嘔吐」「存在と無」などで「名声」の高かったサルトルがその代表だった。のちに、わたしの著書を出版してくれた細萱尚孝君は、松本市内の「遠兵(えんぴょう)」という株式会社の息子、その「実存主義論」は〝筋金(すじがね)入り〟だった。

さらにカミュ。『異邦人』(一九四二年刊)で衝撃を与えた。「動機なき殺人事件」を描いたのである。サルトルとカミュも、当時の「ソ連邦」に対する批判で対立していた。

生徒たちは、交々それぞれの「主張」を背景として〝弁舌〟をふるった。教師のわたしは、黙って聞き入った後、自分の考えを率直にのべた。そのためにも、わたし自身、勉強しなければならない。学生時代にない、経験となった。

同じ時期、細萱君の親友、荻元晴彦君は生徒の中の「英雄」だった。一方では、野球部のエースピッチャー兼四番打者で、はじめて深志高校の野球部を甲子園へ導き、他方では、太宰治の心酔者として、海外文学愛好者の「向う」を張った。早稲田大学からテレビマンユニオンへ、マスコミ路線を歩んだ。

彼は、わたしの授業には出ていなかったけれど、後述する「尚志社」の寮舎で、彼と寝起きを共にしていた。

この「尚志社」は、深志における、生徒の自治会の名前だった。「披雲会」「凌友社」といった「自治組織」が学内にあった。しかも、それぞれの「寮舎」を松本市内にもち、その運営は生徒たち(とその先輩)に任されていた。「教師」は、それに「ノータッチ」だ。関与してはならないのである。それが、明治以来の「自治の伝統」だった。明治政府が、「教師たち」による〝幕藩時代以来の旧習〟からの影響を避けさせるための方策、それがこの「新しき自治組織」の成立だったようである。

わたしなど、はじめは「今回の敗戦以後の成立」かと思っていたが、〝とんでもない〟誤解だった。

当時の「尚志社」の責任者は、奥原教永君。深志の生徒である。上高地の西糸屋山荘の息子だったが、きわめて思慮深い、すぐれた判断力の持主だった。

最初に訪れた「下宿先」を「断念」させられたわたしは、この「尚志社」に寄宿することを許された。もちろん、生徒の奥原君が監督官、教師のわたしの方が寄宿生だった。まかないの「鈴木なつさん」は、思いやり深い「老母」だった。

四畳半足らずの、わたしの小部屋には、さらに寄宿人が〝加わっ〟た。百瀬伸夫君である。東京から松本への、引上げ家族だったが、家族の異動があり、それを知ったわたしが「自分の部屋」に入れた。この「人間関係」も、わたしの生涯にとって〝すばらしい所産〟となった。

毎日書いた「読書推薦文」

深志へ来て、まもなくはじめた。「読書推薦」だ。学校の正面玄関から入って左へ伸びている廊下の突き当りに、黒板があった。そのすぐ右手には、生徒用の出入口がある。

その黒板に、毎日「読書推薦文」を書いた。日曜を除き、毎日、帰る前に「書きつける」のだ。題材は、古典、新著、小説、評論、何でも「可」なのである。次の日に、生徒がやって来て、交々に読む。そして夕方になると「消す」。そしてまた新たに、次の日のために「書く」のである。文章は「一日限り」の寿命だ。「写す」こともしない。それがわたしの「美学」だったのである。読んだ生徒に、何が残るか、残らないか。そしてその効果は。――一切知らない。知らなくていいのだ。

ただ、書く方のわたしに与える影響は？　それは確実にあった。次々と「本を読む」こと、そして「自分の反応を書く」習慣だ。かえりみれば、わたしはいろんな媒体に、いろんな形で書きつづけてきた。この本の成立も、そのような「自分の業績」を〝手がかり〟としていること、まちがいない。

そのまちがいない事実の背景が、この「板書書き」の毎日だったのである。

今、この「読書推薦文」の形式で現在における一つの〝サンプル〟をしめしてみよう。

安富歩『もう「東大話法」にはだまされない』（講談社＋α（プラスアルファ）新書。前著は『原発危機と「東大話法」』

明石書店）

「著者が『東大話法』と呼ぶのは『一に断言、二に一般化、三に無責任』の〝ものの言い方〟だ。たとえば『原発の安全性』を主張する〝原子力ムラ〟の人々。そして大手メディア、学界・教育界・政治家たちの〝大半〟を支配する立場の〝総称〟である。しかし、それは『東大』だけか、『日本』だけか、それとも『世界』は？　実は国家と宗教をつつむ『人類話法』なのかもしれない。
著者の発掘しようとしている真理は、著者の自覚以上に広い。そして深いようである。」

永井荷風の「花火」

さて、百瀬君に協力してもらったのは「フェニックス」の発行だった。「フェニックス・クラブ」の名で名著や佳文をピックアップして「ガリ版」に切り、生徒側の出入口に積み上げる。そして一枚分ずつの原価（何円か）を、そばの箱に入れておいてもらうのである。ほとんど売り切れる上、その対価も正確に箱に残っていた。たとえば「ゴッホの思い出」など。次々に「ガリ版」に切り、積み上げるのを楽しみとした。「利益を無視した出版業」のようなものだ。百瀬君の協力なしには出来なかった。

今、そのような「名文」の一つを書きとどめてみよう。永井荷風の「花火」である。

「午飯（ひるめし）の箸を取らうとした時ぽんと何処（どこ）かで花火の音がした。梅雨（つゆ）も漸く明けぢかい曇つた日である。涼しい風が絶えず窓の簾（すだれ）を動かしてゐる。見れば狭い路次裏の家々には軒並に国旗が出してあつた。国旗のないのはわが家の格子戸ばかりである。わたしは始めて今日は東京市欧洲戦争講和記念祭の当日であることを思出した。」（原文は総振り仮名）

そのあと、明治の新時代の祭日にふれる。

「涼しい風は絶えず汚れた簾（すだれ）を動かしてゐる。曇つた空は簾（すだれ）越しに一際（きは）夢見るが如くどんよりとしてゐる。花火の響はだん〳〵景気よくなつた。（中略）新しい形式の祭には屢々（しば〳〵）政治的策略が潜んでゐる。」

そして「明治二十三年の二月に憲法発布の祝賀祭があつた。」ことを思い返しつつ、やがて問題の一節が書かれている。

「明治四十四年慶応義塾に通勤する頃、わたしはその道すがら折々四谷（や）の通で囚人馬車が五六台も引続いて日比谷の裁判所の方へ走つて行くのを見た。わたしはこれまで見聞した世上の事件の中で、この折程云ふに云はれない厭な心持のした事はなかつた。わたしは文学者たる以上この思想問題について黙してゐてはならない。小説家ゾラはドレフユス事件について正義を叫んだ為め国外に亡命したではないか。然しわたしは世の文学者と共に何も言はなかつた。わたしは何となく良心の苦痛に堪へられぬやうな気がした。わたしは自ら文学者たる事について甚しき羞恥を感じた。以来わたしは自分の藝術の品位を江戸作者のなした程度まで引下げるに如（し）くはないと思案した。その頃からわたしは煙草入をさげ浮世絵を集め三味線をひきはじめた。わたしは江戸末代の戯作者（ぎさくしゃ）や浮世絵師が浦賀へ黒船が来やうが桜田御門で大老が暗殺されやうがそんな事は下民の与り知つた事ではない――否とやかく申すのは却て畏多い事だと、すまして春本や春画をかいてゐた其の瞬間の胸中をば呆れるよりは寧ろ尊敬しやうと思立つたのである。」

明治四十四年、幸徳秋水を葬り去った「大逆事件」への言及だ。この稿は次の一文で終っている。

「花火は頻に上つてゐる。わたしは刷毛を下に置いて煙草を一服しながら外を見た。夏の日は曇りながら午のまゝに明るい。梅雨晴の静な午後と秋の末の薄く曇つた夕方ほど物思ふによい時はあるまい……。」（大正八年七月稿、大正十一年七月二十八日、春陽堂「雨瀟瀟」所収）

この一文につき、「荷風の創作」かと論じた評論者（ドナルド・キーン）もいたけれど、わたしには「非（ノウ）」だ。ここには荷風の「自己批判」の声、すなわち人間の言葉が語られているのではないか。

その言葉を「後生」に伝えたい。

忘れられない二本の映画

わたしの小部屋にこもって勉強していた百瀬君とはちがって「部屋主」のわたしの方は、いつも飛び歩いていた。

その目的の一つは、映画だった。松本市内の中心街、縄手通りの映画館で日本映画も洋画もやっていた。黒澤明の「わが青春に悔なし」やアメリカ映画の「キュリー夫人」など、くりかえし、くりかえし通った。日曜など、午前の第一回上演から夜の最終回まで〝こもり切り〟だった。途中でパンと水などで飢えと渇を満たした。

「わが青春」（略称）では、主人公の原節子、「キュリー夫人」では、グリア・ガースン、彼女たちに魅せられて〝通った〟ことは確かだ。「わが青春」では戦時中、京都帝国大学の八木原教授が追放され、娘の幸枝（原節子）の苦闘と転身を描く。父親の教え子、野毛隆吉と愛し合いながら、その野毛も獄中に死ぬ。幸枝は野毛の実家、東北の寒村に赴き、その両親をささえる。敗戦に至る、一人の女性の〝生きざま〟を描き切ったこの作品は久板栄二郎の脚本によって、わたしの青年の魂に忘れがたい痕跡を今も残している。

その各シーンの全セリフを〝暗誦〟しながらも、名古屋、大阪、広島など、上映のあるごとに駆けつけた。今も、この映画を「思う」ことは、自分の青春を「思う」ことと通じる。不可欠の道なのである。

次に「キュリー夫人」。ポーランド生れの愛国少女だった彼女が、パリのソルボンヌ大学に学ぶ。故国の子弟を〝教える〟ためだった。けれども、先輩のピエール・キュリーに会って、運命は一変する。学問研究に一生を懸けることとなったのだ。その中でめぐり合った「ラジウム」の謎。その不可思議な「透過力」の存在はすでに知られていたけれど、その「正体」は不明、正確にいえば未明だったのである。

妻のマリー・キュリーの苦闘が克明に描かれている。大学の「死体置き場」だった廃屋を借りて、二十四時間の悪戦苦闘。女性のもつ〝辛抱強さ〟を、夫のピエールがささえた。そしてある明け方、気づく。

「あの、ゴミ箱に捨てていた些末な物質に、もしかしたら、〝足らぬ数値〟が存在するのではないか。」

と。それまで、当物質の全体としての「放射能の数値」と、各部分ごとの部分としての数値とが合わない。「部分の総計が全体にならない」ことが、未解決、研究の原点だったのである。永い年月が過ぎていた。

夜が明けかけて、二人は研究室へ駆けつける。そして扉を明けたとき、その中の「捨てられた物質」の〝輝き〟を見る。急いで、測度計に入れる。カチ、カチ、カチと、測度計の刻みがすすみ、終点に来る。見事、「部分は総計に一致した」のである。人類における「放射能の発見」、より正確には「確認」となったのである。

松本から広島まで、あるいは東京で、くり返し〝見あきた〟はずのこのシーンは、やがてわたし自身の生涯の「行方」を決定することとなった。三国志の魏志倭人伝における部分里程の総和と総里程問題であるが、これについては後述する。

生徒たちとの時間

再び「時」と「場」を深志時代の思い出に返そう。第一。松本市の市営球場で野球の試合があった。市内各校の対校戦だった。

終ったあと、深志に引き上げてきた同窓会の会長が岡田先生に言った。

「今の深志の連中も、元気がありますねえ。上半身裸で深志の旗をふりつづけていた生徒、あいつなんか、なかなかなもんだ。」

「いや、あれは今度入ってきた、うちの教師ですよ。」

わたしのことだった。

深志の昼休み、それはわたしの〝待って〟いた時間だった。〝なけなし〟の金を投じた蓄音機を正門脇の芝生に持ち出して、レコードをかける。シューベルトの「冬の旅」など、秘蔵の作品を生徒に聞かせるのだ。手巻きの「ねじ」をぐるぐるまわすと、「音」が出る。今から見れば、あきれた器械だけれど、当時は〝あこがれ〟の新兵器だった。

生徒たちは、大勢取り囲んで聞いてくれた。「授業」では〝遠慮〟していたけれど、休み時間なら「O・K」だったのである。

やがて生徒たちに〝借して〟やった。久しくしてわたしの手元に返ってきた。〝かけて〟みたら、ザラザラだった。寿命が尽きていたのである。

「すり切れたレコードよ、お前は帰ってきた。他（ひと）も忘れるくらい、永い永い旅をして。」

わたしの青春の感傷（センチメント）だった。

親鸞の生き方と時代の変遷

映画や音楽だけではなかった。やはり図書館こそ、わたしの目指す「城」だった。

市営の図書館へはくりかえし通った。再建される松本城の広場の近くにあった。

一番の〝お目当て〟は『真宗聖教全書』、第二巻だった。そこには、当時知られていた親鸞関係の文書が全部収録されていた。当人の「自筆本」や門弟の「自筆本」が収載された『親鸞聖人全集』が刊行されはじめたのは、もっとあとだったけれど、それでも「基本書」はすべて収録されていた。「教行信証」や「和讃」なども、もちろんあった。それらをくりかえし、まきかえし、読み返した。

なぜか。

最大の理由は、当時の「親鸞評価」の〝一変〟だった。敗戦前には、親鸞は「愛国の念仏者」として〝喧伝〟されていた。

「論じさふらふところは、御身にかぎらず、念仏まふさんひと〴〵は、わが御身の料はおぼしめさずとも、朝家の御ため国民のために、念仏をまふしあはせたまひさふらはば、めでたふさふらふべし。」

この親鸞の書簡の一節がその根拠とされたのである。

ところが、敗戦を境として「評価」が一変した。親鸞は「民主主義の念仏者」だ、というのだ。同一の学者、親鸞研究の権威とされていた専門家の「名」において、昭和二十年を境として〝真反対の評価〟が語られたのである（梅原末治氏等）。

もちろん、当人「その人」の意見というより、各時期の「教団の公的立場」の〝反映〟だったのであろう。しかし、一青年のわたしは、そのような〝一変〟に対して深い「疑惑」をもった。「時代の移り変り」に対応して、立場を〝一変〟させた、この「世界」そしてこのような「人間」に対して、やり切れぬ不信感をもったのである。

「こんな世の中に、生きていてもしょうがない。」

青年らしい「思いこみ」にすぎない。今そのように〝批評〟しても、決して「まちがい」ではないだろうけれど、その一線の前で「生と死」の淵を越えることのできなかった青年も、決して少なくはなかった。そして心情では、わたしもその一人だった。

そのわたしを〝呼び止める声〟があった。それは岡田先生から学んだ、親鸞の一語である。

「たとひ法然聖人にすかさせまいらせて、念仏して地獄に落ちたりとも、さらに後悔すべからずさふらう」

いつも脳裏にあったこの言葉の中からは、わたしに呼びかけるものがあった。

「あの親鸞は、もしかしたら、『時代の激変』に合わせて、自分の声を変えることをしなかったのではないか。」

と。そして、

「もし一人でも、そういう人があったとすれば、この世は生きてゆくに値いするのではないか。」

青年らしい「短絡（たんらく）」だった。〝思いこみ〟の「最（さい）」たるものとも言えよう。しかしわたしにとって、「真実（リアル）な親鸞への探究」は、単なる学問上の課題というよりも、「生死を別ける」べき、最深のテーマとなっていたのである。

生徒たちからの鋭い問い

自分自身の「前途」に自信がもてぬどころか、己が「人生」にすら立脚地を見出せずに迷っている者に対して、生徒たちが「信頼感」のもてようはずはない。教師は、「確乎」として自分たち生徒に〝対応〟してほしい。それが彼等の願いだからである。

わたしが二年から三年の担任へすすむと、生徒の代表（委員）がわたしのところへやってきた。

「来年度は、もっと貫禄のある先生に担任になってほしい、とみな言っています。」

と。

もっともだった。おそらく岡田先生や石上さんたちが収拾して下さったのだろうけれど、この「不満」は当時どころか、現在までもつづいていることであろう。「もっと、しっかりした担任になってほしかった。」と。正解である。

おそらく、生徒たちがわたしから得たよりも、わたしの方が生徒たちの側から得たものの方が格段に大きい。そのことを明示する「事件」があった。「国語」の時間である。

授業の題材は、阿倍仲麻呂作とされる有名な歌だった。

「天の原ふりさけ見れば春日なる　三笠の山に出でし月かも」

古今和歌集の巻第九（四〇六）に出ている。仲麻呂が中国の浙江省の東海岸にある明州で、日本に帰るための別れの宴席で作られたという。

〝無事〟授業を終えたつもりで教室を出たわたしは、五～六人の生徒たちに囲まれた。「新米教師」への質問攻めである。

「先生、仲麻呂は西へ向いて座ってたんかい。」

「どうして。」

「だって、ふりかえったら日本の方が見える、って言うんだろ。日本は東にあるずら。じゃあ、それまで西へ向いてなきゃいけない。」

「あの『ふりさけ見れば』というのは、〝ふりかえって見る〟というだけじゃなくて、〝はるばると遠くを見る〟という意味もあるよ。」

別の生徒がたたみかける。

「中国じゃ、春日っていうのは、そんなに有名なんかい。」

「どうして。」

「『大和なる三笠の山』じゃなくて、いきなり『春日なる』と言ってるじゃないかい。どうしてだい。」

虚を突かれた。考えてもいなかった。しかし、鋭い質問だった。

「なるほど。判った。今度の時間までによく考えてくるよ。」

やっと解放してもらった。この時点では、内心に「余裕」があった。職員室へ帰って、石上さんに聞くつもりだった。

しかし、石上さんにことの次第を報告すると、

「連中、なかなか鋭いね。」

石上さんからも、回答はなかった。次の時間、わたしは「降参」しなければならなかったのである。

この「回答」をえたのは、はるか後年だった。古代史の世界に入り、「邪馬壹国」の〝ありか〟を求め、福岡県へ足を運んだ。博多と太宰府の中間の春日市にいた、旧制広島二中時代の親友、堀内昭彦君のお宅に泊めてもらっていた。奥様にも御迷惑をおかけしていた。

「天の原」の真実

ある日、舟で対馬へ向った。博多湾を出て、しばらく連絡船の甲板で海上を見つめつづけていた。

すると、眼前の下方に陸地が見えた。通りかかった船員の方に聞いた。

「あそこはどこですか。」

「天の原です。」

この返事が、わたしの脳裏を突きさした。三十年近く前の「記憶」がよみがえったのである。

「『天の原』がここにあった。」

今までは、この「天の原」を〝天空〟と考えてきた。中国と日本との間の〝広大な天空〟と見なしてきたのだ。だが、これは「地名」だった。その「地名」がこの目の前、下方に見た地域に存在したのである。

わたしはすでに知っていた。堀内君の家は春日市にあった。そこで博多湾に向って注いでいる川は御笠川だった。その東側にそびえている山は宝満山。その山の旧名、本来の名前は御笠山。三笠山とも書かれていた。のちに登ってみると、「三列石」があった。四国の足摺岬を取り囲んでいた、神聖な巨石群、その「三列石」とも共通する、縄文祭祀の痕跡だったのである。

そして何より〝大事なテーマ〟がある。それは、この筑紫野市・春日市・福岡市の東部にこの「御笠山」があったことだ。この山の上に「月が登る」のだ。「出でし月かも」の一句はピッタリなのである。

仲麻呂はこの「春日市」にいた。そこで毎日、太陽や月が登っているのを「目」にしていたのだ。だから、今、朝鮮半島方面へ向う舟の中で、わたしが見たように、「天の原」から、はるばると、今出てきた博多湾岸の彼方を見た。そしてこの歌を作ったのだ。「日本を去る歌」なのである。

その歌を彼は明州で歌った。その日本、博多湾頭に帰り着くことを「期した」のであった。

この問題をめぐる、詳細の吟味はすでに記した。『古代史の十字路――万葉批判』（東洋書林、平成十三年刊）の第一章である。

今は、思い出す。深志の「悪童」ども〝新米教師いじめ〟を。丸山和道・中村誠君等の諸君こそが、わたしの「真の恩師」だったのである。

『ソクラテスの弁明』と岩波書店

わたしの「国語科」の中心は『ソクラテスの弁明』だった。週五時間のうち、「国語甲」は三時間、「国語乙」が二時間である。わたしの担当の大部分は「国語乙」の方だった。その題材に選んだのが、岩波文庫のプラトン著、久保勉訳の『ソクラテスの弁明、クリトン』である。昭和二年に阿部次郎氏の協力で出版、昭和三十九年に改版。わたしの無上の愛読書だった。

しかし、難関があった。敗戦後、昭和二十三年頃には「絶版状態」で、この文庫本が入手できなかった。そこで岩波書店に手紙を書き、わたしの使用目的を告げ、そのために学校（深志）側で「印刷」して使わせてもらいたい。それを要望したのである。今から考えれば、「無謀」としか言いようのない「要望」だった。

ところが、岩波側の〝対応〟は見事だった。――「いいですよ。」

この一言だった。岩波書店の社主、岩波茂雄氏は信州（長野県）出身の方であり、その所信は「読書子に寄す——岩波文庫発刊に際して」（昭和二年七月）に明記されているけれど、その創立の意思に偽りはなかったのである。

見事だったのは、岩波書店だけではない。わたしの側の、松本深志高校側の〝対応〟もまた、水際だっていた。週二時間とはいえ、一年間の三分の二くらい、この『ソクラテスの弁明』一本槍の授業を「許容」してくれていたのであるから。

もちろん、そのような「手法」は、わたしのケースだけではなかった。たとえば、社会科の平林六弥先生。西洋史の週五時間を通じて授業はギリシャ一本槍。それが一年間のすべてなのである。生徒から「大学受験があるから、他の時代もやって下さい。」と言われると、「そんなの、自分でやれ」の一言。相手にされなかったのである。

吹雪しきる冬の職員室で、わたしたち若い教師に対して、延々と「ギリシャの真髄」を語りはじめると、止まるを知らぬ勢い。のちに深志の校長となられた。

2　同僚と教え子たち

深志での岡田先生

わたしは尚志社を出た。別段〝追い出され〟たわけではないけれど、年度が変り、新たな、本来の尚志社のメンバーが増加。遠慮したのである。折しも、百瀬君も、東京の母親のもとへ帰って行った。わたしははじめ、お城のお堀端の民家に下宿させてもらったあと、前にも書いた、浅間温泉の木村さん、瀬戸屋の二階に泊めてもらうこととなった。鈴ちゃんと呼ばれていた長男は、やがて深志高校の事務局に勤めた。校長室や職員室の係りの助手、といった役どころである。

彼の母親は、本当にすばらしい女性だった。農家の主婦として嫁いできたとき、ともなってきた衣類など、そのまま箪笥にしまわれていたが、農家の嫁として凛乎としたやさしさをもった方だった。わたしは恵まれた。

二階の、わたしの部屋の障子を開けると、眼前にそそり立つ山並み、それはアルプス連峯、いわゆる北アルプスだった。常念、乗鞍といった名峯が屹立していた。絶景とは、このような観望のことをいうのであろう。朝も夕も、わたしは本当に幸せだった。

坂道を十分も下らないところに、岡田先生のお宅があった。瀬戸屋に紹介して下さったのは、もちろん、岡田先生である。

いささか「計算ちがい」があった。この〝近さ〟だから、毎日、先生のお宅にうかがって「話」が聞ける。そういう〝思いこみ〟も当然あったけれど、現実はそうではなかった。岡田先生は深志の教頭、そして校長という役がら以外に、長野県の教育委員会などのお歴々の訪問が〝ひんぱん〟だった。とても、あの広高時代のように「日参」することはできなかったのである。

もっとも、岡田先生の「言い分」では、

「校長なんて、楽なもんだよ。人間さえ引っ張って来たら、あとはまかしときゃいいんだ。」

これが口ぐせだった。だから、わたしの場合でも、この深志へ〝引っ張って〟来たんだから、あとは勝手に、自由にやらせる。それが基本をなす方針だったのであろう。

確かに、わたしは先述来の石上さんや平林さん以外にも、多士済々の先生方のおかげで毎日成長をつづけたのである。

島崎藤村の教え

たとえば、岩本義恭先生。すでに旧制女学校などの校長を全うされたあと、国語科の一教師として赴任してこられた。わたしの机の右、二つ目に座っておられた。

その先生から印象に残る話を聞いた。若い頃、東京で中学校の教師だった。そのときの教材に島崎藤村の詩があった。『若菜集』の著者である。教科書に載っていたのは、有名な「小諸なる古城のほとり、遊子悲しむ」などの名歌だったのであろう。

ところが、職員室で若い何人かの教師の間で、議論が生じた。甲、乙、丙、各教師の解釈が対立したのである。甲論乙駁、お互いに自説をゆずらなかった。そこで、

「じゃあ、本人に聞きにゆこう。」

「よし。」

当時、藤村は東京の近郊に住んでいたのである。みんなで押しかけた。

「先生、ここはこういう意味じゃありませんか。」甲が言った。

「なるほど、そういうことだと思いますよ。」

と藤村。

「しかし、先生、わたしはこういう状景だと思うんですよ。」

と、乙が言う。

「なるほど、なるほど。それはいい御理解ですねえ。鋭い。」

と藤村。

丙が負けじと、自分の解釈を弁ずると、今度も藤村は、感心する。

とうとう、押しかけた面々は怒り出した。

「何です、さっきから。みんな、ちがう意見を言っているのに、あいづちばかり打って。わたしたちが若いと思って、馬鹿にしてるんでしょう。」

と。ところが、藤村は、

「いえ、いえ、とんでもない。そんなことはありませんよ。わたしは詩を作るとき、その解釈を考えて作るんじゃありません。自然に出てきた感情です。それを口にし、筆にのせただけです。ですから、皆さん方の、立ち入った解釈を聞いて、本当に感心しているんですよ。」

との答だったという。

以来、岩本先生は、それを「詩の心」とされてきたという。

「原典に正確に。」とか、「試験の正解」というようなテーマとは別個に、味わい深いエピソードではあるまいか。

わたしも、のちに洛陽工業高校在任の最後の年、生徒に対して強調した。

「正解なんて、ないんだ。どんなにすばらしい誤解をするか、それが君たちの運命をきめる。」と。とても「誤解」されやすい言葉を、思い切って生徒の心に向って投げつけた。それは果して彼等の心裡にどのような形で残されただろうか。

岡田先生と進駐軍との「対決」

深志といえば、最高の思い出がある。
それは英語科の松峯隆三先生から聞いた話だ。

長野市から、進駐軍の教育担当の将校が来た。有名なケリー大尉など、大尉相当の武官だから、アメリカという占領軍全体の中では、下級士官にすぎなかったけれど、各県の各学校に対する「威厳」は抜群だった。彼等に対しては、どの学校のどの教師も、いうなれば「頭があがらない」相手、拳銃をもった、至上の「命令者」だったのである。

その人物が深志へ視察に来た。岡田先生は深志の正面の屋上に案内した。この深志一帯の見える場所で、深志教育の由来を語ろうとされたのであろう。

それがひとしきり、終ったとき、相手が言った。

「だが、日本人は残虐だった。今回の戦争を見れば分る。」

おそらく、深志の来歴、その輝く歴史を聞くだけではなく、「戦前の教育」の非、そして民主教育への転換の意義を説くためであろう。

岡田先生は答えた。

「その通りです。わたしたちも恥かしく思っています。」

一呼吸おいて、つづけられた。

「わたしはアメリカも残虐だったと思います。」

「なぜ？」

「広島や長崎で、非戦闘員を大量に殺したからです。」

この言葉を、通訳の松峯先生は一瞬、訳していいものか、迷った。岡田先生の目を見ると、「訳せ」という顔である。訳した。

相手は沈黙した。沈黙したまま、階段に向い、校長室まで一言も口をきかなかったのである。

アメリカ仕込みで、英語の達者な松峯先生は、職員室ではいつもわたしの隣りに座っていたが、何回となく、この名シーンの記憶を語られたのである。

岡田先生が広島で最愛の奥様と娘さんを失ったことを、その人物が知っていたか、否か、わたしは知らない。

ともあれ、今も残る深志の校舎の屋上を見上げるごとに、わたしにはこの壮絶な対決の日を忘れることができない。

「失われた本」を探して

わたしは「密命」を帯びて東京へ通った。「古本探し」のためである。

岡田先生のあとを継いで教頭になられた赤羽誠先生からの指示だったかと思うけれど、「なくなった書籍を探して買ってくるように。」という「指令」だった。

聞くところによると、戦争中、日本の陸軍の兵隊たちがこの深志の教室を宿舎としていた。そのさい、「学校所蔵」の本が持ち出されて、捨てられたり、焼かれたりしたというのである。

確かに、敗戦による「既刊書」の価値の暴落はひどいもので、単なる「故紙」として扱われていたから、そういう事態も、ありえたのかもしれない。

また、「敗戦直後の現在」の立場からおいておかない方がよい、という〝思わく〟もなかったとはいえないけれど、要は、かなりの量の「本」が、名簿には残っているけれど、実物がないのである。それらの「失われた本」を〝見つけ〟て購入してくるように、とのことだった。独り身で、動きの「軽い」わたしが〝便利〟だったのであろう。

早速、東京へ向い、神田などの古書店街を歩き廻った。そしてかなりの量の、同名の本を〝見出し〟て購入することができたのである。もちろん、何軒も、何店舗も、くりかえし歴訪したのである。最近（平成二十四年）、神田の代表的な書店、「書泉」にわたしの著作が集められ、わたしの筆跡の「一言」が掲示されていたようだが、この頃から神田とは〝縁〟が深かったのである。

さらに、本格的な目的をもって東京へ行きはじめていたのは「大学受験」問題のためだった。

大学受験対策

はじめ、わたしは「受験指導」を〝軽蔑〟していた。「あんなことより、もっと大事なことが、学校にはあるよ。」と、いつも生徒に向って「放言」していたのである。先ほどのべたように、「岡田――平林――石上」といった方々の目指されるところは「人間教育」そのものであり、決して「受験中心主義」ではなかった。このわたしも、瀬戸屋へ遊びに来た生徒たちに、いつもそれを語っていた。

瀬戸屋の、二階のわたしの部屋は広かった。そして隅には、たくさんの布団が積まれていた。江戸時代、領主がここに泊り、「瀬戸物」を焼かせていた。「瀬戸屋」の屋号は、そこから来ているのである。だから、ふすまをあければ、眼前に北アルプスの絶景が見えたのである。その部屋に数名の生徒が交る交る泊りこみ、朝は一緒に深志へ通う。そういう毎日だった。

その中で語る、わたしの「受験教育、軽侮」に対し、生徒は段々落ち着かなくなった。高校三年が近づくにつれ、否でもそれに対面せざるをえないからである。

わたしは決心した。「よし、受験教育をやろう。」そのために、東京の名門校、日比谷や新宿高校へ通いはじめたのである。もちろん、校長や教頭の許可をえた。

その結果、「発見」したことがある。このような学校の生徒は「英語が強い」のだ。ジョン・スチュアート・ミルの「自由論」といった、当時の教育レベルよりはるかに高い本を副読本として使用している。しかも、それに〝対応〟するかのように、東京大学の英語の問題の質が高い。難解なのである。

しかし、これらの学校の生徒たちは新制高校に入る前に、小・中学時代から「塾」などに通い、高校一年生になったとき、すでにかなりの英語の実力をそなえていたのである。最近では〝珍しくない〟現象だろうけれど、当時からすでに「先進校」となっていたのだ。とても、地方の高校生の及ぶところではなかった。

ところが、わたしは東京大学のドイツ語の試験問題を見て、驚いた。あまりにも〝やさしい〟のだ。

平易な叙述文が使われている。英語とは〝けたちがい〟だった。

その理由も、判明した。先述の日比谷・新宿などの生徒は、「芸能」という週二時間の授業を、ドイツ語やフランス語の「選択」ができるようにしていた。二年と三年の二年間であるから、いわば「週四時間」分となろう。そのレベルに〝対応〟しているのが、東京大学の入試問題だった。フランス語は分らなかったけれど、おそらく「同レベル」らしかった。

深志に帰って、報告し、提案した。「ドイツ語とフランス語」のクラスを作ることを。高校二年と三年の二年間、週五時間の授業だから、「週十時間」の計算だ。英語はやらない。一年生どまりである。「英語」のクラスも、週五時間の「レベル」をアップできるのである。

岡田先生は了解してくれた。深志に「ドイツ語とフランス語」のクラスが誕生したのである。

最初は、フランス語は数学科の臼井始先生だったが、やがて東京大学のフランス語科、渡辺一夫教授の教え子、並木康彦さんが就任した。

ドイツ語は英語科の国見金熊先生が、実はドイツ語のベテランだったから、最初から一貫して担当された。この方は深志、旧松本中学の出身で、岡田先生と同学年である。

「わたしが、岡田君と相談してきめた。」

と、常々ドイツ語クラスの生徒に語っておられたようだ。それに偽りはないけれど、その岡田先生への隠れた提案者は、わたしだった。

その成果は、抜群だった。このドイツ語クラスやフランス語クラスの生徒たちは、東京大学の入試で、ほとんどが「満点」をとったのだ。これは、先述来のような「試験問題の質」と彼等のレベルを比較すれば、一目瞭然の結果だったのである。〝当り前〟すぎる、収穫だった。

しかし、東京大学の担当の教授たちは驚いて、深志へ視察に来られたことがあった。当然、東京大学への合格者は増加してきたのである。

さらに、思いがけぬ、大きな幸運が生れた。フランス語専任の教師としての並木康彦さんの就任である。わたしとほぼ同年に近く、同じ浅間温泉の旅館に寄宿していたから、わたしにとって朝夕の「無二の相棒」が誕生したのだった。

並木康彦さんの寝坊

並木さんの〝きっぷ〟は、江戸っ子だった。フランス風のベレー帽がよく似合った。欠点は一つ、「寝起き」が悪いことだった。夜、目が覚めていて、朝が〝にが手〟なのである。当然、午前中の授業は〝敬遠気味〟だ。引っ張り出すのに、気をもんだ。

ある時、「事件」がおこった。彼の恩師の渡辺一夫先生。東京大学の現役の教授だった。深志高校へ見学に来られたのである。

その前の晩、先生を歓迎して飲んだ。わたしは中座して失礼したけれど、宴はつづいたらしい。朝、定刻になって迎えに行くと、他の旅館に泊られた渡辺先生はいらっしゃるけれど、彼が起きられないのである。

おそらく、夜明け近くまで、彼は楽しんだのであろう。何度起しても、起きられない。授業時間は迫った。

「じゃあ、今日はわたしが授業をやりましょう。」

「そうですか。すみません。」

とわたし。タクシーで学校へ駆けつけた。

間に合った。授業時間になると、

「今日は、並木先生の代りに、わたしが授業します。」

わたし（古田）の紹介のあと、渡辺教授はさわやかな口調で「代講」を勤められた。

あとで、並木さんが恩師に対してどうあやまったか。わたしは知らない。

上高地での失敗

並木さんに〝叱られた〟ことがある。生徒と一緒に上高地へ行ったときのことだ。生徒は山岳部だったと思う。並木さんは旧制松山高校の山岳部出身だった。だから、この信州の北アルプスに〝親しんで〟いたのである。

上高地の深志のキャンパスにいると、西糸屋山荘から「夕刻に来てほしい。」と、連絡が来ていた。奥原教永君の「実家」である。

求められた時刻に行くと、歓迎された。土地の山魚（やまめ）などの名物料理をふんだんに出された。いい気持ちになって、時を過ごしていた。

すると、山荘の方が「並木先生が来ておられます。」と言われる。出てみると、庭の方の入口に立っていて、「古田さん、案外だな。」と、一言。

その通りだった。並木さんや山岳部の連中をさて置いて、わたし一人が御馳走になるなんて、法外の失態だった。

この一言を忘れることはできない。

岡田先生の叱責

わたしは岡田先生に叱られたことがある。もっとも記憶に残る「失態」だった。

その晩は、深志高校の当直だった。深志には、ベテランの「小使い」さん（のちの「用務員」）が三人いて、わたしを可愛がって下さった。横の小部屋が当直室で、必ず教師が一名、泊ることになっていた。身軽なわたしは、他の先生に頼まれて、「代理」を勤めることも少なくなかった。

年末のある日、浅間温泉で職員全体の慰労会があった。わたしも呼ばれて、参加した。ところが、アルコールが廻ったせいで、酔いつぶれた。その日、自分が「当直」を受け持っていたことを忘れていたのである。起きたのは、朝だった。

岡田先生に叱られた。「自分の責任を、チャンと果さなけりゃ駄目じゃないか。」骨身に沁みた。

今、ふりかえってみて驚くことがある。永い、岡田先生との〝かかわり〟の中で、先生に叱られた〝覚え〟は、これ一回切りなのである。旧制広高時代、東北大学時代、深志時代、のちの天理（奈良県）時代の全期間、全く他に、絶無なのである。岡田先生にもし〝叱られ〟たら、それを忘れているなど、夢にもない。全くありえないことなのである。

天理時代の「世話役」だった山本利雄君など、絶えず岡田先生に〝叱られ通し〟だったとのこと。これに対する、わたしの場合、なぜだろう。〝出しゃ張り好き〟だったり、〝気がつかなかった〟り、いわば「特長」と「特短」の塊だったわたしに対しては、なぜ。
わたしには、永遠の謎である。

白熱した職員会議

岡田先生は職員会議を重視した。放課後の四時半頃から始まり、六時、七時と、延々とつづくのである。週に一回だ。

教頭の赤羽先生が「一応、終りの時間を定めておいてはどうですか。」と提案されたけれど、「いや、駄目だ。」と、キッパリ反対された。「言いたいことを、徹底して話し合わずに、何で教育ができるんだ。」と。温厚な赤羽さんにも「打つ手なし。」の感じだった。岡田先生の教育観は、いつも一本筋が通っていたのである。「修行」の一語だった。

新米教師の若僧だったわたしも〝恐れず〟発言した。たとえば、上高地の深志キャンプをめぐる議論だった。わたしは「男女別々のキャンプにすべきだ。」と主張した。ところが、大先輩で永年の登山歴をもつ国見さんは、嘲笑した。「山へ行ったら、男だ、女だ、そんなこと、ふっ飛んじゃうわな。そんな必要はない。ありませんよ。」と大上段からの反対だった。同一のキャンプに男女一緒で結構、という議論。強硬だった。

しかし、わたしも〝負けて〟はいなかった。「山に行ったって、男は男、女は女。やっぱり、それぞれのテントをもたせた方がいい。」山も未熟、教師も未熟。「口」だけはへこたれなかった。他の先生も加わって、二時間近くの大討論だった。岡田先生は口をはさまず、終始ニコニコしながら聞いておられたのである。

わたしが深志を去って、そのあと「深志の悲劇」が起った。岡田先生も退任されて、赤羽校長の時代である。

深志の生徒が集団で西穂高に登山し、落雷に会って遭難したのである。もちろん、男と女の区別はない。このような、クラスの集団登山など、わたしの頃には考えられなかった。「学校の行事」ともなれば、天候の激変に〝対応〟しにくいからである。

もし、その前の職員会議でこの「提案」が出されたら、わたしはどのような「発言」をしたか。「死児の齢（よわい）を数える」のは、よそう。ただ、ひたすら、哀悼の意をささげたい。

深志の同僚たち

深志時代の中で、なお語らねばならぬ人々がある。

先ず、小原元亨（もとたか）先生。深志の会員名簿（平成八年）を見ても、「担当教科」として「校長・英語・世界史・公民・書道」とあるように、〝行くとして可ならざるはなし。〟の観があった。御自身「マルキスト」として、むしろ本格派であった上、奥様は熱心なクリスチャン。わたしをしばしば〝招いて〟下さった。深志を「代表」する、文字通りの「人格者」だった。

小原さんの僚友、鈴沢淵先生は、担当科目は数学だが、教養は深く、かつ広かった。「古田さんの字は、なかなか味があるよ。」と、わたしの悪筆を〝認めて〟下さった、唯一の方である。

生物の秋田正人先生は、生物学の研究者としても、教育者としても、卓越したクリスチャン。わたしをよく〝招いて〟くださった（『カブトエビのすべて』を八坂書房から平成十二年刊）。

さらに、深いおかげをこうむったのは、社会科の清水和彦さん。わたしと同じ、東北大学の東洋史出身。わたしより先輩だけれど、昭和二十三年、わたしと同時に深志に赴任した。いつも親切に〝目をかけて〟くれた。特に、昭和二十九年、従来の経緯からは、わたし自身が「教員組合の専従」になるべき「順番」のところ、快く〝引き受け〟て、東京や海外に出向かれた。彼の好意と協力がなければ、わたしの運命は、「別のルート」へと〝押し出され〟たかもしれない。恩人である。

再び、深志の先生方に返ろう。

矢島五郎先生。社会科の論文テスト採点の「手法」も知らなかったわたしのために〝手取り、足取り〟親切にリードして下さった。松本市内の名家の出身、新米教師のわたしには、忘れられぬ兄貴分の一人だった。

藤岡筑邨（ちくそん）先生。わたしの席の右隣り。歳上だが、年齢が近いだけ、親近感があった。『金閣寺』の三島由紀夫や晩年の永井荷風などについても、いち早く〝情報〟を教えていただいた。それに、何よりも「俳界の名手」として、長野県では有名だった。その俳句が最優秀賞に当選し、新聞記者が取材に駆けつけたら、出てきた御当人は「少年」だった、という、有名な逸話をもつ方だった。お家も深志に近く、全日制や定時制で教鞭をとられた。

もう一人、忘れてならぬ同僚がいる。山岸堅磐（かきわ）君だ。東北大学では、わたしより後輩だが、年齢は同年だった。何より、下宿がわたしと同じ、浅間温泉の瀬戸屋。その一階へ「夫婦」で寄宿した。もちろん、岡田先生の紹介であろう。〝独り者〟のわたしとは、生活の「格」がちがっていた。

彼は、長野市に近い、旧制須坂（すざか）中学で岡田先生に師事した。軍部の「威圧」に対抗した生徒会活動のリーダーだったが、岡田先生は断乎、彼と生徒たちを「守られた」という。その縁あって、岡田先生が彼を呼ばれたのである。

東北大学時代の友人たちについても、自由に語り合うことのできる「陽気なキャラクター」の持主だったが、昭和二十七～八年という短い年月のあと、新設校に乞われて深志を去った。

幻の東大赴任

岡田先生から言われたことがある。

「古田君、一緒に行くかい。」

東京大学から、岡田先生に対して、内々の打診があったようである。先生は同校の卒業生であり、竹馬の友がすでに「教授職」にいたようであるから、その筋からの「問い合せ」であろう。

「ハイ。」

わたしの返答は、簡潔だった。岡田教授の助手か、副手か、嘱託か。そんなことは、どうでもよかった。岡田先生の「要請」その一本でよかったのである。

けれども、その後、音沙汰はなかった。岡田先生が断られたのか、向うの事情が変ったのか、一切知らない。もし、ことが「実現」していたら、やがて襲来した「六十年安保」や「七十年安保」も、「東大闘争」も、大学内の別の角度から「見る」こととなったのかもしれない。しかし、運命は、わたしを引きもどした。

深志高校は、全校そろって、「安保問題」に対する、基本的な立場、教育の自立を求めて市内を行進した。岡田校長も、他の先生方も、全生徒も、一緒だった。もちろん、わたしも加わった。

小木曽功君と松本郁子さん

深志の「悪童」どもの話に返ろう。彼等は「大人」だった。新米教師以上に、それぞれの得意技や素質をもっていた。当然のことだ。

たとえば、小木曽功君。木曽の出身、「山猿」呼ばわりされていたけれど、なかなかの〝切れ者〟だった。ことに「異性」関係など、わたしなどよりずっと「先輩」だった。先に述べた松本市図書館の司書、松本郁子さんとは、早くから〝好み〟を通じていた。わたしは「本」を目指して〝入りびたって〟いたから、小木曽君にたびたび「利用」された。こちらのうとい「性」関係の質疑までとなると、「おたおた」する他はなかったのである。

ある時、彼に頼まれた。「先生、今度の日曜、木曽に来てほしいんだ。親戚がみんな集るんだ。」「いいよ。」「それで、あの松本さんにも、来てもらうことになっている。」

当日になった。親戚一同の記念日とて、飲み、食い、語り、さかんだった。途中で彼がわたしを裏庭に呼び出した。「先生、大変だ。」「どうした。松本さんの評判が悪いのか。」「いや、すごくいいんだ。」「じゃあ。」「ところが、みんな言うんだ。さすが、深志の先生の相手、立派なもんだって。困ったよ。」「何だ、それじゃあ、『実は』と、本当のことを言えばいい。今さら、『じゃあ、駄目だ』と言えないよ。お前より、ちょっと年上だなんて、大丈夫だよ。」

作戦は、うまくいった。松本家という、有名な画伯のお嬢さんを、彼はまんまと〝射とめ〟たのだった。

教師の「仕事」に、こんなことまであるなんて、異性にうといわたしには、予想もせぬ一幕だった。

彼は、毎日新聞の記者として、海外で活躍した。なお、後述する松本（改姓、大下）郁子さんは、わたしの無二の「若き知己」となった方だ。同姓同名の別人である。念のため、注記する。

女学生たち

深志は、旧制松本中学だったから、男子のみ。女子はいなかった。新制度の深志高校となり、女性にも「開放」された。早速、隣の蟻ヶ崎の女学校の方から「転校」してきた者が、若干あった。

先陣は、影山裕子さん。移ってきて、まもなく「深志にも、クズがいる。」との発言が全校生に拡がった。彼女にすれば、「事実」をありのままに語っただけだったろうけれど、男たちは衝撃を受けた。やがて東京大学の経済学部に進み、教授職（和光大学）に就いた。「世が世ならば」初代の女性首相にもふさわしい人材だった。

わたしが最初に担任となった、二年三組には小野千代子さんがいて、日本女子大へ進んだ。同クラスから早稲田大学の政経へ進んだ、児玉和弘君と結婚した。小野さんの親友、岩附孝子さんは慶應大学の医学部へ進み、松木孝子として東京の新赤坂クリニックを主宰した。

次に担任となった、第五回生でも、嶋田富美子さんも、地道な努力家で信州大学の医学部に入り、保健管理のベテランとなった。小片姓である。

他にも、平林すみ江さん・山本和子さんの仲好しがいて、質実で真摯な人柄には、いつも「敬服」せざるをえなかった。平林さんは早くから「病母」と共に苦闘していた。山本さんは惣洞和子を名乗り、女性税理士会の会長を歴任した。いずれも、わたしなどの〝及びえぬ〟逸材だった。

この五回生で、忘れえぬ逸材がいる。降旗康男君である。「鉄道員　ぽっぽや」から最近の「あなたへ」まで、次々と佳作を生み出しつづけてきた。映画監督である。わたしも昔、熱中した、高倉健主演の任侠物も、彼の作品が少なくない。

映画監督になった降旗康男君

彼の出身は、松本市の浅間温泉だから、わたしとも、かかわりが深い。理科に弱かった彼に「地学」による受験をすすめた。フランス語クラスの彼は、見事東京大学の文学部に入学した。今も、新しい作品ができると、律儀に「招待券」を二枚送ってくれる。義理がたいのだ。もう、八十歳前後だろうけれど、一ファンとしては畢生の作品を、さらに期待したい。「日本でしかできない、普遍的な価値をもつ」そのような作品を、この世に残してほしいのである。

わたしの例がそうであったように、一個の名画は青年の全生涯を〝左右〟するのであるから。

早世した小林隆治君

ここで、ふれねばならぬ「生徒の名前」がある。五回生で、わたしの担任の委員をしていた小林隆治君である。松本市筑摩の出身だが、東京大学の医学部に現役で合格した。

ところが、親のために、学費のかかる東京生活をやめ、地元の信州大学の医学部へと「転校」したのである。他に例があるかもしれないけれど、わたしは聞いたことがない。そこにも、「熟慮」し、「決断」する、彼の人間性が十分に発揮されたといえよう。

やがて松本胃腸クリニック院長となり、患者のために尽瘁した。その間、いつ彼に連絡しても、深志時代と全く変りなく、誠心誠意、わたしの依頼に答え、骨折ってくれた。そして一回も〝苦情〟を言わなかった。わたしなどの及ぶところではない人格、そして「医魂」、医者の魂の持主だった。わたし自身の兄（孝夫）も医者であり、その苦労は聞いて、見て、十分に知っていたから、彼の人格にはいつも頭がさがったのである。

その彼が死んだ。過労のためだったのだろうか。あまりに早い「死」の到来だった。「医者の不養生」というけれど、あるいは医業とは、上手に〝なまけ〟なければ、永続きしにくい職業なのであろうか。

ともあれ、彼は死んだ。わたしは孔子の一言「天、予を喪ぼせり」の歎きが心の底から同感できたのである。

小林隆治君の霊に深甚の感謝を捧げたい。

同僚、教え子から受けた影響

御当人たちの「記憶」にはないだろうけれど、後日わたしに対して「決定的な影響」を与えた、先生と生徒に会った。

先ず、国語科のベテラン、塩原信太郎先生。昭和二十年から二十九年までの在職だから、ちょうど、わたしの在任期間と重なっている。わたしの机の前の席だったから、いろいろと話を聞かせていただいた。塩尻の御出身だった。

「昔、縄文時代には、海からここまで塩を運んできた。だから『塩尻』というのだそうですよ。」

もちろん、先生御自身の立説ではなく、いわば従来からあった「通説」を紹介して下さったのだったが、これこそこの「通説」への再批判を「原点」として、わたしの「言素論」は出発した。『多元』

（多元的古代研究会）連載の通りである。この言素論はわたしの古代研究にとって、一つの柱となった。

この塩尻出身の先生の「一言」が、わたしの研究に与えた影響、それはまことに「重」にして「大」だったという他はない。厚く感謝したい。

もう一人は、青柳礼二君。第三回生だ。弟の修三と共に、坂北の出身である。修三君は第五回生で、共にわたしの担任だった。

その礼二君は、日本共産党青年部、いわゆる「青共」の猛者（もさ）だった。自治会でも議長役で整然と采配をふり、一般生徒間にも信望が高かった。

彼が用あって、わたしの机の前に来て座っていた。その時、言った。

「ぼくは、煙草は吸わないつもりです。」

「どうして。」

と、わたし。当時、ヘビー・スモーカーだった。

「警察につかまって、拷問（ごうもん）されるとき、煙草を吸わせてやるから、といって〝落される〟ことが多いと言いますから。」

「ふうん。」

煙草を吸いながら、〝妙な感じ〟だった。だが、もちろん「怒る」ような問題ではない。しかし、決心した。

「よし、いつかキッパリやめてやるぞ。」

と。内心の誓いである。

三十代はじめの結婚を機に止めた。以降、八十六歳の今日まで、一切縁がない。もしかしたら、ここまで生きることができたのは、彼の一言のおかげかもしれない。

彼は東京に出て、日本共産党の「秘書役」を一貫し、節を全うしたようである。

逆に、わたしの知らないところで、生徒に与えた「影響」があった。

社研での議論と中嶋嶺雄君

中嶋嶺雄君。彼は昭和三十年卒業の第七回生だから、昭和二十七年の入学である。わたしと二年間、〝重なって〟いる。

深志の記念祭があった。「トンボ祭」として、地域の〝名物〟となっている。彼は社会科学研究会に属し、そのための「準備」や「手伝い」をさせられていたようである。

記念祭の当日、「事件」は起った。わたしが会場を見学していると、社研の会場には多くの掲示物が張られていた。当時のソ同盟（ソ連邦）の〝情報〟が所狭しと、書き連ねられていた。そこに「質問があれば、係りの者に聞いて下さい。」と書いてある。わたしはそこにいた、係の生徒に聞いた。

スターリンが死んで、政治局員で「後継者」の一人、ベリヤが銃殺された。次いで権力を握ったフルシチョフの「スターリン批判」が出される。

わたしは言った。

「スターリンを『万能の天才』のように言ってきたのがおかしい。その彼を支え、利用してきた人たちが、自分の『責任』を問わないのも、おかしい。だが、そんなことは、ここには全く書かれてはいないね。どうしてだい。」

展示は、当時の「赤旗」の〝丸うつし〟といった内容が大半だった。

係の生徒は答えられず、社研の仲間を呼びに行った。わたしにとって、このテーマは新しいものではなかった。深志へ来た最初の年、「時事問題」でも、生徒同士が「討論」した。そのときはわたしは「行司役」だったけれど、今度は質問者だ。

昔から今まで、「思想家」としてのマルクスやエンゲルスには、十二分の敬意をもちつづけているけれど、それとこれとは全く別だ。

係の生徒は、答えられなくなって、「ちょっと、待って下さい。」と言う。やがて十名近い、社研のメンバーが出てきた。そして答えはじめた。もちろん、当時の日本共産党が赤旗などに書いていた「公式見解」に〝沿う〟ものだった。わたしは納得せず、さらに質問を重ねた。教師のわたし一人を、十名近い生徒が取り囲んでの議論がつづいた。

そのとき、中嶋嶺雄君も、その生徒たちの中にいたようである。

後日、彼はこの時の状景を書いた。そしてわたしが孤軍奮闘した、その言動に強い印象を受けた旨、率直にのべている。あるいは、彼の中国研究や学問のあり方に対して何等かの「刺激」を与えたのかもしれない。教育者冥利に尽きる。

彼は東京大学の大学院に進み、東京外国語大学の学長を勤めたあと、秋田国際教養大学の学長・理事長を歴任した。「全授業を英語で行なう」という、当時極めてユニークな「学校機構」を樹立し、天下の「若き頭脳」の〝憧れ〟となった。周知のところである。

併せて、わたしの研究活動を支援する「新東方史学会」の会長の任にあった（平成二十五年二月十四日、逝去。七十六歳）。

日中・日韓関係問題

現在のわたしの「目」で、この問題を一歩、否、十歩〝深め〟てみよう。

昨年（平成二十四年）、日中関係・日韓関係の対立が大きく報道された。周知のところだ。たとえば、尖閣問題。「反日運動」が全土を〝おおう〟かに見えた。それが〝収まった〟かに見えるのも、〝いっとき〟の姿であろう。

しかし、わたしは信ずる。「陳寿の伝統は消えていない。」ことを。三国志の魏志倭人伝がしめしたように、陳寿は「倭人の知己」であった。その陳寿の「血」と「心」は、今も中国人の中に脈々と流れている。それは五十年や百年の「反日デモ」で消し去ることは、絶対にできない。その人々の心臓に向って、わたしたちは「絶対友好」の言葉をささやきつづける。これを一瞬でも、ためらってはならない。

韓国も、同じだ。かつて韓国へ留学していた、朝日新聞社の田中明さんにお聞きしたことがある。韓国には、表面には姿を見せないけれど、極めて奥深い、良識と教養の持主の「層」がある、と。その通りだ。

その人々に向って、「みずからの非」を率直にして明確に謝罪し、自分の側の「良心」の叫びも、ためらわずに告げる。やがてそういう日本人の存在を、彼等もハッキリとキャッチすることであろう。

それが真の「日韓友好」だ。

「日中友好」も、「日韓友好」も、道は近きにあり。わたしはそう信じている。

日ロ・日米問題についても、改めて詳述し、「深述」しよう。

3　心の張りの喪失

わたしは就職運動に熱中しはじめた。もちろん、自分の就職ではない。生徒たちの就職だ。

就職運動に奮闘

朝鮮動乱による「好景気」の反動で、景気の冷えこみがやってきた。生徒たちは就職しようにも、会社側は「採用試験」を受けさせてもくれない。就職用のパンフレットなど、〝とんでもない〟ことだった。要は、こちらで頼みこんで、とりあえず就職試験を受けさせてもらうのだ。それから、ことは「はじまる」にすぎないのである。しかも、それはいくら「本人」が〝申しこんで〟も、駄目だ。相手にされないのである。

その契機は、例の瀬戸屋に来てわたしの部屋に泊った、一人の生徒がポツリともらした一言だった。

「おれたちは、あまりかまってもらえませんからね。」

深志は受験校だった。東京大学へ何名合格したか、それをトップとして、地元の信州大学、さらに名古屋大学、京都大学など、それぞれ受験し、合格して行った。その「実績」を挙げるために、「学校全体」が〝動いて〟いた。そう言っても、必ずしも〝的はずれ〟ではなかった。彼等は、学校に〝かまって〟もらえたのである。

その反対は、劣等生。いつ「自殺」するか、分らない「心の病い」をかかえた連中。石上さんやわたしなど、絶えず「連絡網」を張っていた。それは、生徒たちにも〝知られ〟ていたのである。

しかし、その両者の中間の「就職組」。人数は二〜三割か、それにも満たないけれど、「高校を出たら、すぐ就職」と〝定め〟ている生徒たちの一人、その「つぶやき」が、並んだ、隣の布団から〝もれて〟きた。わたしは胸を突かれた。

「就職をやろう。」その一言を、自分で「定めた」のである。作戦を立てた。

第一は、深志の先輩への「攻勢」である。明治初期以来の建立だから、代々の卒業生は数多い。その中には、会社の幹部になっている者もあり、中堅の者もある。彼等に軒並み電話や手紙で「就職試験」を〝受けさせる〟よう、依頼するのだ。時節がら〝ことわられ〟たとしても、母校の教師からの丁重な依頼だから、「悪い顔」はしない。もちろん、当方は〝気持好く〟引きさがる。これが大事だ。そして、「時」を改めて、また依頼するのである。学校の教師の「熱心さ」に対して、彼等は「注目」しはじめるのである。それからがこちらの「ペース」なのである。

第二は、〝手当り次第〟の会社訪問だ。東京へ出て行って、一日に百社以上「訪問」することは、珍しくなかった。一つのビルの中に、各社の事務所が並んでいるケースなど、午前中に十数社、また時には数十社廻ることができた。いずれも「就職試験」を〝受ける〟ことを認めてもらうのだ。十社に一～二社は〝手ごたえ〟があった。

どんなに、唐突でも、こちらには「生徒のため」という大義名分があったから、平気だった。「自分の就職」となれば、とても、こうはいかなかったであろう。

第三は、「駄目押し」だ。〝手ごたえ〟があって、将来とも〝力〟になってくれそうな会社へ信州の名産のりんごなどを送る。先日来の「失礼」の〝おわび〟として、だ。もちろん、生徒当人たちは知らない。「わいろ」ではないのである。石上さんの「了解」を得て送った。

第四は、「側面攻撃」だ。「就職試験」を受けさせてくれた会社の、採用試験の当事者や責任者を調べる。その人々の「出身校」を調査する。その「出身校」の「恩師」を知る。その方と、深志出身の先輩との〝脈絡〟を探る。それがあれば、そのルートを通じて「推薦」してもらう。

第五は、その会社の、背景になっている銀行名を調べる。そのルートとつながれば、そちらからも「推薦状」をもらう。要するに、一つの会社の「採用試験」の当事者に対して、各方面からの「推薦状」を〝集中〟するのである。今考えてみれば、むしろ〝平凡な手法〟かもしれないけれど、一人の生徒の就職を「成功」させるために、ありとあらゆる「権謀術策」を集中したのだった。

「生徒のため」という大義名分があったから、何等の〝やましさ〟もなかった。

わたしには、自分自身の「就職」に関しては、ほとんど「努力」した経験がなかった。すべて、岡田先生や他の方々の〝おかげ〟をこうむってきた。その「御恩がえし」の一端かもしれない。

心の破綻

破綻が来た。思いもかけぬ「心の破綻」だった。

今のべたような〝悪どい〟やり口で、その年も、無事、卒業式を迎えた。三月の年度末である。

次々と父兄が挨拶に来た。息子が無事就職できた、その御礼をのべられるのである。その年も、幸いに百パーセントの「就職率」だった。最後の「一人」まで〝無理矢理〟「押しこむ」ことに〝成功〟したのである。

わたしは好い気持になって、瀬戸屋の自分の部屋に帰った。床にひとり寝そべっているとき、「一つの声」が聞えた。

「今、卒業式になっても、就職できずに泣いている生徒、そして父兄が、どこかの学校には、いるのではないか。」

この「問いかけ」だった。回答は、当然「イエス」だ。なぜなら、わたし自身の「悪戦苦闘」その奮闘は、全国の全就職人口を、一人でも〝増やし〟たはずはない。だとすれば、こちらで「一人」〝押しこめ〟ば、どこかで「一人」〝押し出され〟ている。それだけのことだ。「さし引き」は、「ゼロ」。何の役にも立っていない。無駄骨折りなのである。

確かに、奮闘した。東京の街の中を「就職試験」の「採用許可」ならぬ「受験許可」を求めて、朝から晩まで歩き廻っているうちに、突然、歩けなくなった。足が一歩も、前へと進まないのだ。あわてて、両手で地面を引っかいて、進もうとした。幸いに「医院」の看板が見えたから、そこまで「匍匐前進」で、にじり寄って行った。五センチ、十センチと、腕の力で、わずかずつ進み、やっと到達した。

「過労ですよ。」と医者に言われ、注射を打たれた。馬に打つような、太い注射器だった。

しかし、それらの一切は「無駄骨折り」に過ぎなかった。わたしは愕然として、一切の「心の張り」を失ったのである。

その年、四月から三月まで、「要注意」の〝病状〟にあった。レントゲンの検査では「影」が肺に映った。いまだ〝猛威〟をふるっていた「結核」の〝予告〟である。それまでの「超、過労状態」からみれば、当然の検査結果だといえるだろうけれど、それだけではない。わたし自身の「心の張り」の喪失と、深く関係していたのである。

うつうつと自己をかえりみつつ、「新しい光」の見えぬ一年間となった。昭和二十八年から二十九年にかけての時期である。

職員さんたちの心づかい

深志でお世話になった方々で、逸しえぬ方々がある。

事務室の小原忠彦・増沢作男のお二人だ。永らく勤めておられる、ベテランだが、わたしにとっては「救いの神」だった。常時、金欠病のわたしは、いつも「借金」していた。給料日にも、すでに給料分はなく、新たに借用書を書くのが常だった。けれども、わたしにはそれが全く「苦」にならなかった。「青春とは、金欠さ。」と、妙に〝悟り切って〟いたのかもしれないけれど、お二方の〝心づかい〟がいつも有難かった。

教え子が大学から休暇に帰ってくると、連れ出しておごった。時計や上着や身につけているものを、次々と質草に置き去りにして、飲みつづけた。「もう、やめて下さい。」悲鳴があがったけれど、こちらは「平気の平左」。青春というのは「恐れ知らず」の時代なのである。

それを支えて下さったのも、お二方だった。

もう一人、忘れてはならぬ方、それは藤沢美恵さんである。保健体育の方だが、養護室におられた。最後の年、体調のすぐれなかったわたしは、時間があると、休ませていただいていた。いつも、親切な方だった。のちに、岡田先生と行を共にされたようである。

辞職の決意

その日が来た。わたしは深志を去る、決意をしたのである。

昭和二十九年（一九五四）の三月末だった。この一年間、心理的にも、肉体的にも、うつうつとして〝悩みつつ〟過ぎていた。そしてある夜、一瞬、〝目が覚め〟た。

「そうだ。辞めればいいんだ。」

わたしの中には、それまで〝存在しなかった〟選択肢だった。夜が明けると共に、準備をして、郵便局へ向った。そこで神戸にいる次姉（淑子）の所へ電話をかけたのである。

「辞めて神戸へ行きたいんだ。」

「賛成ですよ。こっちへいらっしゃい。」

答えてくれたのは、義兄（井上嘉亀）だった。姉の夫で、神戸大学の工学部の教授だったが、いつもわたしへの「よき助言者」だった。土佐（高知県）の出身で、東京大学の工学部に入り、はじめ三菱重工業系の会社に入ったけれど、物足りず、満洲の旧・新京（長春）の会社へ渡った。妻（淑子）と子供は、内地（広島）の、わたしの両親の所へ〝あずけ〟ていたのである。

敗戦と共に、形勢は〝一変〟した。日本軍や会社の幹部は、いち早く「日本」へ脱出した。若いけれど、「親分肌」の義兄は、残留者の「リーダー」に〝押され〟ていた。

やがてソ連軍の来襲のあと、彼等が口々に、絶えず要求したのは、「女を出せ」の一言だった。

そのときの話をするとき、義兄はいつも泣いた。人情と正義感に厚い人だった。

敗戦後、中国側の大学に残り、「国民党」や「中国共産党」の青年たちに「科学」を教えた。日本に帰っても、中国の「教え子」にいつまでも、慕われていた。

「武彦さんは、思想をやって下さいよ。」

これが口ぐせだった。現代の科学を導くべき「思想」が無い。そこに現代の世界の根本の欠陥を見ていたのである。

わたしの「信州脱出」を、即座に賛成してくれた。

わたしが「神戸」を考えたのは、神戸港の〝はしけ〟の存在だった。東北大学の学生時代、進駐軍（占領軍）の「空港」労働をアルバイトにしていた。同じく、神戸港への貨物の上げ下ろしのアルバイトがあるのではないか。そう考えたからだった。

しかし、義兄の配慮によって、再び学校の講師となった。神戸の森学園であった。

もし、わたしの「希望」通りだったとしたら、その後は〝はしけ〟を支配する「山口組への道」をたどっていたのかもしれない。運命の別れ道である。

深志を去る

もちろん、すでに岡田先生には、一年前からわたしの気持をお伝えしていた。ただそのさい、先生に、東京あたりの学校へ「転校」するため、紹介してもらおう、そう思っていたのである。「生徒のための就職」に飛び廻ったように、「自分の就職」を、岡田先生にお願いしたのである。けれども、一向に「話」は進まなかった。今考えれば、当然だったかもしれない。岡田先生は本来、わたしを〝手ばなす〟つもりではなかったようであるから。

今回は、岡田先生も、了承して下さった。早速、年度末に「退任」の〝あいさつ〟をさせていただいた。わたしは三十分以上の「長広舌」をふるったけれど、その内容は記憶していない。

岡田先生は生徒全体に対して「古田先生は学問研究をするために、この学校を出られます。」とのべられた。わたしには「?」だったけれど、その後のわたしの辿った道は、逆に先生の「予想通り」となったのである。

第四章　歴史研究の開始

1　親鸞研究への情熱

わたしは瀬戸内海へ帰ってきた。神戸市の西辺、須磨にあった、井上の姉（淑子）の家の二階に住んだ。夕方には、近くの明石の海岸に座り、淡路島を眼前にして、夕日が瀬戸内海へと沈んでゆく姿を、あきることなく、毎日、眺めた。

神戸に移って

少年時代も、そうだった。七つの川が広島湾に注ぐ、海辺の町、広島の西観音町にいたとき、夕方には川辺に座って、海の彼方へ沈みゆく夕日と金色の波しぶきを、あきることなく眺めていた。それが少年時代だった。旧制広島二中時代である。今、その思い出がよみがえった。海はわたしにとって、人生の恩師だった。

義兄の研究

義兄（嘉亀）は、学問という「人間の目」をわたしに教えてくれた。「界面膜」に関する、自分の研究を、あきることなく、わたしに聞かせてくれた（井上嘉亀『溶液と境界層』昭和四十八年、非売品）。

義兄には、特技があった。天気予報だ。ラジオの予報には、時々「はずれ」がある。周知のところだ。ところが、この義兄の予報は、ほとんどはずれないのである。姉や子供たち（曙生、嘉彦、嘉大）にも、絶大の信頼があった。

義兄の説明では、ことは簡単だった。研究上、いつも使っている「界面膜」という、物理と化学的現象を、地球上に拡げて考える。そして実験室で「観察」し、「帰結」してゆくようにすれば、正確に「明日の予報」ができる、というのだった。わたしは「科学の目」と「科学の頭」の〝冴え〟に驚嘆した。その義兄がわたしに「歴史の研究」と、さらに「思想の探究」を、いつもすすめてくれたのである。

須磨海岸の夕日

須磨の海岸、その夕暮の景色は、わたしの新たな古代史探究の「原点」となった。

万葉集には、柿本人麿の有名な歌が出ている。

「天離る夷の長道ゆ恋ひ来れば明石の門より大和島見ゆ」（二五五）

この「大和島」については、

「連亙する大和西縁の山々（生駒・葛城）をさす。」（講談社文庫版）

といった解釈が通例だった。すでに契沖が『萬葉代匠記』で、

「倭島はたゞ大和の国なり。」

とのべて以来だ。大和など見えなくてもいい、それは「歌の習（ならい）」だと言うのである。

しかし、わたしには「？」だった。その「明石の門」に座りつづけていた、わたしの「経験」からは、〝解（げ）せ〟なかった。ここで、あの歌を詠（よ）めるはずがない。これが実感だった。契沖も、斎藤茂吉も、武田祐吉・澤瀉（おもだか）久孝・中西進の諸氏も、もちろんこの「明石海峡」を見たり、通ったりしたことだろうけれど、わたしのように毎日の夕方ここに座り、ここで夕日を見つづけたことはなかったのではないか。これが後日、わたしの「万葉批判」の原点となった。そして人麿の歌の本来の「意味」を明らかにし、日本の古代史の「再認識」へと、わたしを深く導くこととなったのである。わたしの人生の研究の中で、この須磨の海岸のもった「影響」はあまりにも大きかった。

平成十三年に刊行された『壬申大乱』（東洋書林）の「人麿原歌――倭島から大和島根へ」にこのテーマを詳述した。

森学園の講師として

義兄にすすめられて、神戸の私立森学園の講師となった。「講師」といっても、週に二～三時間ではない。毎日、朝から午後までだ。いわば、六日間の「全面講師」なのである。

しかし、職員会議や部活動などとは無縁、いわば「授業一本」の生活だから、深志の時代とは〝一変〟し、いうなれば〝気楽〟だった。自分自身の勉強へと「専念」しはじめたのである。

授業では中学生のクラスも教えた。無謀にも、自分で作り、自分で作曲した、ギリシャ語の歌を教えた。

「ホ・セオス・アガペー・エスティン」（「神は愛なり」）

これだけの歌だ。編曲して、中学生（全員女子）に〝歌唱〟させたのである。別に、キリスト教系の学校でもなかったから、〝厳密に言えば〟「違法授業」だったかもしれないけれど、もちろんそんな「おとがめ」はなかった。

けれども、この場合も、その「わたし自身」の方に与えた影響は、意外にも深かったのかもしれぬ。なぜなら

「キリスト教は『愛』をモットーとする宗教である。アメリカはそのキリスト教国家である。ではなぜ、『愛の名によって、広島・長崎に原爆を投下できた』のか。」

これが、わたしの思想形成の「一原点」となりつづけ、今日に至っているからである。

処女論文の発表

神戸大学へ通いはじめた。神戸市の東端近い、赤塚山にあった教育学部である。

その時の学部長は、塩尻公明さん。旧制高知高校の在任時代から、人間の教養や倫理をめぐる著作者として著名の方だった。義兄の紹介でお目にかかり、わたし自身の研究のための「席」が用意された。特別研究員として、一部屋の使用を認めていただいたのである。もちろん、給与などは一切無し。その代り、勉学のための「席」だけは、提供して下さった。「望外」の〝場〟である。

そして、昭和三十年九月に発刊された、神戸大学教育学部研究集録第十一集には、わたしの最初の

論文が掲載された。「親鸞の歴史的個性の比較史学的考察――対権力者観におけるイエスとの対照」「宗教と権力」という二者の関係についての〝出発点〟だ。わたしのその後の研究を〝卜す〟べき、処女作といえよう（古田武彦著作集　親鸞・思想史研究編Ⅱ『親鸞思想』明石書店刊、七三三ページ参照）。

湊川高校への転任

学校が変った。私立の森学園から、公立の神戸市立湊川高等学校への転任だった。短期間ながら、楽しい思い出の学園を去り、湊川へ移ったのは、湊川の校長からの〝勧誘〟だった。神戸へ来たとき、接触が（義兄から）あったのを、当の校長が「記憶」していてくれたのである。

授業は社会科。神戸の学校制度は「ランク別」だった。神戸高校や葺合高校に次ぐ〝中レベル〟の学校である。全校が〝均一レベル〟だったから、「教師」としては、教えやすかった。

わたしが「転任」してきたとき、すでにクラス担任は定まっていた。代って「組合担当」となった。湊川公園に近い、その学校の中での〝役まわり〟の一つである。

「とき」は、「六十年安保」に〝入ろう〟としていた。日本の社会全体を「大学紛争」などの巨大な嵐がつつみこもうとしていたのである。

わたしのしたこと、それは個々の「御用聞き」だった。四十名余りの全教師に、一人ひとり〝聞き歩く〟のである。その人の「恩給（年金）」問題や「給与の不満」やその他、何でも、他には言いにくい「問題点」を聞き取り、それぞれ、市の教育委員会や事務局や、また教員組合側に〝問い合わせ〟る。そして本人に「報告」する。さらに、残った問題を〝聞く〟。そして、の〝くりかえし〟だ。いわば、組合担当者の〝当然の仕事〟だけれど、これを徹底して行なったのである。

安保闘争での募金活動

樺(かんば)美智子が死んだ。東京の議事堂を取り巻いたデモの渦で、警官隊との衝突の中で「圧死」したのである。彼女は東京大学の女子学生、真面目で「勉強好き」な人だったという。

この情報が入ったとき、わたしは組合の、その日の〝責任者〟だった。委員長や副委員長ではないけれど、湊川高校の委員として、「当番」だったのである。

組合の「デモの波」はちょうど、県の警察本部へのコースをたどっていた。建物の中の、「広場」に入ったとき、わたしは、今耳にした、この情報を告げた。

「彼女のために、黙祷(もくとう)して下さい。」

一場(いちじょう)の警察官も、組合員も、数刻、沈黙の中で黙祷しつづけた。

「組合員も、警官も、被害者である。」

これが、わたしの持論だった。「東大闘争」などでも、東大や明大の学生たちはもちろん、青年だ。だが、デモを「阻止」する警官隊の方も、青年なのである。「大学へ行けなかった」青年たちが多い。その「二つの青年群」が〝相争う〟のは、悲しい。〝争うべき〟ではない。これがわたしの基本の立場だった。

のちに、神戸の三宮(さんのみや)で募金活動を行なった。わたし個人の「企画」だった。右の趣旨を「簡明」

に大書し、「賛同して下さる方は、寄付金を入れて下さい。両方の負傷者（ふしょうしゃ）にとどけます。」と書き添えた。

またたく間に、多くの寄付金が集った。道行く人たちが、箱の中に入れてくれたのである。約束通り、両者にとどけた。

最初、この企画を鶴見俊輔（つるみしゅんすけ）さんに告げた。手紙の往復のさいに、「書き添え」たのであった。すると、彼から「返便」があった。

「デモ側と、警官側と、別々の二つの箱にしたらいいと思います。」

と。これは、「わたしの方法」ではなかった。別の立場なのである。

読書紹介の再開

湊川では、バレーボール部の顧問だった。わたし自身が得意なスポーツではなかったけれど、土曜や日曜の対外試合などに〝付き添う〟のである。試合がすめば〝おごって〟やった。生徒は可愛かった。

一方、深志で〝習い覚え〟た「読書紹介」の板書も、再開した。今度は、図書室の前だった。司書の女性（和子さん）が快く協力してくれた。この方は、のちに、わたしの同僚（国語教師）の小林一三さんと結婚された。

彼に〝認め〟られた。

「何だ、こんなもの、と思っていましたが、読んでみると、なかなかいいですよ。」

わたしは親鸞に没頭していた。まさに岡田先生の「予告」された通り、親鸞研究こそ新たな情熱の中心課題となっていたのである。森学園や湊川高校における〝任務〟を果しつつも、わたし自身の「頭」は四六時中、この一点に向けられていた。

服部之總氏と赤松俊秀氏の親鸞観

先述したように、敗戦前と敗戦後と、「親鸞評価」は〝一変〟した。それだけではない。学界でも、甲乙、相反する学説が〝対抗〟していたのである。

その一つは、服部之總(はっとりしそう)氏。敗戦後、三年目の「いはゆる護国思想について」(『親鸞ノート』国土社、昭和二十三年刊)において、「反、権力者」としての親鸞が強調された。例の、

「朝家の御ため国民のために、念仏をまふしあはせたまひさふらはば、めでたふさふらふべし。」

の一句は、親鸞の「反語」だというのである。いわば「おめでたい奴だ」といったニュアンスと解したのである。一世を衝撃した。服部氏は浄土真宗の寺(島根県)からの出身者だったが、「無産者、親鸞」の立場を採った。

これに対して、赤松俊秀氏。京都大学教授として、著名の書誌学者である。氏は逆に、

「領家地頭名主は師に、百姓は弟子に比せられている。」

とのべた。

『史学雑誌』昭和二十五年十二月号の、

「親鸞の消息について——服部之總氏の批判に答えて」

である。氏も浄土真宗の寺(北海道)の出身だ。

しかし、わたしには両者とも、納得できなかった。

わたしの批判の「大意」をのべよう。

先ず、服部説。親鸞の全文献から「めでたし」の用例をすべて検証してみても、「おめでたい奴」といった、現代風の用法はない。すべて「賞美すべし」という、当時の通例の用法しか、用いられていない。明らかに、服部解釈は「自家のイデオロギー」に立つ、〝無理な解釈〟と言う他はない。

次は、赤松説。親鸞には「恩讐とか敵味方とか信不信とか愛憎とかの対立はない。」とする。服部説において特筆大書された、

「領家・地頭・名主のひがごとすればとて、百姓をまどはすことはさふらはぬぞかし。」

に対し、「領主地頭名主は領民の百姓が僻事をしたからと云って、領民を困窮せしめると云うことはあってはならないものである」と〝解釈〟する。原文に存在しない「領民の百姓が」を挿入して、文意を「逆転」させているのである。決して「自然（ナチュラル）な認識」ではない。これもまた、服部氏とは、逆の立場からの〝無理な解釈〟という他はない。

わたしが両者に対する批判を書いたのは、「親鸞『消息文』の解釈について——服部・赤松両説の再検討」（『史学雑誌』六四—一一、昭和三十年十一月）だった。深志を「脱出」した翌年である。

親鸞の本意

焦点をのべよう。

第一、「現代」（十三世紀）は、権力者がわたしたち、専修念仏者を弾圧する、まち

がった世の中である。

第二、しかし、彼等がまちがった政治をしたとしても、百姓を惑わすことはできない。百姓はわたしたちを支持している。

第三、このような、まちがった政治家たちが正しい行為に帰するように、祈りつづけること、それが国家や国民のために、すばらしい（賞美すべき）ことである。

以上が、親鸞の手紙の「文意」だったのである。

第四、「右の立場をつらぬくもの、それが彼の「末法論」だった。「現代」のような「末法」の時代には、このような「権力者からの弾圧」がおこるべきこと、すでに経典や代々の祖述者が「明記」している、というのだ。

親鸞が生涯を通じて「証明」しようとしたこと、それがこの一点にあった。

わたしは親鸞理解のキイ・ポイントとして教行信証末尾の、

「主上・臣下・背法違義」

の一文をあげ、『真宗聖教全書』（昭和十五年版）に「主上」の字が〝削られ〟ていることを指摘している。

そして弥陀仏による「仏法の絶対的自己貫徹の思想に立つからである。」（『親鸞思想』三〇六ページ、注⑿）とのべた。

親鸞と共に

　最近、わたしは次のように書いた。

「わたしの生涯は親鸞と共にあった。八十代半ばのこの日まで、親鸞は絶えず、わたしの胸裏にあった。脈々と流れる心臓の血流のようにいつも存在し、一生を支えてくれた。だから、わたしには常に孤独であることができなかった。どのような無視（シカト）、どのような中傷や攻撃の只中にいても、一回も『淋しい』とは思えなかった。親鸞はわたしの運命だったのである。」（『わたしひとりの親鸞』明石選書版、あとがき）

　平成二十四年（二〇一二）十月二十六日の「記了」だ。八十六歳。右の昭和三十年（一九五五）の論文から、五十七年後である。

エポックとなった赤松氏との討論

　「事件」があった。ささやかな一言、しかしわたしの研究生活に重大な影響を与えた「事件」となった。

　わたしの論文が『史学雑誌』に掲載されたあと、東京大学からの「招請」が来た。赤松俊秀氏と同時に招き、両者の「討論」を行なわせる。そういう企画だった。

　もちろん、承諾した。赤松氏も承諾された。東大側は、笠原一男氏が「世話役」だった。氏には『親鸞と東国農民』（山川出版社、昭和三十二年刊）という力作があった。

　先ず、赤松氏。先述の『史学雑誌』の論文と共通の論旨を諄諄（じゅんじゅん）と説き、立論を終えられた。次は、わたし。赤松氏の立場の「根拠」となった、その個所と「共通」の単語や「共通」の文脈を、親鸞の全著作から〝抜き出し〟て、列挙し、親鸞の「思惟体系」の全体の〝あり方〟、その「思惟方式」を立証した。それがわたしの方法だった。

笠原氏は、自家の立論点、関東の東国農民という場に立って、親鸞思想の成立を解説する立場だった。特に「対、赤松」とか、「対、古田」といった〝口吻〟はなかった。むしろ、当日の「司会役」だったのである。

三人の「シンポジウム」が無事終り、笠原氏は赤松氏と並んで、部屋を出た。当時、笠原氏が属していた、東京大学の史料編纂所の一室だったと思われる（氏は昭和三十五年に助教授、就任）。

そのとき、笠原氏が赤松氏に対して言った。

「古田さんのは、これが幾つ、あれが何個と数を挙げて言うから、いかにも、本当らしく聞えますよ、ねえ。」

それは、赤松氏に対する「なぐさめ」の言葉のように聞えた。わたしの発表は、その通りだった。そして意気軒昂（けんこう）としていたのである。赤松氏は無言だった。

だが、そのとき、わたしは思った。

「これが、わたしの行くべき道だ。」

と。

以後の親鸞研究や古代史研究の行くべき道、それをこの「笠原発言」が決定したのである。

わたしの研究史上、画期をなす「事件」となった。

服部之總氏は、病臥の後、昭和三十一年三月四日に亡くなられた。

結婚

わたしは結婚した。独身生活に〝さらば〟を告げたのである。昭和三十二年（一九五七）の五月だった。

すでに〝結婚のすすめ〟は多かった。深志時代にも、若干はあったけれど、神戸へ来てから〝激増〟した。二十歳代の終りから、三十歳代のはじめの時期である。別に、〝朴念仁〟のわたしが「見映え」したわけではなかった。理由は一つ、「男の数が少なかった」からにすぎない。わたしと同年齢か、それより前の「男たち」は、南や北の、大陸や太平洋の〝藻くず〟として消え去っていたからである。たとえば、十日市小学校（広島県三次市）の親友、石野節雄君も、その一人だった。

その上、わたしには「金」も「時間」もなかった。親鸞研究のため、京都の龍谷大学や大谷大学へ通わなければならなかった。神戸と京都間の交通費も、馬鹿にならなかった。

妻・古田冷子

湊川高等学校の授業や組合任務の間の「時」を〝盗んで〟研究する。それで全時間に〝すきま〟がなかったのである。

それを打ち破ってくれたのが、同僚の小久保富男さんだった。いわく「一人口は食えなくても、二人口は食える、っていうんだよ。」と。〝意外な〟この一言が、わたしの心をゆすった。なぜか。

小久保さんの奥さんの知り合いの女性と会ったとき、わたしの相手は決定した。現在の妻である。彼女の方が、そのときのわたしをどう思ったか、わたしは知らない。

彼女は、姫路市の浄土真宗（大谷派）の寺の出身だったけれど、それはわたしには「無関心」のテーマだった。わたしの親鸞研究は、宗派の立場とは、およそ全く〝縁〟がなかったからである。

結婚式と阿蘇山への新婚旅行

阿蘇山に登った。

子供のとき、母に連れられて別府へは来たことがあったけれど、阿蘇山へ行ったことはなかった。

今回は、新婚旅行だった。結婚式は「神前結婚」ならぬ、「人前（じんぜん）結婚」だった。式そのものは、広島市の郊外のわが家（や）（自宅）の二階で、身寄りの者だけで行なった。今でいえば「じみ婚」の〝はしり〟かもしれない。妻側では母上（達子）が来て下さった。わたしの方では、父と義母（トヨ）、そして兄（孝夫）夫婦だった。それだけだ。

このスタイルは、わたしの希望だったけれど、義母によれば、明治以後、「神前結婚」が奨励される前は、「各家での式」つまり、「人前結婚」が〝普通〟だったという。詳しくは知らないけれど、あるいは、そうかもしれない。ともあれ、わたしの場合、何よりも「式に、金をかけなかった」のである。そして阿蘇へ向った。

阿蘇の火口に臨んだ。火口から噴煙が時々吹き上げて来る。聞くところでは、ここは「身投げ」の名所だという。なかには、途中の段差に引っかかって、助けを求めた人もあるという。壮絶だった。

その夜は、阿蘇のホテル（あるいは、阿蘇プラザホテルか）で泊った。

当時は、いまだ古代史には関心がなかった。いわば「親鸞研究、一点張り」だった。だが、今ふりかえってみれば、わたしの「九州王朝」論の原点は、この壮絶な光景を見たことにあった。

阿蘇山もまた、わたしの恩師だったのかもしれない。

『隋書俀国伝』にみえる阿蘇山

隋書俀国伝には、次の一節がある。

「阿蘇山あり。その石、故なくして火起り天に接する者、俗以て異となし、因って禱祭を行う。如意宝球あり。その色青く、大いさ鶏卵の如く、夜は則ち光ありと云う。魚の眼精なり。」

（岩波文庫本では「夜は則ち光あり。いう魚の眼精なりと。」と訓む。）

この文章の「直後」ともいうべきところに、有名な、

「日出ず（づ）る処の天子、書を日没する処の天子に致す、恙なきや。」

という、国書の一節が記されている。その国書は、俀国の天子、多利思北孤（タリシホコ）から、隋の天子、煬帝に送られたものである。妻は「雞弥（キミ）」と言う。

これに対して、従来の学界や教科書の、いわゆる「定説」では、同時代（大業三年、六〇七）の推古天皇という女性が〝書いた〟あるいは〝書かした〟ものと見なしてきた。この一点に関しては、今日（平成二十五年）まで、朝日新聞のような、大手メディアをふくめて、「不変」である。

しかし、わたしにはうなずけなかった。全く同意できなかった。今も、もちろん、できない。

人三年殯於外庶人卜日而瘞及葬置屍船上陸地牽之
或以小轝有阿蘇山其石無故火起接天者俗以爲異因
行禱祭有如意寶珠其色青大如雞卵夜則有光云魚眼
精也新羅百濟皆以倭爲大國多珎物並敬仰之恒通使
往來大業三年其王多利思比孤遣使朝貢使者曰聞海
西菩薩天子重興佛法故遣朝拜兼沙門數十人來學佛
法其國書曰日出處天子致書日沒處天子無恙云云帝
覽之不悅謂鴻臚卿曰蠻夷書有無禮者勿復以聞明年
上遣文林郎裴清使於倭國度百濟行至竹島南望𨈭羅
國經都斯麻國迥在大海中又東至一支國又至竹斯國

又東至秦王國其人同於華夏以爲夷洲疑不能明也又
經十餘國達於海岸自竹斯國以東皆附庸於俀俀王遣
小德阿輩臺從數百人設儀仗鳴鼓角來迎後十日又遣
大禮哥多毗從二百餘騎郊勞旣至彼都其王與清相見
大悅曰我聞海西有大隋禮義之國故遣朝貢我夷人僻
在海隅不聞禮義是以稽留境內不即相見今故清道飾
館以待大使冀聞大國惟新之化清答曰皇帝德並二儀
澤流四海以王慕化故遣行人來此宣諭旣而引清就館
其後清遣人謂其王曰朝命旣達請即戒塗於是設宴享
以遣清復令使者隨清來貢方物此後遂絶

『隋書俀国伝』

瀬戸内海の描写もない。大和三山の描写もない。奈良盆地の描写もない。その「無い、ない、尽くし」の中で、なぜ「推古天皇」の「国書」なのか。不審だ。

それとは、逆に、この「阿蘇山描写」の的確さは、どうだ。文章のもつ真実性（リアリティ）は、どうだ。

あの壮絶な、阿蘇山の火口の光景に息をのんだわたしには、到底「観念」や「イデオロギー」に従って、「近畿天皇家一元説」という「仮構の歴史観」に従うことができなかった。たとえ、すべての教科書が、そのように記し、すべての学界の論文がその立場から書かれていても、わたしは今も、静かに「否（ノウ）」の一語を発する他に道はないのである。

その原点をなしたもの、それがあの日の阿蘇山の火口の壮絶なる光景を「見た」ことにあったのだ。

やはり、阿蘇山は恩師である。

「歴史は足にて知るべきものなり」

「お酒のことを書いた本が出ましたから、今度お持ちします。」

昭和三十年代のはじめ、それまではこの種の本の出版はなかった。酒の好きな義父（妻の父親。西川公淳）に会ったときの、わたしの「せりふ」だった。

「いや、本より実物の方がいいですよ。」

即座に、さりげない返答だった。名答である。

たとえば、古代史研究。ある遺跡について書かれた本、また報告書の類も貴重だけれど、何より現地でその遺跡を見る。遺物をしっかりと見とどける。それが何よりではないか。

八十六歳のわたしは、現在では、ほとんど「現地に駆けつける」ことができなくなったけれど、生涯を通じて、遺跡の現場を〝駆けめぐって〟きた。多くの方々のおかげだ。その「遺産」で今、考えにふける。そういう時節なのである。

「歴史は足にて知るべきものなり。」その通り。秋田孝季(たかすえ)の名言である。

2 京都と被差別部落問題

わたしは言った。

「もう、そろそろ、やりはじめてもいいんじゃないかい。」

妻の大学受験

「えっ？」

と妻。

「受験勉強だよ。大学へ行きたい、って言ってただろう。」

最初、会ったとき、聞いていた。姫路の高校を出たとき、大学へ行きたかったけれど、家庭の事情で行けなかった、と。それに対してわたしは言った。結婚してから、行けばいい。受験勉強なら、教師として指導してきたから、と。

けれども、妻は信じてはいなかった。男の人は、結婚前は、いろいろいいことを言うけれど、信じちゃ駄目よ、と先輩や同僚に言われていたからである。

しかし、わたしは本気だった。結婚後、約一ヶ月の「蜜月」が過ぎたから、この発言となったのである。

作戦を立てた。

第一は、外国語。英語の代りにドイツ語をえらぶ。ドイツ語の基礎は、わたしに教えることができる。東京大学でなくても、ドイツ語で受けることができた。

第二は、地学。理科はあまり得意ではなかったから、あの降旗康男君のケースと同じ手法を採用した。

他の課目は、特に問題はなかった。翌々年の三月までやって、一応〝試験的に〟受けてみる。本番は、二回目だ、と。

妻は、予定通り、やりとげた。ドイツ語も、翌年には、塾に通った。予定通り、でなかったことが一つ。翌年（昭和三十三年）七月、子供が生れたことだ。光河（こうが）と名づけた。生れた日、天から一条の光が地上へ射（さ）しおろすのを、見たからである。もちろん、偶然の天然現象の一端にすぎなかったであろう。

妻の受験勉強に〝変化〟はなかった。

京都大学の法学部の裏庭。芝生の上に、わたしは座っていた。子供（光河）を抱いている。目の前
憶（おぼ）えている。

の、ガラスの内側では、妻が受験の真最中だった。

昼食は、百万遍の小さな食堂でとった。もちろん、三人一緒である。

昭和三十五年四月、合格通知に接した。連日の〝すしづめ〟の「予定」から解放された。

報道の嵐に見舞われた。「ママさん学生、登場」といった紙面が各紙に躍った。今ごろでは、珍しくもないニュースかもしれないけれど、当時では「希少価値」があったのかもしれない。

逆に「わたしの息子は、落ちた。もし、あなたなんかが受けなければ、その一人分で、通ったかもしれない。」という手紙も、舞いこんだ。悲喜は、裏腹。それにまちがいはなかった。ただ、わたしたちは全力を尽くした。それだけである。

最近では、わたしも老体。叱られてばかりの日常だけれど、記憶だけは残っている。

洛陽高校へ

最初の問題。それはわたしの「転任」だった。神戸の湊川高校では、とても京都に通うのは無理だ。しかし、その京都の高校の中に、「場」があるかどうか。それが問題だった。神戸の教育委員会と教員組合に、その希望を報告した。

有難かった。両者とも、快く、というより積極的に「協力」して下さったのである。そして京都の洛陽高校に国語教師の「場」が見出されたのである。

忘れられぬ思い出がある。

一方では、教育委員会の赤井千磐さん。終始、バックアップして下さった。京都の洛陽高校の「場」を〝見つけて〟下さった。もちろん、京都市の教育委員会と連係して下さったのであろう。

他方では、教員組合。委員長は、葺合高校の先生だったが、いつも、バックアップして下さっていた。わたしも、湊川高校の組合役員として、熟知の方だった。

記憶に残る、一夜があった。組合の副委員長は、日本共産党の方だったが、組合活動で、深い面識があった。その方が、わたしを招いて下さった。三宮の一杯飲屋である。特別の言葉はなかったけれど、「がんばりなさいよ。」の一言は、骨身に沁みた。うれしかった。その方の思いが、その真心がわたしの中に沁み通った。忘れることができない。

被差別部落と古墳分布の相似

次の局面に進む前に、もう一度「神戸時代」をふりかえってみよう。

最初にいた、須磨の義兄の家から、神戸市内の長田区の鶯町の入口に移った。アパートである。そこからバスで長田の商店街まで下(お)りてきて、乗り変えて湊川公園の方へ向った。神戸市立湊川高校がそこにあった。

同じ校舎だけれど、夜は定時制の県立湊川高校となっていた。その定時制に「部落問題と教育」の「権威」として、関西一帯の教師たちに令名のあった福地幸造さんがおられた。当然、わたしとも面識があった。

その福地さんからいただいた、一枚の地図。それがわたしの研究生活に対して、決定的な影響を与えた。それは、早稲田大学の部落問題研究会が作製した「部落、全国分布地図」だった。

それを見ると、驚いた。わたしが日頃、学校で教えていた歴史地図、その古墳分布図と「相似形」なのである。当時、わたしは社会科の日本史の教師だった。

（一）東北地方には、古墳がない。そして部落もない（福島県に、やや例外的に古墳がある）。
（二）沖縄には、古墳がない。そして部落もない。
（三）その他も、「古墳の有無」と「部落の有無」とが、〝相通じた〟と見られる個所が、若干存在する。

現在では「常識」だけれど、その時のわたしには、衝撃だった。なぜか。それは「部落の成立」についてては「職能性」が中心であった。「死体処理」等の賤業についていた人々が差別され、「特殊部落」とされた、というのである。その成立時期は、中世。室町か、せいぜい鎌倉時代だというのである。これが通説だった。

「では、なぜ、古墳の分布図と一致しているのか。」

この疑問が生じた。まさか、中世になってから、古代の古墳の分布図に〝合わせ〟て、部落を創った。――そんなことはありえない。

では、真の回答は？　当然、「部落の成立」は、古代にさかのぼる。少なくとも「古墳の成立」と同時代、あるいは「それ以前から」なのである。わたしはそう判断した。

この点は、やがて、三国志の魏志倭人伝の研究の中で「確定」した。なぜなら、三世紀の倭国、その倭人社会は、明白に差別社会だった。

「大人」と「下戸」の別があり、両者の関係が次のように描かれている。

「下戸、大人と道路に相逢えば、逡巡して草に入り、辞を伝え事を説くには、或は蹲（うずくま）り或は跪き、両手は地に拠り、之が恭敬を為す。対応の声を噫（「アイ」もしくは「イ」）と曰う、比するに然諾の如し。」

この「差別」が三世紀以後、いったん〝解消〟されて、再び「中世の差別社会」が「再生」したのか。そんなはずはない。連続だ。その「連続」を証明するものこそ、この「部落の分布図と古墳の分布図との対応」なのである。わたしはそう考えた。

天皇家と被差別民

だから、後に、大阪の高校教師の藤田友治さんが、義父の今井久順さんと共に、わたしの京都の向日市の家に来て、

「天皇陵と部落との関係はないのでしょうか。」

と問われたとき、ただちに、

「あります。」

と、ハッキリお答えしたのである。天皇陵は当然「古墳」である。その〝代表〟をなすものだからだ。

藤田さんは、大阪府立高校の教師として、生徒の家庭訪問をくりかえすうちに、気がついた。見すぼらしい「部落出身の生徒の家」のそばに、しばしば壮大な天皇陵が存在した。別々の地域の、別々の生徒の家、そして別々の天皇陵だ。だが、この一点は、しばしば共通していたのである。そこで藤田さんは、当時の「通説」だった、

「部落の成立は、中世」

との立場に疑問をもたれた。そこで『「邪馬台国」はなかった』『失われた九州王朝』といった著作を次々に発表していた、わたしの家へと、たずねてこられたのである。それに対する、わたしの答は、明白に「その通り」〝イエス〟だったのである。

この問題は、さらに進展した。一昨年（平成二十三年）発表した『俾弥呼』の「第Ⅱ部　新たなる古代日本」の第八章の「5　歴史の革命――「被差別部落」の本質」に明記したように、「被差別部落」（A）と「天皇家」は〝関係がある〟どころではない。

「天皇家の前時代には、被差別部落の方こそ、神聖な一族だった。天皇家以上に、神聖な存在だった。だからこそ、天皇家は前時代の『最高の人々』を、『被差別部落』と〝化した〟のである。」と。これが、わたしの「主張」だ。否「主張」などではない。古事記・日本書紀に「明記」された歴史事実なのである（日本書紀では「隼人問題」をふくむ。別述）。

その証拠は、「被差別民」という「芸能者として仕える一派」を「兄」とし、天皇家側を「弟」として記している。それを以後の「古事記・日本書紀」に通ずる「全、天皇陵」のための〝解説〟としていたのである。

しかし、従来の「被差別部落」問題を論ずる人々は、ほとんどすべてこの「明白な記述」に対して「見ぬふり」をつづけていたのである。「部落、中世起源説」に〝合わない〟からだ。

確かに、「差別の古代淵源説」にふれた論稿も存在はする。しかし、そこから「天皇家との深いかかわりと、その身分逆転現象」へと、筆を及ぼしたものは、かつて見たことがない。

わたしには、不審だ。

右の「歴史の革命」が発表されてあとも、「賛否」とも、声がない。批評を見ないのである。

それも「部落差別」を〝肯定〟する、あるいは〝無視〟する側も、もちろん「部落差別」を烈しく「糾弾」する側の人々からも、「賛否」の声がない。

不審である。

すでに、福地幸造さんも、藤田友治さんも亡き今、わたしがいのちを終えたとき、まずお二人に御報告したいテーマだ。

京都時代へ行こう。

語学の勉強会

わたしが湊川高校から洛陽高校へ「転任」したあと、七面八臂の忙しさがはじまった。住居は、神楽岡荘。京都大学の東寄り、神楽岡町にあるアパートだった。妻が京都大学へ通うには、近かった。わたしの学校は、京都の西南、東寺の西にあった。当時はあった、市電の出発地は北白川、到着地は西大路。いずれも〝端っ子〟だったから、楽に座れた。座って、いつも本を読んでいた。

この頃、洛陽高校の教師の間に〝流行っていた〟もの、というよりは、〝流行らせた〟もの、それは「語学の勉強会」だった。

ドイツ語は、マルキストの羽根田明さんを中心に、「共産党宣言」以下のテキストを読んだ。世話係は、同僚の中川曠平さんとわたしだった。

フランス語は、女性教師に堪能な方があった。それも、世話係は、右に同じ。

ギリシャ語やラテン語も、同じ方式だった。

ピカ一は、楔形文字。ハムラビ法典を淵源とする。旧制広高時代の教師、中原与茂九郎先生の得意とされたところ。その弟子に当る吉川守先生が「本邦最初」の講座を京大で開かれた。それに皆勤した。京大生は、はじめと終りだけ。一年中、皆勤だったのは、聴講生のわたしだけだった。

それも、そのはず。精密にノートを取り、それをガリ版に切り、それを教材として、洛陽高校で講義するのである。週一回。中川さんをはじめとして、少数ながら、熱心な参加者が一年間つづいた。

いずれも、「講義」「宿題」「予習」が各人(各教師)に課せられていた。ある日、市電の中で、夢中になって「予習」していたところ、頭の上でも、同じように「読書」に夢中の人がいる。降りようとして、立ち上ったら、中川さんだった。楽しい思い出である。

部落言語学

この「市電通学」には、思わぬ「余徳」があった。途中から乗りこんでくる〝おばさんたち〟があった。いっせいに〝しゃべり〟はじめる。降りるまで、止むときがない。

そこには、独特の雰囲気、「家庭的」ともいうべき「なごやかさ」と「美しさ」があった。これは、何か。――「部落の人たち」だった。

京都市で〝やとわれ〟た主婦たちだったのである。そこから、わたしは学んだ。「部落の言語」と「部落の人情」の美しさ、を。

湊川高校で、同和教育にたずさわっていたA先生がわたしに言った。

「わたしはいつも、汚ない言葉は使うな。差別される基になる、と。でも、連中はやめてくれません。」

と。彼も、部落の出身だった。すばらしい人柄の教師だった。

しかし、わたしは言った。

「とんでもない。部落の言葉はすばらしい日本語です。本来の日本語の基となる言葉ですよ。」

と。わたしの「部落言語学」論の原点である。

京都のくらし

忙がしかった。

子供（光河）は、神楽岡にあった幼稚園にあずかってもらった。「保育園」も〝兼ねて〟下さったのである。

妻の、京都大学法学部でのスケジュールと、わたしの授業などのスケジュールと、合わせて、毎日の合同スケジュールを作り、子供の「送り、迎え」の〝当番〟を「定めた」のである。中心は「子供」だから、これは〝さぼり〟も、〝ウッカリ、ミス〟も許されない。お互いに「若かった」から、可能だったのだろう。今では「とても」という感じだ。

だが、幸いに「事故」はなかった。

「事故」があったのは、真夜中だった。そのときには、神楽岡のアパートから、北白川の一軒家へと移っていた。もちろん、借家である。

ある夜、土砂降りの大雨が降った。坂の途中にあった一軒家だったが、その大雨で「ズレた」のである。入口が開かない。出口も一緒だったから、「出入り、不能」となったのである。

苦心の末、窓をこじ開け、坂道へにじるようにして、やっと逃れ出ることができた。三人とも、無事だったことが、何よりの幸せだった。

一応、近くの、前とは別のアパートに、北白川や向日市で住んだあと、今住んでいる物集女町に一軒家を求めたのは、ここが、竹林と竹やぶに囲まれた地域だったからである。この地形は「地震に強い」からだ。北白川の「地くずれ」のおかげである。

論文「近代法の論理と宗教の運命」

洛陽時代に、思わぬ収穫をえた。子供の幼稚園への送り迎えの毎日だった頃、京都大学の図書館で「貼り札」を見た。金沢大学の暁烏賞の募集広告だった。

昭和三十九年度である。

テーマは自由だった。幅広く、歴史や宗教、また文明論に及んでも「可」。そういう感じだった。

わたしは〝手持ち〟の世界の憲法の総合事典を基にして、自己の「問題意識」を貫いて、一編を成した。

ありていに言えば、新たな史料を買う〝余裕〟もなく、新たな、親鸞関係などを追求する〝時間〟もなかったからである。自分の頭脳の中の「?」を展開した。

その発端は「法と宗教」の関係だった。端的に言えば「信教の自由」の問題である。敗戦後の「新憲法」では、これが最重要事項の一とされた。

第十九条　思想及び良心の自由は、これを侵してはならない。

第二十条　信教の自由は、何人に対してもこれを保障する。

この二個条は、新憲法の核心をなしている。ところが、ヨーロッパの憲法では、全く別の姿が現われている。たとえば、カトリック教会を国家と共に「独立であり、最高」（イタリア共和国憲法）としたり、宗教団体が「租税を徴収する権利」（ドイツ、ワイマール憲法）をもつこと、これらこそが「信教の自由」の表現なのである。なぜか。

ここから、わたしは「キリスト教単性社会」としての、ヨーロッパの「特殊性」を見る。その歴史の真実性（リアリティ）を探ったのである。

幸いに、この時の論文が金沢大学暁烏賞の当選（一位）となった。

「近代法の論理と宗教の運命――〝信教の自由〟の批判的考察」がこれだ。のちに『神の運命』（明石書店、平成八年刊）に収録された。

授賞式に呼ばれて行くと、学生の部の入賞者が、偶然わたしの深志時代の教え子、赤堀竹彦君だった。

式の夜、金沢大学の担当教授の増井経夫さんに連れられて、金沢の夜を満喫した。お話では特別優秀の論稿だったが、暁烏の弟子の方々の「反対」で「一位」となったという。賞金が違うとのことだったが、わたしには関係がない。

お気に召さなかったのは、たとえば末尾の次の一節であろう。

「今は、その前夜として、歴史的宗教の枯死が進行し、それをあらわに証明（あかし）する現象としての、倫理の荒廃、精神の退廃がはじまっているのです。」

もちろん、これは「悲観論」ではない。逆だ。

「あかあかと輝く太陽のもと、大地にしっかり立つ人間のいきいきした倫理である。」というのが、わたしの「未来への予見」だからだ。

最近、わたしは書いた。

「わたしは人間を信じる。なぜか。わたしが人間だからだ。わたしの中の人間の声がわたしに告げる。

『真実を言え。そして何者も恐れるな。』と。」（平成二十五年一月二十二日）

これがわたしの、生涯を一貫した、根本の立場である。

頑冥だった天皇観

驚天動地だった。

「家（うち）の隣のおやっさんが言わはるんどす。『天皇はんも、えらい出世しやはりましたなあ。』って。」

「?」

とわたし。

「『天皇はんには、えらう借金証文あるんでっけど。よろしおます。あんじょうやってはるんやから、それでよろし。』」

洛陽高校で、わたしの隣の席、わたしとほぼ同年の数学教師の方だった。京都で生れ、京都で生きてこられたのである。

わたしの頭は「頑冥」だった。戦時中の少年時代以来、「天皇家、神聖にして中心」の観念は変っていなかった。敗戦後の「象徴天皇」の時代になってからも、頭の中の基本の観念に変化はなかったのである。

そのようなわたしにとって、この「話」は、まさに〝いまだ知らざる〟新世界へと投げ出された。そういう驚きだった。

わたしが現在没頭している、真実の日本の歴史探究の立場、それはこの時〝遭遇〟した、新たな立場、自由な「眼」の獲得からの〝賜り物〟であるかもしれない。

逆に言えば、明治以降、現在に至る、明治・大正・昭和・平成の「四代の知的ロボット」が形成されたため、人々は知らず知らずのうちに、かつてのわたしと同じ「頑冥」にとどまっているのであろう。「保守」を唱える総理大臣から、「進歩」を唱える日本共産党まで、すべてこの「頑冥」の中の〝哀れむ〟べき犠牲者なのかもしれない。

しかし、「偽りの夢」はやがて、そして必ず覚めるときが来るのである。

京都の土地差別と芭蕉

もう一つの会話から、「発見」があった。

洛陽高校に赴任して、直後、他の先生から聞かれた。

「どこに住んではるんでっか。」

「真如町です。」

「そら、ええとこお住まいでんなあ。」

意味が分らなかった。今度見つけた神楽岡荘はボロアパート。よくくずれずにいる、といった感じだ。京大に近いことだけが〝とりえ〟だった。

だが、それはわたしの勘ちがいだった。左京区の一帯が「ええとこ」なのである。上京区、それに中京区。それらは〝上等の世界〟なのである。それに対して、下京区や南区は「ええとこ」ではないのだ。一種の「土地差別」だ。だが、それが京都の「地（ぢ）」の人々の常識なのである。

京都で句会が行なわれた。

芭蕉の門人、去来たちである。各自の〝手持ち〟の作りかけの句を持ちより、みんなで添削する習わしだった。その一人の凡兆が提出した。

「雪積む上の　夜の雨」（七・五）

この第一句（「冠（かむり）」）は何がいいか。それが審議の的（まと）だった。芭蕉が案を出した。

「下京（しもぎょう）や」

そして言った。

「もし、これ以上の『冠』があったら、わたしは以後二度と俳句を語らない。」

と。なぜか。

もし、これが「上京や」だったら、上流人の風雅の世界だ。しかし「下京や」の場合、庶民が〝明日の生活を心配する〟光景となろう。日々の生活費をかせぐ、仕事が雪と雨のため、とだえるのであ

る。芭蕉は、

「自分の世界は、前者のような上流者の風流ではない。後者だ。庶民の深い歎きの描出である。」

と。そう言い切ったのだった。

わたしが京都へ来て、はじめて知った「土地差別」それが芭蕉の芸術表現の「基底」を流れていたのだった。

この問題については『失われた日本』（原書房、平成十年刊）の第十五章「不易と流行」で扱った。

運命だった。わたしの親鸞研究をリードして下さった、三人の先輩研究者にお会いできたことである。

姫野誠二さんと『歎異抄』

第一は、姫野誠二さん。明治三十九年、大分県生れ、同志社大学教授。『歎異抄の語学的解釈』（あそか書林、昭和三十八年刊）の著者である。

この本には、歎異抄の各写本の異同が一字一句、詳細に記されていた。現存最古の写本である、西本願寺の蓮如本を底本として、これと室町時代の他の六写本（永正本・毫攝（ごうしょう）寺本・光徳寺本・妙琳坊本・龍谷大学本・端（はし）ノ坊別本）との校異が付されていた。貴重だった。従来は多屋頼俊氏の『歎異抄新註』が「権威」とされていた。その水準を越えた名著だった。

しかも、姫野さんは、わたしと同じ、向日市に住んでおられた。おうかがいして、教えを乞うた。また、同志社の研究室で、念願の蓮如本の写真版に接したのである。「本日の午後、夕方まで、お貸しします。」との言質を得て、京大の百万遍に近い、行きつけの写真屋さんに飛びこんで、「複製」してもらったときの「喜び」が忘れられない。いまだコピー機のなかった時期である。

さらに、姫野さんの本にあげられた、あるいはあげられていない「蓮如の筆跡」を求めて、日本列島各地（ことに西日本）の各寺院を「直撃」し、写真に収めた。わたしの「現地主義」の実行にすぎないけれど、大きな「財産」となったのである。

姫野さんに、この本（『歎異抄の語学的解釈』）の「方法」の由来を聞くと、「バイブル」だ、とのこと。現在のわたしは、そのバイブルに対する史料批判（『俾弥呼』第十二章「学問の方法」の「2　日本古典とバイブル批判」所収）が重要な研究テーマの一つとなっているけれど、「因果は巡る」のであろうか。

ともあれ、姫野さんとの〝遭遇〟は、わたしの研究生活において、逸しえぬ「事件」だった。

宮崎圓遵さんと蓮如の筆跡

第二は、宮崎圓遵さん。龍谷大学教授であり、親鸞研究の分野では、碩学として名が高かった。神戸時代から、おうかがいして教えを乞うていたが、京都へ来てから、当然、おうかがいする〝チャンス〟がふえた。いつも、親切だった。龍谷大学や西本願寺から見れば、一介の部外者のわたしからの「疑問」に一つひとつ答えて下さった。それだけではない。宮崎さんは西本願寺の宝物類、ことに文献関係の責任者だったが、その至宝の一つ、「歎異抄、蓮如本」の実物を、惜しげもなくわたしに「閲覧」し、「調査」させて下さったのである。

わたしはそれによって、この蓮如本の奥書きの後半は多屋氏の言われた通りの、晩年の蓮如の筆跡だけれど、本文の全体と奥書きの「最初部分」までは、若年の蓮如、四十歳代以前の「蓮如の筆跡」

に属することを確認できたのである。そこから、わたしは指摘せざるをえなかった。「蓮如切断」のテーマを。晩年の蓮如は、若年のさい移した奥書きの後半、その大部分を〝切り取って〟、別個の「新たな、自分の奥書き」と〝取り換え〟たのである。

しかし、このような「大胆な仮説」は、蓮如本の実物に対する、熟視と確認なしには、到底不可能だった。宮崎さんの〝おかげ〟だ。ことに、宮崎さん御自身がかつては多屋説に「同じ」ておられたのであるから、これは本来の研究者、真の学者としての寛容だった。今、深く銘記する。

藤島達朗さんと現地伝承

第三は、藤島達朗さん。島根県の東本願寺の寺院の出身。大谷大学における、親鸞研究の碩学だった。宮崎さんと同じく、東本願寺の宝物の管理責任者だった。いつも、親切に答えて下さった。そして何よりの〝プレゼント〟それは「国宝」だった教行信証坂東本(今は東本願寺本)の「実地、検証」を許可して下さったことだった。

「許可」どころではない。わたしが写真撮影のプロたち、さらに顕微鏡写真の撮影まで、専門家の大沢忍氏と共に「調査」し、「撮影」することを〝認め〟て下さったのであった。

最初の「予定」は、次のようだった。

「法主(ほっす)の弟さんが御覧になりたい、と言っておられるので、御一緒でいいですか。」

もちろん、異議はなかった。しかし、御本人は当日、来られなかった。〝用務〟ができたため、という。あるいは、それも「予定」の中に〝入って〟いたのかもしれない。御当人は、歎異抄などの外国語訳で、著名の方だった。その方すら、「未見の秘宝」だったのである。もちろん、写真版などが出たのは、後日のことだ。当時は、絶無だった。そしてこの「一日の経験」なしには、その後の、わたしの研究も、今のような方向を辿りえていなかったかもしれない。藤島さんは、まさに「一生の恩人」である。

後日、藤島さんが大谷大学を退職して、故郷に帰られたあと、島根県の御自宅をおたずねした。そのとき、意外な言葉を聞いた。

「古田さん、古代史をやっておられるそうですね。しかし、古事記や日本書紀は駄目ですよ。風土記も、ね。」

「?」

と、わたし。

「ここでは、この宍道湖を渡ってゆく神さまがいるんですよ。」

「はあ。」

「湖を渡って、女の神さまに会いにゆくんです。夢中になっていると『夜が明けてきた。烏が鳴いた』、と、まちがえて暗い中を帰って来ようとして、わにざめに喰いつかれた。それで神さまは一方の足がない。片足になった、というんです。」

「ほう。」

「こんな話、古事記や日本書紀や風土記には、無いでしょう。しかし、ここにはあるんです。有名な話ですよ。」

沈黙せざるをえなかった。〝常識的〟に処理すれば、「近世神話」という「格づけ」だろうけれど、何かそれでは〝収まり切れぬ〟ものがある。藤島さんも、それを言っておられるのであろう。

ともあれ、わたしが「大学」で習った「史料批判」の立場から〝脱出〟し、「現地伝承」と、真面目に取り組む立場へと向ったのは、この「藤島発言」に基づくところ、少なくなかったのかもしれない。

対馬の阿麻氐留（アマテル）神社の氏子代表の小田豊さんから聞いた「出雲の大神の〝家来〟」としての「天照（アマテル）大神」説話によって、わたし自身の古代史探究に大きな「激変」が生じた。その淵源は、この「藤島発言」にあったのかもしれない。

ふりかえれば、つくづくと思う。わたしは好運であった、と。よき先達に恵まれ、その方々の導きに従うことができたからである。

第五章　邪馬壹国と九州王朝説の展開

1　『「邪馬台国」はなかった』

　本番にきた。「邪馬台国」問題への入口である。

　洛陽高校で、わたしの席は図書館に移った。その担当の係となったからだ。これがわたしの研究の「行く先」を決めることとなった。

『魏志倭人伝』研究の始まり

　というのも、他ではない。教職員用の雑誌として、『中央公論』が毎号、図書館に到着した。待って〝読んだ〟のは、松本清張の連載「古代史疑」だった。同僚（社会科）の伊吹信一さんと、先を争って、読みふけった。

　というのも、わたしには一つの「思わく」があった。それは次の一点だった。

「三国志の魏志倭人伝の原文は、邪馬壹国だ。それを『邪馬臺国』と〝取り変え〟てはならない。」

と。なぜなら、清張はすでに主張していた。

「論者が勝手に、自分の好むように原文を書き変えたのでは、論争に結着がつくはずがない。」

と。佳篇、「陸行水行」の論旨だった。もちろん、二人の登場人物が語り合う内容だけれど、作者、清張自身の「主張」であることに疑いようはなかった。だから、今回の「古代史疑」でも、その主張にそって書かれるもの、と期待したのである。

しかし、足かけ三年間、実質一年半余りの間、毎号とも、その気配はなかった。ないままに「終結」したのである。ガッカリした。

「よし、これは、自分がやる以外にないな。」

これが、わたしの感想だった。「原文を、自分の好みに合わせて、変えてはいけない。」これは、親鸞研究を通して、わたしの得た結論、いわば「金科玉条」のテーマだった。

すでに、二十歳代半ばの松本深志高校時代、わたしは教室でこれを話したことがある、という。わたしは忘れていたけれど、生徒の方(ほう)が憶えていて、教えてくれた。当時は、授業は「国語」だったけれど、毎時間のように「読書紹介」をやっていたから、その一端であろう。岩波文庫で「魏志倭人伝」が出たのは、昭和二十六年の十一月だった。松本深志に着任してから三年目である。

そこで、今回の「古代史疑」の落着が、わたしの倭人伝研究の出発点となった。東大の『史学雑誌』(七八—九、昭和四十四年九月)に掲載された、「邪馬壹国」

だ。本格的な、わたしの古代史研究の出発点となったのである。

『史学雑誌』掲載「邪馬壹国」の反響

反応は速かった。九月号に出て、一ヶ月足らず、読売新聞社の近藤汎(ひろし)さんが洛陽高校に来られた。終業時間だった。何も言わず、

「お宅へ参りましょう。」

と言う。JRで一駅。西大路から向日町駅へ。物集女(もずめ)のアパートに着いてから、おもむろに、わたしの「邪馬壹国」の論文のコピーを取り出し、その論文が成立した、その経緯を問われた。〝つぼ〟を突いた、鋭い質問が連続した。帰られてから、すぐ、社会面に大きな記事が姿を現わした。松本清張さんの好意的なコメントが添えられていた。汎さんは、漫画家として有名な近藤日出造さんの御子息

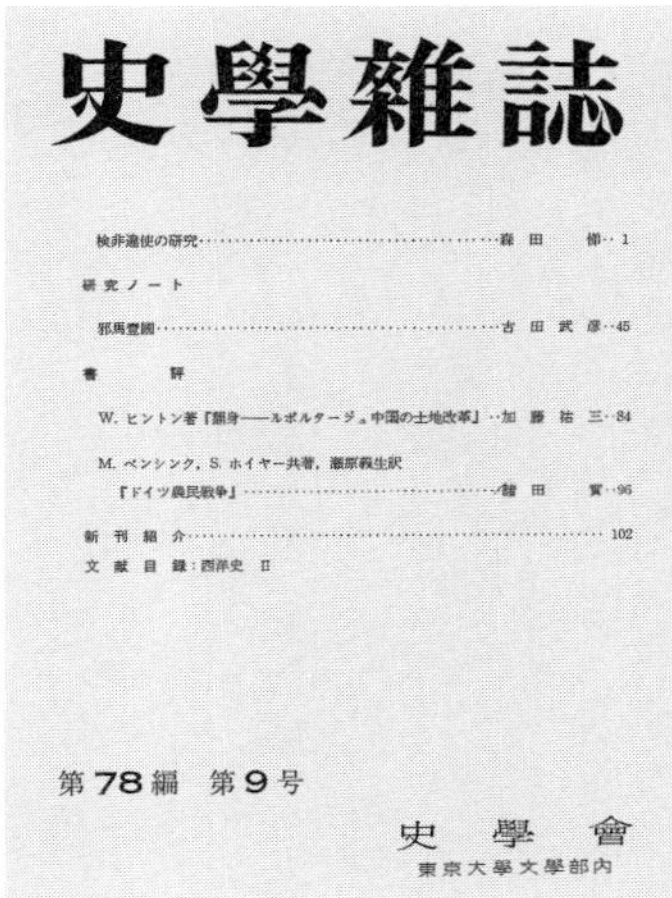

史學雜誌

検非違使の研究……森田　悌‥1

研究ノート

邪馬壹國……古田武彦‥45

書　評

W. ヒントン著「翻身――ルポルタージュ中国の土地改革」‥加藤祐三‥84

M. ベンシンク, S. ホイヤー共著, 瀬原義生訳
「ドイツ農民戦争」……諸田　實‥96

新刊紹介……102

文献目録：西洋史 II

第78編　第9号

史學會
東京大學文學部内

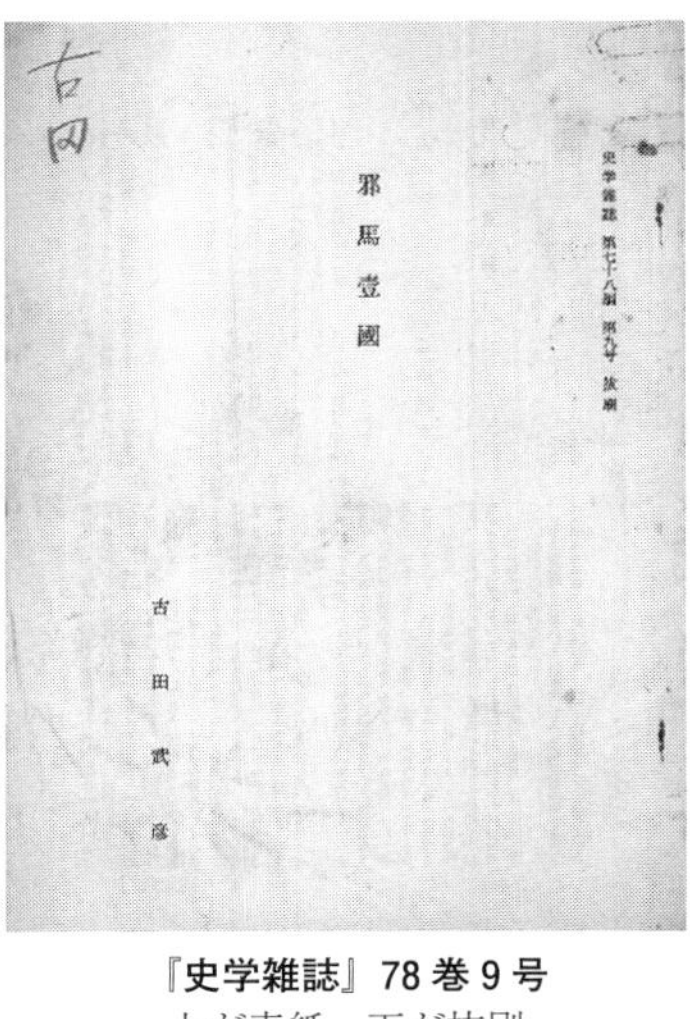

『史学雑誌』78巻9号
上が表紙，下が抜刷

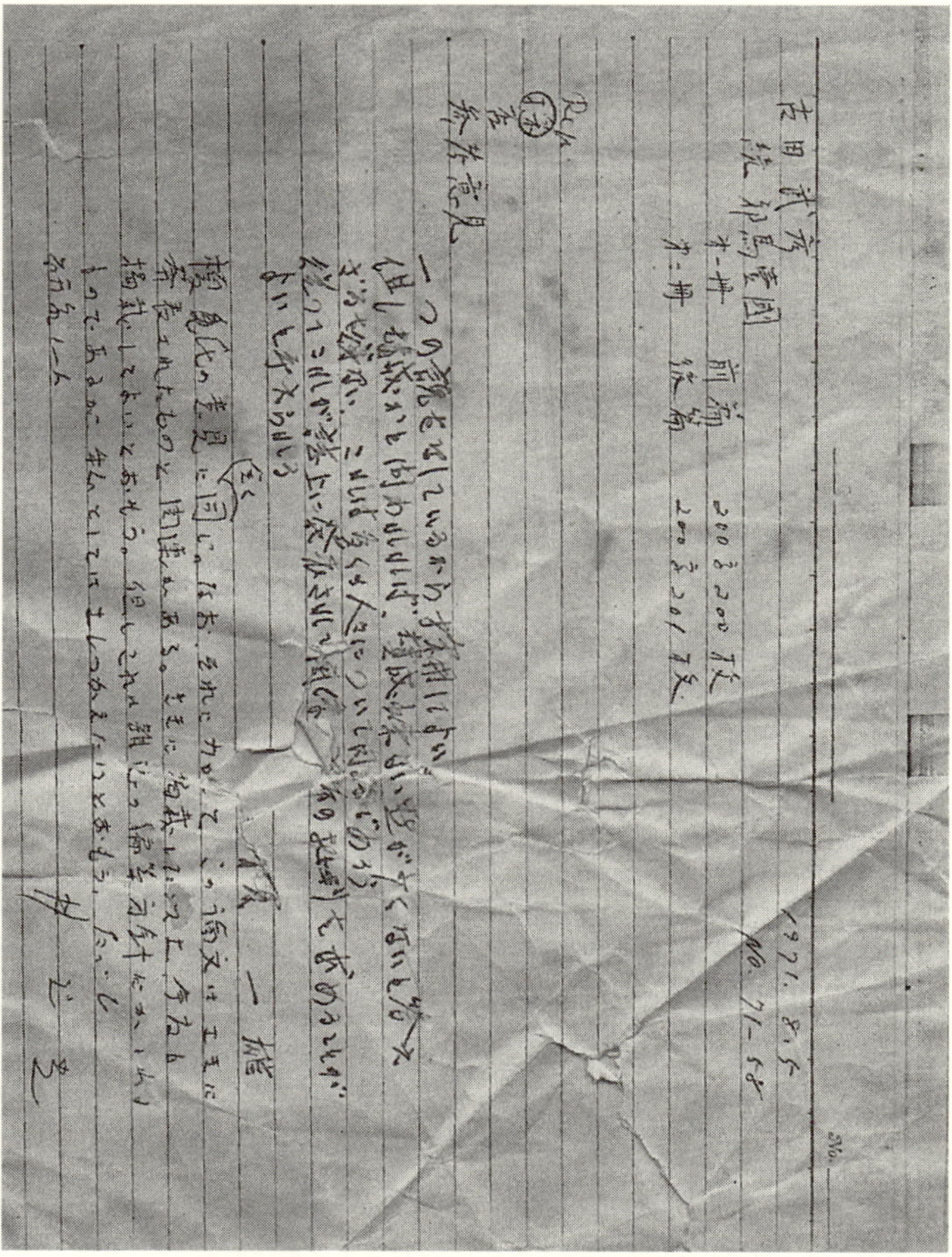

榎一雄氏，井上光貞氏による「続 邪馬壹国」選評

『史学雑誌』への掲載について両氏の意見がつづられている

とのことだったけれど、〝切れ〟の鋭い、一流のジャーナリストの風格があった。

米田保さんの来訪

劣らぬ〝冴え〟そして〝深み〟をしめされたのは、朝日新聞社の米田保（よねだたもつ）さんだった。学芸部の方である。来られると、開口一番、言われた。

「読売さんは、お出でになりましたか。」

と。読売新聞社から「出版」の申し出があったのか、という問いである。

「いいえ、ありません。」

と言うと、

「では、是非、わたしの方から出させて下さい。」

と、丁重に依頼される。実は、学生社から電話で「申し入れ」があったけれど、おことわりした。まだ、わたしには、その「つもり」もなければ、「自信」もなかったからである。

しかし、米田さんは〝執拗〟だった。四〜五日すると、またたずねて来られる。また、おことわりすると、さらに三〜四日して来られる。決して、「強引」ではなく、アッサリと引き下がられるけれど、決してあきらめない。こちらも、無下（むげ）におことわりするのが、〝悪い〟ような気持になってきた。

解けなかった総里程の謎

わたしの〝逡巡〟には、理由があった。すでに書いたように、三国志の魏志倭人伝には「不審」があった。解けない「？」があったのである。

そこには、帯方郡から女王国までの「総里程」が「万二千余里」と書かれているのに、「部分里程」の各々を足しても、この「総里程」「万二千余里」に満たない。足らないのである。せいぜい「一万六百里」か「一万七百里」にしかならない。「千三〜四百里」足りていなかった。各「邪馬台国」論者とも、ほぼ全員が〝足らない〟ままで、邪馬台国の所在を、あるいは近畿、あるいは九州と論じていたのである。

「こんな、インチキな本のために、一回しかない人生を当てられるか。」

内心の、生意気な声が、いつもそのようにつぶやいていた。だから「ＯＫ」など、とても言えなかった。それが「おことわり」しつづけた、唯一の、そして本当の「理由」だったのである。

しかし、わたしにとっての運命の人、米田保さんはあきらめられず、四〜五日に一回は「督促」の連絡があった。

わたしはそれに〝励まされ〟、問題を追いつづけていた。そして夏の一日、ついに解けたのである。すでに「不足日数」の決定していた「千四百里」が見つかったのだ。多くの論者が〝見すごし〟てきた「対海国」（「方四百余里」）「一大国」（「方三百里」）の各二辺「八百里」と「六百里」を〝足した〟とき、まさに課題の「千四百里」がそこに〝出現〟したのである。

「これが、陳寿の算法だ。」

わたしはそれを確信した。第一書『「邪馬台国」はなかった』の「はじめに」に書いた、

「陳寿を信じとおした。」

の一言は、この瞬間に成立したのである。

今かえりみれば、青年の日に観た「キュリー夫人」という名画を生み出したアメリカ合衆国、三国

志の著者、陳寿を生み出した中国。その両国の生み出した「人類の英知」、それをこの日本列島に住む、ささやかな一個の人間のわたしが〝結びつける〟ことのできた瞬間だった。

わたしの手にしている「方法」は一つだけだ。「ソクラテスの論理」である。

「論理の導くところへ行こうではないか。たとえそれがいかなるところに到ろうとも。」

その帰結はすでに第一書『「邪馬台国」はなかった』や畢生の書『俾弥呼』でのべつくしたように、

「不弥国はすなわち女王国の入口」

という一事以外にない。

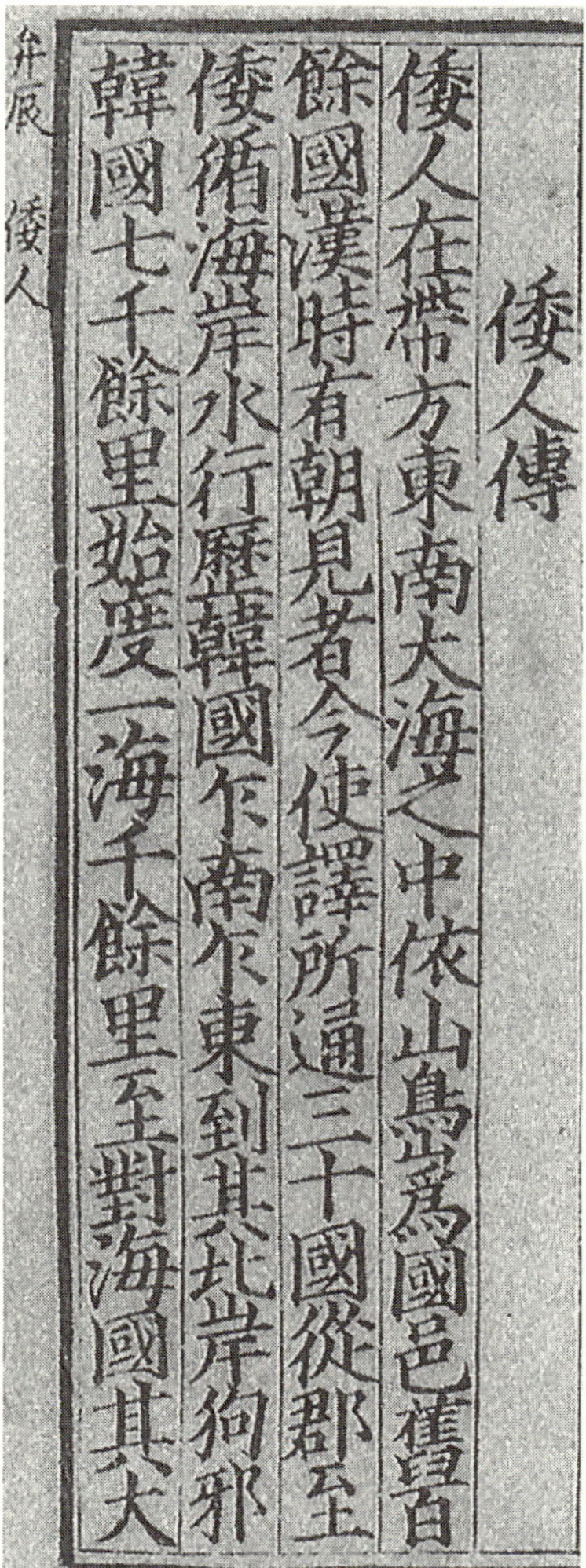

倭人傳
倭人在帯方東南大海之中依山島爲國邑舊百
餘國漢時有朝見者今使譯所通三十國從郡至
倭循海岸水行歷韓國乍南乍東到其北岸狗邪
韓國七千餘里始度一海千餘里至對海國其大
弁辰　倭人

倭人伝（紹熙本三国志）原文

官曰卑狗副曰卑奴毋離所居絶島方可四百餘
里土地山險多深林道路如禽鹿徑有千餘戸無
良田食海物自活乗船南北市糴又南渡一海千
餘里名曰瀚海至一大國官亦曰卑狗副曰卑奴
毋離方可三百里多竹木叢林有三千許家差有
田地耕田猶不足食亦南北市糴又渡一海千餘
里至末盧國有四千餘戸濱山海居草木茂盛行
不見前人好捕魚鰒水無深淺皆沈没取之東南
陸行五百里到伊都國官曰爾支副曰泄謨觚柄
渠觚有千餘戸世有王皆統屬女王國郡使往來

常所駐東南至女國百里官曰兕馬觚副曰卑奴
母離有二萬餘戶東行至不彌國百里官曰多模
副曰卑奴母離有千餘家南至投馬國水行二十
日官曰彌彌副曰彌彌那利可五萬餘戶南至邪
馬壹國女王之所都水行十日陸行一月官有伊
支馬次曰彌馬升次曰彌馬獲支次曰奴佳鞮可
七萬餘戶自女王國以北其戶數道里可得略載
其餘旁國遠絶不可得詳次有斯馬國次有巳百
支國次有伊邪國次有郡支國次有彌奴國次有
好古都國次有不呼國次有姐奴國次有對蘇國

倭人

すでにこの三十余年間、この一事をくつがえしうる「弁舌」に出逢うことがなかった。すなわち「部分里程の総計は総里程である。」という道理に正面から反論する論理を〝見る〟ことはなかったのである。

しかもこの道理のしめすところが、考古学的出土分布と一致したのだ。「弥生の三種の神器出土地帯」とも、「弥生の絹と錦の出土地帯」とも、共にピッタリと対応していたのである。

この論理と「遺跡の出土状況」との一致に対して、学界や教科書はどのように応じてきたか。それとも応じてこなかったか。改めて記する。

わたしの本『「邪馬台国」はなかった』が出てから、すでに四十二年、その間、絶えず「邪馬台国」を巡る本が出ている。それなりに売れてもいるであろう。しかし、わたしの目には、それらのすべては「否（ノウ）」だ。失礼ながら、そう言う他はない。なぜなら、右の一語「部分里程の総和は、総里程である。」という真理を「無視」し、「シカト」しているものだからである。

「邪馬台国」と「邪馬壹国」

古代史の第一書『「邪馬台国」はなかった』という題名について、印象的なエピソードがある。

「今度の本は『邪馬台国はなかった』という題名にしたいと思います。」

朝日新聞社の大阪本社（当時）の編集部の責任者の方の言葉だった。「了承」を求める、といった口吻である。わたしは驚いた。提出した原稿は「邪馬壹国」と表題していたのである。

しかし、その方は「もう定めたから、反対しないでほしい。」といったニュアンス。わたしには、そう聞えた。そこで、一つだけ、〝抵抗〟を試みた。

「『邪馬台国』を、カギ括弧でくくってほしいんですが。」

「いいですよ。」

これで定まったのである。わたしの〝抵抗〟には「理由」があった。

第一、三国志に関しては「邪馬壹国」であり、「邪馬台国」とするものはない。

第二、しかし、後漢書では正しく「邪馬臺国」であり、「邪馬壹国」ではない。

第三、世上「邪馬臺（台）国」と言っているのは、三国志の魏志倭人伝の「邪馬壹国」を「邪馬臺（台）国」に〝取り変え〟たもの。これは不当だ。

だから、邪馬台国を「　」で囲んだ場合、「世上、言われている邪馬台国」の意義となる。そういう「限定」の符号なのである。

さらに重要な「差異」があった。

三国志の場合、「邪馬壹国」は「七万余戸」をもつ大国の国名だ。

だが、後漢書の場合、「其の大倭王」という、主権者の居所の名となっている。両者は全く〝ちがう〟概念だ。たとえば「東京都」と「皇居（旧、江戸城）」との〝ちがい〟のようなものだ。これを〝自在に〟取り変えていいはずはない。東京都民全体が皇居に住んでいる、そういう〝とんでもない〟やり口となろう。

だから、この「三国志と後漢書の区別」を、無視してはいけない。わたしはそう思ったのである。

では、編集部はなぜこのような、一見〝風変り〟な題名を思い付かれたのであろうか。

そのときは、格別お聞きしなかったが、今考えてみると、やはり「時代の背景」があった。

確か、『中央公論』だったと思うけれど、

「大化改新はなかった」

という特集があった。もちろん、わたしのような「九州王朝」論に立つものではなかった。同じ「近畿天皇家一元史観」の中で、日本書紀に書かれた「大化年代（六四五〜六五〇）」を、天武天皇の頃の年代へと〝引き下げる〟という、それだけの「修正説」だったけれど、当時はそれが学界内の「重大対立」とされていた。その論争を扱ったときの、雑誌の中の「見出し」だったのである。

朝日新聞社の編集部の方は、そのケースを頭において、わたしの本の題「邪馬台国はなかった」を思いつかれたのではあるまいか。

わたしが近所の本屋さんへ行ったとき、わたしのこの本の前で、二人の中学生が「議論」していた。

「邪馬台国って、無かったんけえ?」

「いや、あったんと違うか。」

真面目な議論を、彼等は展開していた。ほほえましい記憶である。

米田さんの熱意

米田さんのお宅をたずねたことがある。すでに朝日新聞社を退職されたあとだった。悠々たる余生を送っておられた。

「わたしは、自分の人生に満足しています。」

そう話し出された。

「それは、二つの本を出すことができたからです。一つは、岐阜県の飛騨の建築物についての本です。もう一つは、古田さんの本を出せたからです。」

『「邪馬台国」はなかった』『失われた九州王朝』『盗まれた神話』この三冊とも、米田さんが手がけて下さった本である。米田さんは言葉を継がれた。

「わたしは始め、社会部に入りました。新聞社では、何と言っても、社会部が花形です。ところが、がんばり過ぎたのか、過労で結核になりました。」

当時は、結核は、死に至る、不治の病いとして恐れられていた。

「そこで、仕事の〝楽〟な、学芸部への転属を命ぜられました。やがてよくなった、と思っているうちに、また悪化、再び学芸部へ。そんなことをくりかえしているうちに、ついに決心しました。『よし、一冊でも、自分の企画で、いい本を作ってみよう。それを人生の生き甲斐としよう。』と。学芸部の仕事の大部分は、新聞の連載物を単行本にすることです。これは、縦の物を横に直すだけで、面白味がない。しかし、一割くらいは、自分の企画の本を出すことができる、と聞いて、よし、それに自分の人生を賭けよう。そう思ったのです。」

そして静かにつけ加えられた。

「わたしは、古田さんの本を出せたのが本当に幸せです。」

と。身に沁みた。そして分った。わたしがおことわりしても、拒絶し通しても、決してあきらめず、電話で、あるいは直接来て、柔らかに、しかし屈せず、「出版」を求められた、米田さんの真意が奥深く、伝わってきた。

わたしの方こそ、真に幸せ者だったのである。

わたしにも「決断」があった。

兄の過労死と退職

この第一書を書くために、年来の「教職」を投げうったのである。「部分の総和は全体である。」この真理が具体的に、数値の上に現われたからと言って、それですぐ「一冊の本」が出来るわけではない。当然のことだ。

その新しい立場、その「不朽の真理」をめぐり、三国志を、そして魏志を、そして倭人伝を読み尽くす。それが不可欠だ。それなしに「一冊の本」は成り立ちえないのである。

学校は忙しかった。授業はもちろん、授業以外の任務、会議なども「目白押し」だった。とても、「一冊の本」を書く、〝やっつけ〟仕事ではなく、綿密にやりとげること、それは到底「無理」だった。

その上、わたしは見た。兄（孝夫）の死を。医業に全力を傾け、朝の開業時間の一時間も二時間も前から、患者が並ぶ。夜は真夜中まで往診する。そのような朝・昼・夜をすごすうち、突然死んだ。過労死である。昭和三十八年六月三日のことだった。自分の家に小さい子供たちを残したまま、この世を去った。わたしをこよなく可愛がってくれた兄である。人々は「哀悼の意」を表してはくれるものの、それだけだ。すべては帰ってこないのである。

ある夕、わたしは兄に連れられて友達の医者の家へ行ったことがあった。二階でマージャンをしていた。急患が来た。看護婦（看護師）さんが、告げに来た。「往診に出ている、と言っとけ。」その家の御主人の医者は、そう言ったまま、何事もなかったように、マージャンをつづけていた。わたしは憎んだ。

しかし、そのような〝やりかた〟のできなかった兄は、ある日、突然死んだ。「危篤」の知らせもなく、突然、死んだのである。

わたしは〝愕然〟とした。我が身に〝ふり当て〟てみた。ここも、過労の世界だった。「格別の役職」や「～長（ちょう）」の名はすべて、おことわりしていたものの、「一冊の本」を仕上げるには、それどころではなかった。

そこで、長年の「教師生活」をやめることとした。そして「一冊の本」を書くことに専念する。その決意をもったのだった。

そしてその「一冊の本」ができたら、何でもいい、ビジネスホテルの掃除夫でも、建築現場の「片づけ人」でも、なんにでもなって、「定職」を得よう。そう思ってやめた。今回も、三月の終り、決意したのである。松本深志をやめたときと、同じ。唐突の決意だった。

しかし、あの時は「一人」。今は「三人家族」だった。妻は京都大学法学部卒業後、司法試験にパスし、弁護士への道を歩んでいた。たのもしかった。けれども、それはしょせん、わたしの「ひとりよがり」だった。「定職を捨てた」夫の姿に、一番当惑したのは、もちろん、妻だったのである。今も、思い出すごとに「愚痴」を言う。当然である。

予想を越えた「売れ行き」だった。出るごとに売り切れ、版を重ねていった。『「邪馬台国」はなかった』の刊行である。昭和四十六年十一月の第一版以来だ。大阪梅田の阪急紀伊國屋書店で、積まれていた、この本が見るうちに減ってゆく。それを、ややはなれたところで見ていた。そういう思い出がある。

早速、次の単行本の「注文」が、米田さんから来た。お受けした。この方(ほう)が、わたしには楽だった。『史学雑誌』の論文「邪馬壹国」のさいは、まだその「地理的位置」は不明だった。正確に言えば、博多から鹿児島までの南北線の上の「いずれか」と考えていた。それがやがて論理的に、

「不弥国は女王国の玄関である。」

というテーマと結びつき、「糸島・博多湾岸とその周辺」という「回答」となっていったのだ。これが『「邪馬台国」はなかった』の基本思想である。

しかし、「九州王朝」論の方は、最初から決まっていた。第一書の成立以前から（わたしにとっては）決定していたのである。

あの「邪馬壹国」という、わたしの論文が出たあと、松本清張さんから連絡があった。

「邪馬壹国の〝ありか〟について聞きたい。自分は動けないので、新潮社の代理の者に話してやってほしい。」

というのである。わたしはおことわりした。

「同じ研究者同志としてなら、いつでも喜んでお会いします。忙しいから、代理の者に話せ、などという話など、全くおことわりします。」

と。清張さんから返事があった。

「おっしゃる通りです。では、もし東京へ来られるときがあったら、御連絡下さい。」と。

その年の十二月、東京へ行った。その前に連絡し、新潮社の（宿泊用社屋の）一室で、お会いした。清張さんは、テープに録っておられたが、わたしはやがて「ストップ」をお願いした。「九州王朝」問題である。その要旨をお話すると、

由布院盆地にて
（昭和 54 年 5 月，福万山を背景に）

「九州じゃ小さすぎないか。いや、負けたんだから、いいのか。」

と〝ひとりごと〟。わたしの言う「九州王朝」を、地理的な「九州」だけの内部と「誤解」されたらしい。しかし、そのときは、それ以上、話は発展しなかった。

わたしの理路は、明晰だった。肝心の隋書俀国伝では、例の「日出ず（づ）る処の天子」云々の前に、

「阿蘇山有り、その石、故なくして火起

り……」

と書かれている。阿蘇山は明白に記されている。これに対して瀬戸内海の記載はない。大和三山の記載もない。奈良盆地の記載もない。それなのに、右の「日出ず（づ）る処の天子」を「大和の推古天皇」と見なすことはできない。できるのは「イデオロギー優先」の立場に立って、「史料事実」そのものを、そのまま見る、という「史料批判の王道」を見失っているからである。これが親鸞研究によって「熟成」された、わたしの基本の信念だったからである。

『失われた九州王朝』は、この基本信念の展開にすぎなかったのである。

この点についても、この四十年間、誰一人〝打ち破る〟ことができなかった。そのために「無視」と「シカト」という、もっとも恥ずべき「場」に逃げこむだけである。それはいかなる大手メディアにせよ、全学界にせよ、全教科書にせよ、到底「成功」できる〝逃げ場〟ではないのである。

『盗まれた神話』での挑戦

第三書『盗まれた神話』を書きはじめた。

そのテーマは、次のようだ。

第一、古事記・日本書紀・風土記等の神話記述に「矛盾」はないか。

さらに、

第二、その「矛盾」は、津田左右吉の提示した「神話、造作説」によって、本当に〝解決〟できるのか。

右のテーマに対する、わたしの「神話分析」、それが〝緊急〟にして〝必然〟の問いとなった。これが、テストケース、いわば勝負どころだった。

これに挑んだのがこの『盗まれた神話』だった。

この挑戦はまさに「成功」だった。わたしにとって予期通り、否、予期以上だったのである。

今は、その一例だけをあげてみよう。

古事記の「天孫降臨」の段に、次の一節がある。

「竺紫の日向の高千穂の久士布流多気（くじふるたけ）に天降りまさしめき。」

その上、

「此地（ここ）は韓国（からくに）に向ひ」

とあるから、日本書紀のような、南九州の高千穂峯（だけ）では、とても〝妥当〟しない。しかし「日向」を「ひゅうが」ではなく、「ひなた」と読む。そして何よりも、冒頭の「竺紫」を「つくし」ではなく、「ちくし」と読む。福岡県の人々の「現地読み」通りだ。

すなわち筑前の「日向峠（ひなた）」や「日向川（ひなた）」に接する、高祖山（たかす）連峯とすると、ピタリ〝符合〟したのである。もちろん「韓国に向ひ」も言葉通りだ。

このように、従来説の「矛盾」は次々と〝解決〟されたのである。

それだけではない。平成二十五年の現在も、同じ「学問の方法論」から、毎月のように新たな視野が開けつづけている。

わたしは恵まれていた。

教行信証坂東本

次の局面に移る前に、もう一度、あの日のことをふりかえりたい。わたしの人生にとって最高の瞬間だったのだから。もちろん、教行信証坂東本を拝観した日のことである。

二十代のはじめ、わたしは悩んだ。疑問をもった。敗戦という一線を境として、大人たちの態度が一変した。昨日までの皇国第一主義、今日の民主主義への転換である。ついて行けなかった。

「人間というものは、みんなこうなのか。」

「もし、そうなら、そんな人生に生きていてもしようがない。」

青年の短絡だった。だが、真剣に問いつめた。

「一人でも、そうでない人がいたら、この世は生きるに値いする。」

そのとき、念頭に浮べたのが親鸞だった。師の法然と一緒なら、地獄へも喜んで行く。そう言い放った親鸞は、彼の人生の中で「時代の激変の中でも、自己の信念を変えなかったのではないか。」

それがわたしの親鸞研究の動機だった。否、学問研究の動機だった、と言ってもいい。そのようにして、わたしの学問に対する情熱は燃えはじめたのだった。

それが満足した。今見る坂東本は、満身創痍ともいうべき、「手直し」「書き直し」の連続、それを如実に残した、草稿本だった。もちろん、いったんは成立した「清書本」を基に、再び、三たび、添削し、用紙を変えて書き足したり、削ったりしているのである。

しかし、一ヶ所だけ、「変化」がなかった。どこか。あの後序の一節だ。

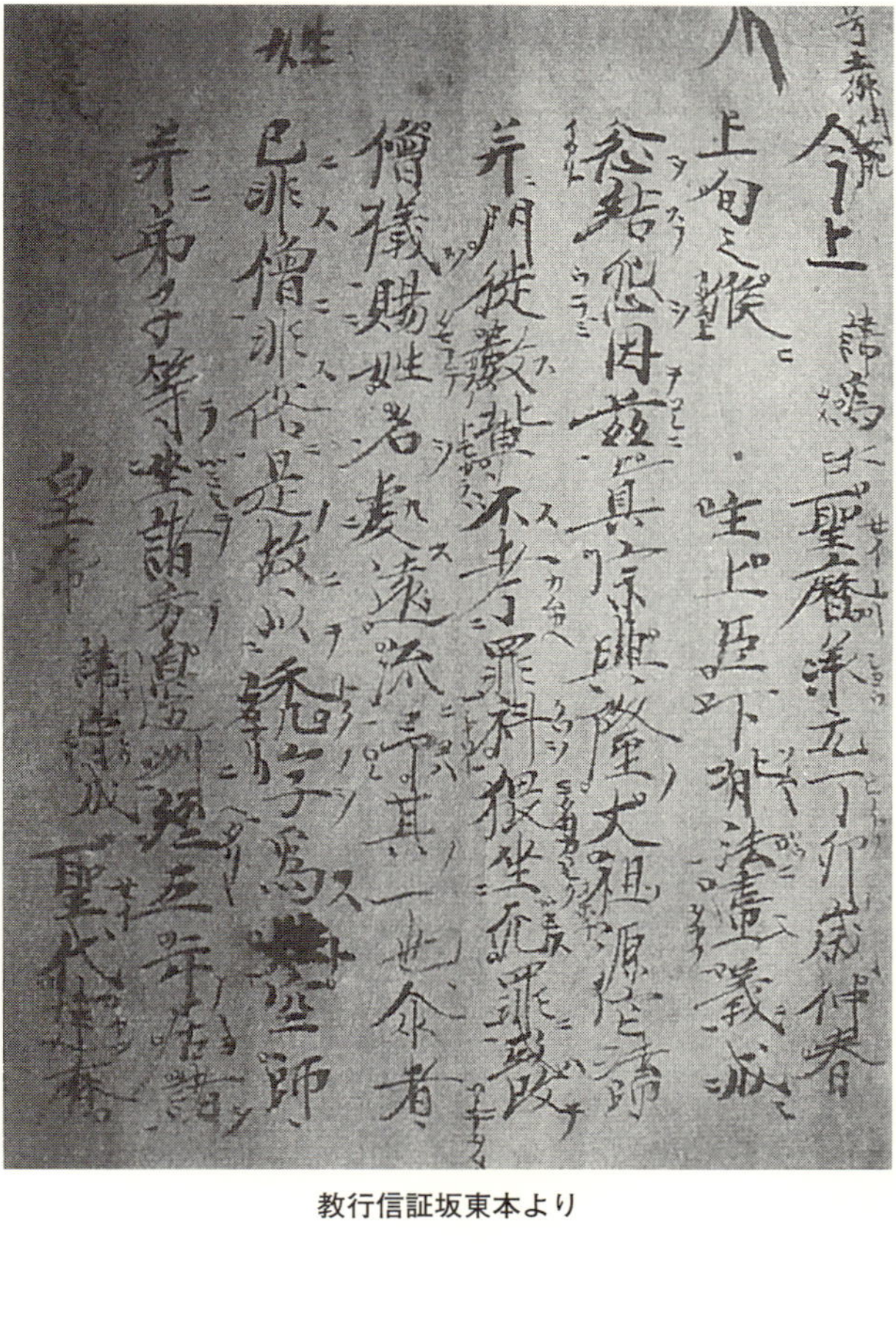
今上 諱為仁 聖暦承元丁卯歳仲春
上旬之候 主上臣下背法違義成忿
結怨因茲真宗興隆大祖源空法師
并門徒数輩不考罪科猥坐死罪或改
僧儀賜姓名処遠流予其一也爾者
已非僧非俗是故以禿字為姓空師
并弟子等坐諸方辺州経五年居諸
皇帝 諱守成 聖代建

教行信証坂東本より

「主上、臣下、背法違義。」

あの鮮烈な一句は、最初に書かれたまま、全く〝いじられ〟ていない。原形がそのまま保存されていたのである。

これは、親鸞が流罪に遭った直後、心の友、住蓮、安楽たちへの、後鳥羽上皇たちの処断、その暴挙に対して発した、青年親鸞の書いた申し状、告発の一文だった。その権力批判の一句を、生涯彼は変えなかった。全く変える気配すら、見せていなかったのである。

わたしの親鸞研究は、終った。本質的に、その目的をとげたのである。以後の、わたしの学問の方向もまた、確立したのである。

沛然(はいぜん)たる豪雨の中の一日だった。

出雲王朝論争

危険な「断崖」があった。「出雲王朝」の問題である。

わたしが「九州王朝」の概念をもったとき、もう一つの概念がクッキリと浮んでいた。それが「出雲王朝」である。

なぜなら、古事記・日本書紀の神話を見ると、いきなり「九州王朝」からはじまる、そういう形ではない。あくまで、

「出雲から筑紫（チクシ）へ」

という、権力中心の〝移動〟が、神話全体の「軸」をなす、基本テーマなのだ。だから、「九州王朝」を、後代の架構ではなく、真実（リアル）な史実の〝反映〟とすれば、当然その前提として「出雲王

朝」の先在を〝認め〟なければならない。そうでなければ、〝筋〟が通らないのである。だから「出雲王朝」という概念を前面に出した。

「これで、古田さんも、駄目ですねえ。」

そういう声が聞えてきた。京都に住む、著名の学者の「批評」だった。直接ではないけれど、朝日新聞社の〝出入り〟の記者がわたしに伝えてくれた。

それも、もっともだった。なぜなら「筑紫」（福岡県）を中心とする「九州王朝」の場合、考古学的出土分布と〝対応〟し、〝合致〟していた。だから、容易に「嘲笑」することができにくかったのである。「津田史学に反するから」というのでは、〝仲間うち〟はともあれ、わたしに対しては「無効」である。

ところが、出雲（島根県）には、出土物がなかった。弥生遺跡の中に、「王朝」に値いするような出土遺物が〝皆無〟だったのである。だから、多くの学者たちは、「出雲神話」を〝架空〟のものと見なしてきた。たとえば、田中卓さん。東京大学の平泉澄教授の〝愛弟子〟として、書誌学の「雄」となっておられたが、「出雲神話は、大和の中心勢力における造作物」との立場を、学界に発表していた。それを〝継承〟したのが、梅原猛氏の『神々の流竄』（集英社刊）だった。

「出雲神話なるものは、大和に伝わった神話を出雲に仮託したものである」

という主張を全面に〝押し出した〟力作だった。

そのような「時代の流れ」の中で、右のような「専門家」による「嘲笑」が生れたのである。

しかし、昭和五十九年の荒神谷遺跡から出土した銅剣（出雲矛）三百五十八本と銅鐸六個、銅矛（筑紫矛）十六本。さらに平成八年の加茂岩倉遺跡から出土した銅鐸三十九個。

いずれも〝破天荒〟な考古学的出土物だった。田中卓説も、梅原猛説も、文字通り〝ふっ飛んだ〟のである。

しかし、その後の彼等の「口吻」はどうか。「『出雲王朝』という、古田の提言は正しかった」などとは〝おくび〟にも出さない。そんな説は「かつて無かった」かのような〝扱い〟である。

もっとも重要なのは、文献分析の「方法論」だ。

「古田の『学問の方法』論は正しかった」などとは、誰も言わない。言わないどころか、わたしの「九州王朝」論そのものが、学界内に存在しなかったかのように「無視（シカト）」する。そういう「大勢」を築いてきた。これが、現在の学界、そして大手メディアの「方法」なのである。

学問の、堂々たる世界に通ずる正道は、どこへ消えたのであろうか。

神武は実在したのか

「神武天皇が実在だなどというのは、もう学問じゃありません。われわれは相手にしませんよ。」

現在の「学界」の〝お歴々〟の発言である。事実、いわゆる学術論文で、そのような立場に立ったものは、見当らない。

これは津田左右吉の「造作説」の核心だ。「神武天皇は架空。」これが学術論文の「約束事」なのである。そして新聞やテレビなど、大手メディアにとっても、同じ「約束事」であるように見える。教科書も、もちろん同じだ。

ちょうど、戦時中に「反、津田史学」が、「公的な約束事」になっていたのと同じ。裏と表の「双生児」だ。

だが、わたしはこれに全く「反対」だ。神武天皇は、もちろん実在。古事記の「神武東侵」は真実（リアル）な史実なのである。

出発点は「日向（ひなた）」、吉武高木（よしたけたかぎ）遺跡の周辺だ。到着点は、「いわれ」。大和三山の地である。経過地は、熊野。そして熊野古道を通って大和へ。古事記の語る通りである。

その証拠は、当然ながら、考古学的出土物だ。

大和は「銅鐸生産の一中心地」だった。弥生中期までは、立派な「銅鐸分布圏」に属していたのである。それが〝消え〟た。弥生後期には「金属器なき文明」へと、急転換している。なぜか。

第一、新たな「侵入者」があった。彼等は「反、銅鐸圏」の政治勢力だった。

第二、彼等は「三種の神器」勢力からの「侵入者」だった。

第三、しかし、「大和内部」には「銅材料の出土」がなく、みずからの銅器（「三種の神器」）を「作る」ことができなかった。

第四、そのため、大和は「無、金属地帯」となった。

その後、若干の「出土物」はあったけれど、右の「大勢」に変化はない。このような考古学的出土物の分布は、何を意味するか。答は、一つ。

「古事記の『神武東侵』説話は、真実（リアル）な歴史事実である。」

と。この認識以外にはないのである。

この大和がやがて「三種の神器」や「絹」の出土によって、九州の竺紫（チクシ）からの「後継者」としてのシンボルを出土しはじめたこと、あまりにも顕著である。

筑紫舞に会う

歴史学は、奇跡に会う。それを痛感させてくれたのは、一本の電話だった。

「わたしは姫路で舞の師匠をしているものです。その舞は筑紫舞と申します。」

わたしの『盗まれた神話』（朝日新聞社、昭和五十年刊）を読んで、著者に会いたい、と思われたという。昭和五十五年の五月末である。

六月上旬、姫路の郊外（飾磨区阿成）でお会いした。妻の実家である。

西山村光寿斉と名乗られた五十歳代後半の女性だった。長女の光寿さん、次女の筑紫さんを連れてこられた。そのお話は、数奇としか言いようのない「実話」だった。

彼女の十代後半の頃、神戸にあった実家に逗留者があった。菊邑検校とケイの二人だった。舞の師匠である。ただ、検校は盲目、ケイは唖。絶好のコンビだった。彼等は幼かった彼女を〝見込ん〟で、父親の許可を得て、自己の「秘伝」の筑紫舞を、徹底して彼女に〝仕こんだ〟のである。

その第一は「三人立」。「都の翁」が中心となり、「肥後の翁」「加賀の翁」が連れ添う。この「都」は、筑紫。太宰府近辺のようである。

その第二は、「五人立」。右の「三人」に「難波津より上りし翁」「出雲の翁」が加わる。

その第三は「七人立」。右の「五人」に「尾張の翁」「夷（えびす）の翁」が加わる。

その第四は「十三人立」。しかし、菊邑検校の教えたのは、「七人立」まで。それで「教え切った」と言って、去っていったというのである。

やがて長崎で、彼女の友人が検校に会ったのを最後に、消息は絶えた。当地の原爆投下の犠牲になったもの、と想定したという。やがてケイさんの「入水自殺」の記事が（発信人不明で）送られてきたのである。

西山村光寿斉さんと

菊邑検校の「筑紫舞、伝授」の経緯は、さらに数奇だ。

彼が太宰府に近い、ある寺で会った庭男から伝授された。その庭男が「筑紫のくぐつ」であり、「鼻欠け」の業病（ごうびょう）を患って、すでに死は近かった。そして、

「わたしは死んだら、必ず地獄に落ちます。」

と言う。なぜかと聞くと、

「わたしの師匠から、この筑紫舞を必ず弟子に伝えるように、命ぜられました。それなのに、わたしはそれを伝えずに死にます。ですから、必ず地獄に落ちる他ありません。」

と言う。

それを聞いた検校は、その筑紫舞を学び抜いたというので

ある。

さらに不思議な「思い出」がつづく。

神戸への逗留時代、たびたび「太宰府よりの御使者」がやってきた。彼等は検校を「おやかたさま」と呼んで尊崇し、彼と〝枕を並べて〟寝ることを拒り、みずからは納屋の方に寝たというのである。

さらに「宝満川の捨て子」問題。彼は太宰府の南から筑後川にそそぐ宝満川を、文字通り「宝の満ちた川」だと言う。その「宝」とは、この川辺に放置された「捨て子」なのである。彼等こそ「筑紫くぐつ」の宝庫だとのべている。後代、芸能人を「河原乞食」と呼んだのも、その伝来にかかわりがあるのかもしれぬ。謡曲などに、古事記や日本書紀とは異なる、「歴史の伝統」が伝えられているのも、このような〝独自伝承〟の表現の一つかもしれない。不思議である。

さらに、この「筑紫舞」の〝中心〟が「肥後の翁」である、という点も、この菊邑検校の「筑紫舞」の、見のがせぬ特徴だ。この舞が「生育」し、「保存」されていた地域（肥後か）をしめすものかもしれない。

最後に残された不思議がある。

「とき」は、昭和十一年当時、「ところ」は、福岡県の北九州市に近い宮地嶽古墳の裏手、岩屋不動である。

菊邑検校とケイ等による「筑紫舞」が〝挙行〟された。「三人立」「五人立」「七人立」そして「十三人立」である。十四～五歳の少女だった西山村さんは、父親（山本十三氏）に連れられて行った。「本場の筑紫舞」を見るためだ。

その荘厳な「宮廷舞踊」が次々と舞われた。

その「筑紫くぐつ」の日常は、一般の人々の生活と服装だが、その「翁舞い」のために「木樵（きこり）のような粗末な着物」に、着がえたという（京都の乙訓（おとくに）――向日市、長岡京市近辺――から来た「伊東さん」など）。

今、この方々の身内は、いかにすごしておられるのであろうか。

筑紫舞の未来　西山村光寿斉さんは、亡くなられた。今年（平成二十五年）の二月十二日、九十一歳であった。大正十年七月二十三日のお生れである。

現在は、西山村津奈寿（つなとし）さん（実名、中村美奈（みな））が後継者となっておられる。二十五年前の入門だという。

けれども、残された課題は、数多い。

たとえば、

（一）「筑紫くぐつ」の一団は、今も各地（九州中心、関西等にも及ぶ）に「存在」している。いうなれば「潜在」しているのだ。表面は、会社員やフリーター、また教師や用務員として、あるいは「被差別民」として生活しておられるのであろう。その人々に会い、その伝承の由来を聞くことだ。

（二）西山村さんの実家（神戸の山十（やまじゅう））に、しばしば「副島（そえじま）」という人からの手紙が（検校に関して）来ていた、という。その〝身元〟は、どこか。

(三)「菊邑」という姓は、九州の「実在の地名、あるいは姓」を背景としているのではないか。「芸名」の由来だ。

要するに、実在の「筑紫くぐつ」の集団は、今も各地に生きている。そこには「表面の歴史とは別個の、もう一つの歴史」が実在している、という可能性が、今も残されているのである。

2 学界の無視との闘い

招かれなかったシンポジウム

忘れられぬ「事件」があった。

朝日新聞社の九州総局から、電話で依頼があった。北九州市である。

「今度、博多で『邪馬台国』についてシンポジウムをやります。お出でいただけませんか。」

全日空と結んでやる、大がかりなイベントだとのことである。わたしは直ちに承諾した。しかし、その後の連絡はなく、そのシンポジウムは開催された(昭和五十二年一月十五〜六日)。満員の盛況だったという。ところが、聞くところによれば、そのシンポジウムの会場で「質問」が出た、という。

「なぜ、古田さんを今回呼ばないいんですか。」

と。もっともな「質問」だった。わたしの『「邪馬台国」はなかった』が朝日新聞社から出たのは、数年前、まだ爆発的な〝売れ行き〟の余波はつづいていた。その上、わたしの説は九州説、それも「糸島・博多湾岸説」という、シンポジウム会場の〝御当地〟が女王国の中心である、という立場の唯一の論者なのである。「なぜ、古田を。」という「質問」が出たのは、無理もない。ほとんどすべての参加者が抱いた〝疑問〟だったのではなかろうか。

司会の松本清張さんは答えられた。

「そうですね。残念ながら、今回は来ておられませんが、次回は必ずお呼びします。今日のところは、お出でいただいていませんので、代って井上光貞さんに、古田さんの説について、御紹介いただくこととします。」

井上さんが立った。

「古田さんは、原文が大事だと言われるのですが、三国志の原文は存在しません。著者の陳寿が書いた、自筆の原文なるものは残っていないのです。すべて、後代の刊本ばかりです。それらをわたしたちが検討する。それが学問なのです。」

それは、わたしの説の「紹介」というより、「古田説批判」だった（『論争　邪馬台国』平凡社、昭和五十五年刊、一七五ページ参照、当日の発表者は、江上波夫、井上光貞、直木孝次郎、森浩一、岡崎敬、大林太良）。

このようにして、第一回のシンポジウムは盛況の中で終了した。

「神の手」の支配

第二回のシンポジウムがはじまった。第一回は「盛況」どころか、数多くの人々が「定員もれ」となっていたからである。

再び、わたしの所へ「依頼」の電話があった。前回と同じ方である。「今回のシンポジウムに、是非、御出席いただけませんか。」

わたしは直ちに、承諾した。御当人は「被害者」であろう、と察していたから、とりたてて、それを「持ち出す」ことをせず、さわやかに快諾したのである。

しかし、その後の「進行」は、前回と同じだった。わたしへの連絡は一切なく、シンポジウムが開催されたのである（昭和五十三年一月十五〜六日）。わたしには、「不審」だけが残った。

それが〝解けた〟のは、Yさんの来訪のときだった。この方は、元『朝日ジャーナル』の副編集長として、種々の「親交」があった。わたしのための〝至れり尽くせり〟の企画を立てて下さった方だった。

その方が、朝日新聞の北九州の局へ「転勤」となった。銅版の印刷を電子版のそれへと転換する、それを東京で果したあと、九州全体についても、同じ「仕事」を任せられた。それを無事果しての、東京への帰還の途次、とのことだった。

Yさんは、北九州の「責任者」のAさんから、依頼を受けた。

「古田さんにあやまってきて欲しい。」

と。

Aさんは、いつも、苦にしていた。酒を飲むと、定まって愚痴る、というのである。

あの、二回のシンポジウムの件だ。最初、当然古田さんに依頼した。ところが、メンバー発表の直前になって、一人の若い学者がやってきて、言った。「古田さんが出るなら、わたしは出ない。」と。

何と〝けちな男〟だろう、と思って、こんな学者は出てもらわなくてもいい、と思った。ところが、彼は〝言わされ役〟だった。予定したメンバー全員が「出ない」と言うのである。もう、今からでは、変更もできない。といって、古田さんに「言う」言葉がない。だから、黙って第一回のシンポジウムは行なわれた。

第二回目は、大丈夫だ、と思った。松本清張さんが、あれほど全員の前で大っぴらに「次回は、必ず古田さんを呼ぶ」と約束したのだから、と。

ところが、ちがった。二回目も、前回と同じ、絶妙のタイミングで「話し」が来た。今回も、古田さんに「言う」言葉がなかった。そのまま、はじまった。

だから、世間では、二回とも「大成功」に見えているけれど、わたしには、あれほど〝いやな思い出〟はない。これがAさんの言葉だった。

だから、あなたが、古田さんのところへ寄って、あやまってほしい。これがAさんから頼まれた〝要件〟だった。

「それなら、あなたが行けばいい。古田さんは、そんなことで、あなたにいやがらせするような人じゃないですよ。」

と言うと、「いや、それはできない。頼みます。」と。だから、来た、と言われたのである。

今、思うと、Aさん自身が来ると、当然、当時の事情やメンバーのことを聞かれる。それを「答える」ことができない。そう思われたのであろう。

やはり、わたしの「予感」した通り、彼等は「被害者」なのである。「被害者」ではあっても、言わば「神の手」によって、同調者とさせられた。その〝歎きの声〟を、わたしは聞いたのである。

昨年（平成二十四年）の『週刊朝日』の「邪馬台国」特集も、今年の朝日新聞夕刊の「邪馬台国を求めて」（第一回は一月十五日）も、すべて「古田説はなかった」そして「邪馬壹国論は存在せず」といった〝立て前〟で「連載」がつづいている。第一回が出た直後、復刊版『「邪馬台国」はなかった』と『俾弥呼』を朝日新聞夕刊の編集部に送らせていただいたが、全く応答がない。

かつて、北九州を支配した「神の手」が、今も大阪に、あるいは東京にも拡がっているのであろう。同情さるべきは、わたしではない。彼等である。

知己・森嶋通夫さんと『失われた日本』

「駄目みたいですよ。みんな、シンポジウムなどに呼ばれるときには、かなりの謝礼をもらっている人たちだから、交通費と宿泊費だけでは、無理なんです。」

佐々木高明さんの声だった。わたしと同じ向日市。わたしが市の図書館に行くときには、佐々木さんのお家の近くを通ってゆく。だから、いつも気安くお寄りし、日常会話を楽しんでいた。

今回、お願いしたのは、森嶋通夫さんの御依頼の件だった。森嶋さんはわたしの歴史学説に深い興味をしめし、賛同して下さっていた。そこで、

「従来説の代表的な学者と、古田を討論させてみたい。」

と考えられたのである。そこで京都に近い関西文化学術研究都市の国際高等研究所（木津川市）をその「場」にえらび、そのアイデアを実行しようとされたのだった。その研究所の館長は、その方が京

都大学の学長の時以来、森嶋さんにとって旧知の方である。

その話をお聞きしたわたしは、早速佐々木さんに相談した。永年大阪の万博公園の国立民族学博物館で、梅棹忠夫館長の名補佐役として知られ、やがて第二代館長として令名を馳せられ、引退された方だったからだ。もちろん、関西（京都・大阪・奈良）の著名な古代史の学者とも、旧知の仲だった。

その率直なお答えが、この御返事だったのである。

森嶋さんは怒った。

「わたしのやり方は、ロンドンでも、世界でも、学者たちがいつもやっているルールだ。謝礼がなければ、などという学者は、こっちがおことわりする。」

森嶋提案は、消えた。


森嶋さんとの出会いは、奇遇だった。

ロンドンから日本へ来て東京で講演をした。そのさい、聞いていた方が、「あれはどうも古田さんの学説のことらしい。」と感じ、わたしに知らせて下さった。早速、講演の事務局に連絡すると、「今丁度、京都へ行っておられます。」とのこと。講師として赴かれた立命館大学へおたずねした。机をはさんで、二人だけ入れる講師室で三時間半、話し合った。意気投合した。やがてわたしの自宅へも何回か、お出でになった。御夫婦一緒だった。

亡くなられたあとは、奥様が日本へ帰ってきた時に、お出でになった。例の木津川市の研究所にも、わたしたち夫婦を招いて下さったのである。

京都に出来た森嶋文庫（市民大学院。京都市下京区高辻通室町西入る繁昌町二九〇。旧成徳中学二階）に来られた奥様は、ロンドンのエジンバラ大学の近傍に、日本人子弟のための図書室を作られた。国際水準の御活躍である。

わたしは森嶋さんの御健在中、すすめられて「英訳用」の日本歴史の本を書いた。今回、ミネルヴァ書房復刊版となる『失われた日本』（原書房、平成十年刊）である。

しかし、出来上って早速お送りしたところ、森嶋さんのイメージとは、ちがっていた。(1)まず、従来説を集約し、(2)次に、それに対する古田説を書く。各段階で、そのようなスタイルをとってほしかった、とのこと。

なるほど、エジンバラ大学関係の研究者は、今まで「従来説」によって、日本の歴史を理解してきた。そのような人々を〝対象〟とする本なのだ。他日、機会があれば、ということとなったのである。原書房では翻訳者が待機してくれていただけに、残念だった。

森嶋さんは、いつもわたしに言ってくれた。

「古田さんは、自分の学説が孤立している。誰も、理解し、賛成してくれない、などと思ったら、駄目ですよ。逆です。古田さんの本を読んだ人は、ほとんどの人が〝納得〟しながら読んでいますよ。そして応援しているんです。ただ、それが表面に出ていないだけですよ。だから、全く孤立なんかしていないんです。」

意外な、しかし考えてみれば、当然の言葉だった。わたしの学説を、正面から〝受けとめない〟方の問題であって、わたしの側で心配する必要はない。そういう趣旨だった。

若くして文化勲章を得ながら、淡々として時流に流されず、自己の信ずる学問の方法を守り抜いてこられた森嶋さんならではの、言葉だった。

このような方を「知己」としてもつことのできたわたし、これ以上の幸せがあろうか。

関西学研都市の国際高等研究所における、森嶋さんとの対談「虹の架け橋」は、平成十年十一月十二日に行なわれ、『新・古代学』第四集（新泉社、平成十一年刊）に収録された。

一年間の龍谷大学講師

思いがけない一年となった。龍谷大学の講師への〝要請〟である。学長は二葉憲香さん。お家（うち）はわたしの家に近く、しばしば交流はあった。同時に、親鸞研究をめぐる「論争相手」でもあった。宮崎圓遵さんの愛弟子である。

「龍谷大学で親鸞について講義してもらえませんか。」

驚いた。龍谷大学や西本願寺の立場と、わたしの立場は全く〝ちがって〟いたからだ。

「わたしは、わたしの立場でしか、できませんよ。」

「古田さんにお願いする以上、そのつもりですよ。」

〝逃げ道〟はなかった。この意外な〝要請〟をお引き受けした。

わたしは決心した。「この一年を、これに賭けよう。」と。

聞くところによれば、龍谷大学では「大乗、非仏説」を講義していたため、教壇を追われた学者がいた、という。「大乗経典は、釈迦の在世時よりずっと後代の成立だから、釈迦自身の説ではない。」と。わたしなどから見れば、当り前すぎる話だけれど、その大乗経典の中の大無量寿経や観無量寿経、阿弥陀経を「教義の根本」とする、浄土真宗にとっては許せない。そういう「論理」だった。学問より、教義を優先したのである。〝息苦しい〟雰囲気だった。その〝さなか〟で、二葉さんは、あえて、わたしを「指名」してこられたのである。「あに、意気に感ぜざるべけんや。」この感慨だった。

この一年間、古代史研究も、一切ストップして、この講義に賭けよう。そう決心したのである。

わたしの講義を聞く「学生」の側から考えてみよう。当然ながら、毎時間、西本願寺や龍谷大学の「主流」の立場による講義を受けている。その「頭」になっているのだ。ところが、わたしの「授業」だけはちがう。異質なのである。当然、教壇にいるわたしと、学生の座席にいる側と、「相対立している」こととなろう。その意味では、毎時間のすべての「時間」が、〝論争の場〟だと言っていい。何を〝質問〟されるか分らない。それにそなえて、全力を以て準備しよう。そう考えたのである。

授業そのものは、週に一回。九十分だけだけれど、毎週、次の講義分に対して、わたしのすべてのエネルギーをつぎこもう。そう考えたのである。

一年間、終った。「無事」終った。そういう感じだった。そのとき、事務室から、「来年度も、どうぞ、お願いしたい。」との〝要請〟があった。もちろん、二葉学長の意向であろう。しかし、わたしは〝お断り〟した。これも、予定通りだった。

なぜなら、わたしには古代史研究の〝つづき〟があった。続々と、新たな「問題」に対面し、それに対する「応対」に胸を躍らせていたからである。

もう一つの〝理由〟もあった。給与の問題だ。一年間を通じて「週一回」だけの講師料だから、極めて「少額」である。一年間は我慢しても、二年目はとても。それが正直な、当方の〝事情〟だった。

だが、この一年間が、思いもかけず、次のステップへの重要な「一歩」となっていたのである。

昭和薬科大学からの招き

「古田さんの家を焼くのだけはやめとこう、と言って来たんですよ。」

「？」

林一（りんはじめ）さん。東京の昭和薬科大学の教授。物理学者だった。わたしをその学校の教授に招きたい、と言われるのである。仰天だった。思いもせぬ、要請だった。

「わたしは親鸞について、古田さんの本を読んだことがあって、『古田武彦』という名前を覚えていたんですよ。

ところが、最近、古代史の本に『古田武彦』という著者があって、ああ『同姓同名』って、あるんだな、と思っていたんです。ところが、同じ方でした。」

昭和薬科大学で、歴史学と文化史の教授が退任され、その〝後釜（あとがま）〟に、わたしを呼ぼう、と、仲間の先生方と相談した。

しかし、この人は京都に住居（すまい）をもっているから、なかなか、東京へは出て来てくれないのではないか、という話になった。

「では、この人の家を火で焼くか。そうしたら、出て来てくれるだろう。」

「いや、それだけは、やめとこう。」

これが冒頭の発言となったのだという。

昭和薬科大学の同僚たち

わたしにも、「難題」だった。たった一人の、自分のための研究であり、それは大学の教職を〝目指し〟ての研究ではなかった。またそこにこそ、わたしの研究の「本分」がある。そう考えてきたからである。迷った。

ただ、一つの「思い」があった。それは、

「自分には、東北や北海道のことが分からない。」

と。特に、東北地方は、自分の生れ故郷としての会津の喜多方をふくみながら、研究上は全く「未知の世界」だったからである。

「もし、東京へ行ったら、東北のことが分るかもしれない。」

この思いが、わたしを決断させた。そしてあとになってみると、わたしの「予想」はあまりにも、的確だった。「東日流外三郡誌(つがるそとさんぐんし)」との対面である。

それは後日のこと、わたしは「未知の未来」に、自己を賭けたのであった。

京都の下鴨に近い、下鴨茶寮でお会いした。楠正三(まさみ)さんと林さんとである。

わたしは自分の授業を百パーセント、自分の立場、わたしの歴史観でやる。他の学者たち、いわゆる「通説」の紹介はしない。あくまで、わたしの「反対説」として説明する。

「当然ですよ。それでなければ、古田さんに頼む理由がない。」

あの龍谷大学の二葉憲香さんの時と同様、わたしの〝逃げ場〟はなかった。

楠正三さんは、都立大学の出身で、心理学の専門家、わたしの研究室の隣、二つ目の部屋だったので、いつも御相談させていただいた。

すぐ隣は、平田博則さん。数学の教授だが、囲碁の名手で、素人の中の「名人位」を保持しておられた。わたしと同年だった。

林さんは、台湾出身。のちに帰化して「林」と名乗られた。機略縦横、一種の「天才」ともいうべき、臨機応変の才に恵まれた方だった。わたしを呼ぶために、家永三郎さんや梅棹忠夫さんの推薦も得て下さったようである。「教授」への推薦のさい、わたしの経歴の中の「龍谷大学の講師」の肩書きが〝有効〟だった、とお聞きした。

昭和薬科大学の頃
（平成７年10月）

出雲をめぐる梅原猛氏との対談

幻の対談が行なわれた。梅原猛氏との対談である。すでに前年（昭和五十八年）から、徳間書店からの提案があったけれど、向う（梅原氏）の都合によって、この年（昭和五十九年）となったのである。その間に、わたしは昭和薬科大学へ赴任していた。

この「時間延長」が、梅原氏にとって、いわば決定的な「運命の分れ目」となった。なぜなら、荒神谷遺跡の発見によって、氏の力作『神々の流竄』の基本思想が、無残にも瓦解してしまったからである。

わたしはその現地におもむき、帰ってきて、その直後に梅原氏と対談する、という〝皮肉な〟帰結となった。

もっとも、考え方によれば、これは梅原氏にとって「幸い」だったかもしれない。なぜなら「出雲神話、架構説」の氏と、「出雲神話、実在説」のわたしとの対談が実現していたら、その「審判者」のようにして、荒神谷の遺物群が大量出土した、そういう形になるからである。

しかし、わたしは当日、もっぱら「はげまし役」を務めた。

「そんなの、大丈夫ですよ。人間には、まちがうことがある。まちがったときには、いさぎよく、自分の非を認める。それがソクラテスの精神ですから。」

氏も、わたしも、共にギリシャのソクラテスを〝尊崇する〟立場を表明してきていたのである。

予定の「対談」は、二日間だった。第一日目を終えて、お別れするとき、氏は言った。

「古田さんは、わたしの本を実によく読んでおられる、と思いました。次の回は、わたしも、古田さんの本をしっかり読んでおきます。」

気持ちよい、別れだった。玄関での会話である。

しかし、気持ちがよかったのは、そこまでだった。あとで徳間書店から連絡があった。「二回目の対談は、やらない。もし、第一回目の分も、なかったことにしてくれれば、必ず古田さんに〝いい目〟を見てもらうつもりです。」

わたしは落胆した。「なかった」ことにはできない。それはハッキリしていた。ただ、氏の「ソクラテスびいき」に対して、深い「?」を覚えた。ソクラテスは、そんなことをする人間ではない。わたしはそう信じているからである。

やがて氏の『葬られた王朝――古代出雲の謎を解く』（新潮社、平成二十二年刊）が出たけれど、わたしのことはもちろん、一言も出ていない。

東京へ

わたしは、東京の住居に本郷三丁目のマンションを選んだ。なぜか。東京大学の中央図書館に近かったからである。昭和薬科大学にわたしの必要とする本が蔵されているはずはない。

一週間の中で、わたしが行かねばならぬ日は、二日だけだった。授業のある日と、教授会のある日、あとは自宅で、あるいは東京大学の図書館などで勉強できた。恵まれた身分という他なかった。

それだけではない。何より肝要な一事があった。

それは「学問の自由」と「教育の独立」である。当初の「約束」通り、わたしは自分の歴史観を貫き通した。それに対して一言半句も、学長からも、理事長からも、「異論」や「注意」はなかった。完全に、わたしの自由は守られたのである。

あとで聞くところでは、かなりの「中傷」や「誹謗」が学長側に寄せられていたようであるけれど、わたしには全く〝伝わって〟はこなかった。見事だった。

真のシンポジウムを

わたしは挑戦した。真実の「シンポジウム」の開催である。昭和薬科大学は、ここ信州（長野県）の白樺湖畔に広い敷地と校舎をもっていた。夏休みには、ここで「授業」が行なわれた。学生にとっても、こよなき体験を楽しむ場となっていた。

「ここで、古代史のシンポジウムをやろう。」

わたしはそう考えた。従来の、あるいは現在の、いわゆる「シンポジウム」は、言葉とは〝裏腹〟の、別物だった。なぜなら、「学界の定説」に〝従う〟もののみの「集い」であり、たとえばわたしのような「邪馬壹国」説や「九州王朝」説は、「シンポジウム」に入れない、除外してきたからである。「片（ヘン）ポジウム」あるいは「偏（ヘン）ポジウム」しか、行なってこなかったからである。

「反対説を集（つど）うて、来てもらう、真実のシンポジウムをやりたい。」

これが、わたしの念願だった。その条件は、一つだけ。

「相手の方の目の前で、一メートル三十センチはなれたところで、頭を下げて、丁重にお出でを願うこと。」

これを「金科玉条」とした。そして実行したのである。

「こういう会合は、まあ二日間ですよ。三日は、とても持ちませんよ。」

親切に忠告して下さったのは、その時の学長飛永精照さんだった。種々のシンポジウム形式の会合を経験してこられたベテラン。もちろん、薬学の会合だ。わたしの古代史シンポジウムのプランが六日間にもわたるのを見て、心配して下さったのである。就任時にお世話いただいた名学長の鈴木幸子さんに次いで、学長となっておられた。

結果は、大成功だった。平成三年八月一～六日の六日間が〝ゆるみ〟なく、実行された。その全記録、東方史学会／古田武彦編『古代史討論シンポジウム「邪馬台国」徹底論争――邪馬壹国問題を起点として』

第一巻　言語、行路・里程編
第二巻　考古学・総合編
第三巻　信州の古代学、古代の夕対話他編

が新泉社から刊行された。平成四年六月、同年十月、平成五年四月刊である。

それは予想を越えた反響であった。

白樺湖シンポジウム

まず、第一日。上々の〝すべり出し〟だった。

総合司会の山田宗睦さんが「存分に戦い、存分に耳を傾ける」と題する、あいさつをされた。わたしはそのあと、主催者として「とことん議論したい」という、あいさつ。いずれも、第一巻の冒頭に全文掲載されている。

第一部の冒頭は、三木太郎氏。北海道から来られた。京都新聞で「連続論争」を行なってきた、絶好の「論敵」だ。「「邪馬壹国」は古田氏の心象風景である」として、真向(まっこ)うから、古田説否定から入られた。このシンポジウムの面目躍如だ。同じく、「反、古田説」の白崎昭一郎氏の「三角縁神獣鏡」に関するコメント。この鏡を「中国東北部、あるいは朝鮮半島北部」を故郷とする立場、ただ森浩一氏の同類説には「反対」の旨が力説されている。

ところが、第二部の中で、思わぬトラブルが勃発した。総合司会の山田さんが「帰る」と言い出されたのだ。驚いて、理由をお聞きすると、

「自分がしゃべると、すぐ藤田友治(ともじ)さんが補足する。自分のだけでは、気に入らないようだ。それなら、わたしは必要がない。」

と。藤田さんとしては、〝どんでもない〟誤解だった。大学教授であり、哲学者の山田さんの表現は、高校生や一般の人たちには「高尚」なひびきをもつ。そこで自分(藤田さん)が、中学・高校生にも分りやすい表現で〝言い直す〟つまり、「忠実な補佐役」のつもりだったのだ。ただちに、「弁明」して謝罪し、やっと「こと」は収まった。なるほど、飛永学長の心配通り、二日、三日と経(た)つうちに、思わぬトラブルが生れるものだ。だが、幸いに、無事、決着して、八月一日から六日まで、順調そのもので終結したのである。

肝心の第二部の「行路・里程」の槇佐知子、谷本茂氏等の証言。第三部の奥野正男・下條信行・高島忠平氏等の報告。その上、パソコン通信を用いた、東京の馬淵久夫氏との「鉛同位体検査」をめぐる、同時討論も、成功した。

次の第四部では、田中卓氏が「邪馬台国とヤマト国の関係」、中小路駿逸氏が「古代史論争のカン

どころ」、灰塚照明氏が「福岡県の天降神社と日の本」と、学者も一般人も負けぬ熱論が展開された。わたしは「神武東侵、天孫降臨と糸島郡」を論じた。中山千夏氏のコメント「自分の足場をしっかり持とう」も、出色だった。

最後の第五部「信州の古代学」では、わたしの敬愛する先輩原田隆吉さんが「一日議長」として、「戦後東北大学のリベラルな雰囲気」のあいさつをされた。また深志高校時代のすばらしい先輩教師、小原元亨(もとたか)さんが、信州教育と信州考古学について語って下さった。考古学者の戸沢充則さんが「縄文の王国」としての信濃から、倭国時代まで論述された。故藤沢宗平氏は、信州の生んだ、すぐれた考古学者だ。小林公明、小林深志氏の「神話論」「阿久尻遺跡論」と多彩だった。

第六部「古代の夕」では、小松左京さんと山田宗睦さんの対談「洛陽古城跡に立って」、さらに旧制広高時代のクラス担任、登張正實先生（東京大学、ドイツ語教授）のヒューマニズム論、槇佐知子さんと林一さんの「薬学の夕」、岩佐教治氏の（原田実氏に対する）「対馬「亀卜神事」」、上岡龍太郎氏の、特別講演「私は古代史の王様」とつづく。

そして第七部「古代の対話」では、岡村秀典氏の「中国鏡から見た邪馬台国」、加地伸行氏の（古田に対する）「儒教と邪馬台国」、平林照雄氏の（同上）「黒曜石をめぐって」、吉本隆明氏の（同上）「日本語を遡行する」と、息つく暇もなく、つづく。

最後の第八部「大会へのことば」として、家永三郎・上田正昭・布目順郎氏のメッセージが寄せられた上、昭和薬科大学理事長の上田博之さんが懇親会のあいさつ、林一さんが乾杯のあいさつ、だ。

山田宗睦さんの「人との出会い、知との出会い」わたしの「ここから議論を始めたい」を終りのことば、としている。

感謝のことばは「深謝無限」、そして故肥田政彦さん（直前、逝去）、故田代成澄さん（吉野ヶ里で、落雷のため逝去）に対する追悼の辞が添えられた。

今、ふりかえってみて、これこそ「シンポジウム」だった、と思う。だが、これ以前も、これ以後も、「反対論者を、あらかじめしめ出した」上での「片（ヘン）ポジウム」が少なくない。むしろ、大部分であるだけに、後世の研究者は、この白樺湖畔の「六日間」において、人間の、そして学問にとっての、真のシンポジウムが存在したことを、「再認識」して下さるのではあるまいか。わたしはそれを信じる。

もちろん、わたしひとりの〝手柄〟などでは、全くない。強力なスタッフを連日送りこんで「出入」を警戒してくれたリコーや最新の応答機材を無料で提供してくれた東芝などのおかげだった。東京と白樺校舎との「論争」が実現したのである。

また、松本深志時代の教え子、北村明也君、平林平治君等が、諏訪湖周辺の家々に連絡し、救援を求めてくれたこと、忘れがたい。

けれどもやはり、決め手は、一般の方々の参加、そして豊富な寄付金だった。この方々の一人ひとりが、真剣にこの会合の「成功」を厚く支えていたこと、疑いがない。

今も、はるかに感謝の意をのべたい。

木佐提言

山尾幸久・白崎昭一郎・三木太郎・田中卓といった、歴年の「反対意見」の方々が来られたこと、当然〝予期した〟「目的」であったけれど、意外な収穫があった。

それはＮＨＫの木佐敬久（たかひさ）さんの発言である。彼は言う。

「三国志の魏志倭人伝で、一番重要な記事は、帯方郡から女王国までの『日数』だ。なぜなら、呉の軍隊の侵入などの、一旦緩急があった場合、不可欠なもの、それは魏軍側の救援に『何日かかるか』です。その点、古田説の場合、『水行十日、陸行一月』がそれに当っている。しかし、他の説では、この肝心の一点が分らない。だから成立できない。」

現在の好太王碑
（昭和60年3月，著者撮影）

と。簡単明瞭な「論理」だ。だが、この指摘は今も、生きている。近畿説はもとより、わたし以外の九州説の場合、すべて「否（ノウ）」だ。「アウト」なのである。

その後の「邪馬台国」論者が、すべてこの「木佐提言」を無視しつづけている。

この有意義だったシンポジウムを支えた、山田宗睦氏他、昭和薬科大学の内外の方々に、厚い感謝を捧げたい。

「行こうよ。」

「行きましょう。」

高句麗好太王碑の調査

阿吽(あうん)の呼吸(事を決するための、一致)が合った。藤田友治さんとの「二人旅」の決意だった。昭和五十六年の八月である。すでにこの年の三月、わたしは北京国務院で交渉、当時「禁断の地」であった、中国東北地方の集安に〝立ち入る〟ための了承を得ていた。

もちろん、歴年の学術論争の課題「高句麗好太王碑」を現地で直接に調査するためである。衝撃の論文が現われた。李進熙氏の「高句麗好太王碑文の謎」(岩波書店『思想』第五七五号)である。昭和四十七年の五月だった。

従来、日本の歴史を叙述するさい、「基本史料」とされてきた、金石文の好太王碑、それが〝真っ赤な偽物〟だというのだ。日本の参謀本部のスパイである(と見なした)酒匂(さこう)景信大尉が「石灰字」で〝改ざん〟して持ち帰ったものだ、と論じたのである。それを考古学者としての氏の手法により、幾多の「写本」(拓本等の表記)の異同を基にして〝立証〟した。ために、単なる揚言に非ず「学問的実証」として受け取られたのだ。各界を衝撃した。

当時、日本の学界の主流に位置していた井上光貞氏にとっても、重大だった。基本的に「津田左右吉の造作説の亜流」と呼ばれることを辞せず、とした氏にとって、「造作」ならぬ、確実な史料としての金石文、それがこの好太王碑だったからである。

わたしの立場は、井上氏とはちがっていた。この碑文中の「倭」を「大和朝廷」もしくは、「大和を中心とする連合勢力」と見なすことを否定し、この時代（四一四年）を「九州王朝中心」の時期、いわゆる「筑紫時代」と見なしていたからである。けれども、この好太王碑をもって「真作」と見なす点においては井上説と同じだった。

李論文には、〝納得できぬ〟点があった。たとえば、現在知られている碑面（上野の東京国立博物館蔵の「酒匂本」等）には、

(1)官軍方至倭賊退
(2)倭不軌侵入帯方界
(3)倭寇　潰敗斬殺無数

といった文面がある。「倭」を〝敵対視〟した語法だ。もし酒匂大尉が「改ざん」したとすれば、なぜ、これらの字句を「改ざん」せず、そのままにしていたのか。不審だ。

李氏にとっては、「本物らしく見せるため」と、見なしたのであろうけれど、戦前の日本軍部の「体質」を知るわたしには、とても「イエス」とは言いえないものだった。少なくとも「改ざん」説には、不利なのである。

「それは『羅』だったと思います。」

李氏の返答だった。李論文の一焦点は「倭」の一字である。全碑面に十回前後、出現する「倭」の

藤田友治さん
（『三角縁神獣鏡』ミネルヴァ書房，平成11年 より）

文字は、本来の「原碑面」には無かった。そういう趣旨がうかがえたのである。

そこで直接、お会いして「それの『元字（もとじ）』は何だったか。」その一点を確かめたかったのである。お宅にうかがいたいと、お手紙を出したら、御自宅の近所の喫茶店を指定された。そこでお会いした。その、わたしの質問に対する「回答」が、右のようだったのである。

そこでは争わなかった。わたしの義兄（井上嘉亀、神戸大学工学部教授）から、「口頭で言い争わず、論文で書くように。」と、平常教えられていたからである。帰り道に考えた。

「これは、無理だな。」

と。なぜなら、確かに「新羅」を「羅」と略することはできる。「百残（百済）」なら「残」だ。「羅兵」とか「残軍」とか、表現することは可能である。しかし「羅が（主語）」「羅を（目的語）」といった文型は、漢文として〝なじまない〟のである。現に「帯方界」を「帯界」とか「方界」という略し方すら、見当らない。漢文の〝略し方〟のルールに〝合わない〟のである。

だから、わたしは帰り道、氏の回答に「無理」を感じたのだった。

東大の史学会の大会における、李氏との直接論争（昭和四十七年十一月十二日）後も、氏は自説を撤回せず、逆に、わたしに対する再批判が激しさを増した。

だが、問題の急所は「論争」ではない。現物を現地で確認することだ。その現物が現在も、中国の東北地方の集安に実在しているのであるから、百の「口舌」は一見に如かず。これが無上の指針なのである。

それが、冒頭の藤田さんとの「約束」となったのだった。それらの経緯は、幸いにも、藤田さん自身が『好太王碑論争の解明』（新泉社、昭和六十一年刊）として詳細に書かれた。

藤田さんとの「二人旅」は成功した。集安訪問は実現された。実地検証は、第二陣となったけれど、その現碑には、まぎれもなく「倭」の文字が「本来の石刻字」として実在した。その上、李氏の疑惑の発端となった「任那加羅」の四文字もまた、同じく「本来の石刻字」として遺存していたのだった。

この時点において、李氏との論争は事実上決着したのである。

守墓人の問題

けれども、この「好太王碑問題」は真の決着を迎えたのではない。その「余波」、それも〝あまりにも重大なる、余波〟は、全く「学界」において〝解決〟していないのである。その要点を「列挙」しよう。

第一、好太王碑の文面の主目的は、第三面・第四面にある。「守墓人」問題だ。好太王が征服した「韓濊の民」を、旧民（旧守墓人）に加えて〝墓守り〟とさせる、という趣旨である。「倭」字の頻出する第一面・第二面は、その「韓・濊征服」に至る〝経緯〟なのだ。

では、同時代の日本列島の天皇陵の場合、「守墓人」に当るのは、誰か。古事記の上巻（神代）末に明記された「天皇家の兄」に当る〝血筋〟の人々だ。いわゆる「被差別民」である。日本の歴史を論ずる学者は多い。「天皇」を中心に置いて叙述する。しかし肝心の「天皇と被差別民」をワン・セットとして論ずる「専門家」を、ほとんど見ない。なぜだろうか。

藤田友治さんが、義父の今井久順さんと共にはじめてわたしの自宅（京都）へ来られたとき、わたしへの「問いかけ」の焦点は、「被差別民と天皇陵の関係」というこのテーマだった。

もちろん、わたしは「その通りです。」と答えたのである。

第二は、白村江の敗戦（六六二ないし六六三年）のあとの戦勝国の唐軍の来襲目的だ。彼等は中国の南朝（南京）でも、百済でも、王宮や王陵を徹底的に破壊した。残るは、わずかな「残欠部」にすぎない。

そして戦勝後、日本列島へ来襲した。では「大和や難波」の王宮や天皇陵を「破壊し尽くした」か。「否（ノウ）」だ。その痕跡すらない。逆に、九州の場合、「吉武高木・須玖岡本（すぐおかもと）」また「三雲（みくも）・井原（いわら）・平原（ひらばる）」等、いずれも「平地上の墓型」は失われ、空しく地下部分のみが残されていた。「三種の神器」の原型を、後継の「近畿天皇家」が〝削り去る〟はずはない。本気で〝削ろう〟とすれば、地下の埋蔵物を除去するはずだ。

さらに、徹底的なのは、筑後川流域の「装飾古墳群」だ。その中味のすべてが一切「除去」されているのである。いずれも、外国軍、すなわち唐の征圧軍の「蛮行」の痕跡だ。中国や百済で行なったのと同じ、「王宮と陵墓の根絶」である。

これに反し、近畿では「王宮や陵墓」の「廃除」はもちろん、陵墓の「中抜き」の痕跡すらない。いずれも、古事記・日本書紀の「叙述」するところ、「九州王朝中心」の筑紫時代〝抜き〟の叙述とは、「文献と考古学的出土状況」とが完全に「相矛盾」しているのである。

先述の「神籠石山城群」の存在もまた、この「天皇陵中心の地帯」（近畿）とは、別領域だ。わたしの重ねて記述してきたところ、それらを、日本の教科書がすべて無視し、「古田説はなかった」ことにする。そうせざるを得ぬ深い道理が存在しているのである。

日本の諺に言う。「無理が通れば、道理引っこむ。」と。

第六章　東北と南米へのまなざし

1　「東日流外三郡誌」とのめぐり逢い

秋田孝季との邂逅

すばらしい「対面」があった。藤本光幸氏である。

わたしが青森市で講演したあと、講師の控室に一人の紳士が現われた。「現われた」と言ったのは、その方が西郷隆盛のような巨漢だったからである。

「古田さんに研究してほしい本があります。東日流外三郡誌（つがるそとさんぐんし）というものです。」

その本の名には、聞き覚えがあった。青森県に住む鎌田武志さんから、市浦村史版上・中・下その他全五巻が送られてきた。そのままにしていたからである。

「しかし、わたしには、その原本を見ないと、研究できません。」

「原本をお見せできる、と思います。」

意外な〝応答〟だった。わたしは次の機会におうかがいします、とお約束した。もっとも、あとになってみると、この〝応答〟には「齟齬（そご）」があった。「原本」という言葉の受けとめ方がちがっていたのである。

わたしの方は、原著者としての秋田孝季たちの「自筆本」だ。親鸞などより、ずっと最近の人物だから、「自筆本」は十分に期待できるはずだ。

これに対し、藤本さんの場合、「原本」とは、現在の活字本の〝もと〟となった本、つまり、わたしの呼ぶ「明治写本」のことだった。和田末吉、和田長作たちの書写本である。

その日は、お別れした。そして後日、再び青森県へ向ったとき、市浦村史版を持参して、車中で懸命に〝読みふけった〟のである。

「真実の歴史」とは

そしてわたしは、この秋田孝季に「私淑（ししゅく）」した。ほれこんだのである。

それは、末尾にあった。「津軽審疑禄」と題した小篇である。

「諸行無常の中におのが一代を飾り、いやしき身分を貴家に血縁し、いつしか皇縁高官職の血脈とぞ世人に思はすはいつの世の富や権を掌握せる者の常なり」

権力を握った者は、必ず自分が尊い身分の者の〝血すじ〟であると、PRしはじめる、というのである。

「津軽藩主とて為信のその上を審さば、今なる血縁なきいやしき野武士物盗（と）りのたぐいなり。」

現在（寛政五年〈一七九三〉）の津軽藩主の第一代、津軽為信も、その出身は「いやしき野武士」や

「物盗り」のたぐいにすぎぬ。痛烈の一言だ。

「いつぞや世とて勝者は過去の罪障も滅却すといふごとく、人ぞ皆蓮の根ある処の如く審せば泥の内に芯根もつものばかりなり。」

戦いに勝った者は、必ず自分の過去の「罪障」つまり、マイナス面を「歴史」から消そうとする。告発の「目」だ。

「然るに実相を消滅し、天の理に叶はずとも無き過去を作説し、いつしか真実の如くならむ事末代に遺るを吾は怒るなり。」

勝って権力をにぎった者が、「真実の歴史」ではない、自分たちの〝造った〟歴史を、あたかも本当の歴史であるかに言う。それを自分は怒っている、と断言する。この「天の理」に立てば、「津軽の藩史は偽なり。」

と断言する。そして最後の一文が来る。

「依て吾は外三郡誌を以て是を末代に遺し置きて流転の末代に聖者顕れ是を怖れず世にいださむために記しおくも（の）なり。」

秋田孝季の署名が最後にある。寛政五年だ。

わたしは驚嘆した。わたしたちは本を書くとき、あるいは文章を書くとき、当然ながら「同時代の人々」を〝読者〟として考えている。〝売れるか、売れないか。〟〝どの年齢の人々が買うか。〟など、すべて現代（二十一世紀）の人々を〝予想〟する。

しかし、孝季は、ちがう。未来のある日、権力者側の「目」を怖れず、この本を流布させてくれる人、真の「聖者」が現われる日を期待して、この本を書いたのである、と。

わたしたちの「目」は、いかに〝目の前〟しか見ていなかったか。それを痛感したのである。

「偽作説」は、「偽作説は、九州王朝のせいだよ、なあ。」何回か聞いた、和田喜八郎氏の「せりふ」である。わたしは、そのたびに〝苦笑〟するしかなかった。彼は和田家文書の伝来者である。藤本光幸さんに紹介された。青森県五所河原市の住人だ。

だが、今考えてみると、案外「真実」を突いていたのかもしれない。

「偽作説」は変転した。はじめは、現地の青森在住の小学校の校長さんが標的とされていた。それが今度は、和田喜八郎氏に〝お鉢〟が廻ってきた。ちょうど、わたしが「東日流外三郡誌」の史料価値を認めた頃と、時期が〝連動〟していた。「同一」とは言えなくても、〝近かった〟のである。

彼にすれば、「心外」だった。とんでもない「濡れ衣」に過ぎなかった。だからこそ「なぜ、こんなことが？」という問いが生じ、このような「真相」を直感したのであろう。

少なくとも、学界が「九州王朝、はずし」の「口実」に、この〝隠された〟偽作説を「利用」したのは、まちがいない。

それまでは、逆だった。わたしの論文は、親鸞関係であれ、古代史関係であれ、東大の『史学雑誌』や京大の『史林』などに〝ひっきり無し〟と言っていいくらい、掲載された。ある学者から、「その秘訣を教えてくれ。」と言われたことすらあった。何か、わたしが「裏口」で、そのための〝妙手〟を使っているもの、と錯覚したようである。

「投稿しただけです。」

と言うと、「また、そんな！」と、鼻白まれたのである。しかし、事実は事実、わたしには、何の「裏口」も、「妙手」も、一切存在しなかったのである。

それが「一変」した。先述したように、表立った「シンポジウム」に呼ばれることがなくなった。それは朝日新聞社だけではない。読売新聞社でも、大阪の文化部のセミナーに呼ばれて承諾した。ところが、その直前に〝取り消され〟た。理由を聞くと、「御想像の通りです。」これが答だった。これらの「時」は、まだ「偽作説」以前だったが、この「偽作説」をアピールする「偽、研究者」が現われてからは、一段と「古田はずし」がやりやすくなったのであろう。

この辺の事情を、独特の「勘」で、ズバリ突いたのが、この和田喜八郎氏の発言だったのである。

高潔なる偽作者？

ハッキリ言えば、わたしにとって「喜八郎氏、偽作説」など、論外だった。なぜなら、「人間のスケール」が、まるで〝ちがう〟のだ。

秋田孝季は、抜群の思想家だった。先述の「未来の『聖者』に期する」という、〝目のつけ方〟一つとってみても、並大抵の人物ではない。並外れた、深い、「ものの見方」をもつ人物だ。「高潔」である。

一方、「偽作者」という存在は、「下劣」だ。他人の存在に〝名を借りて〟自己の文章を〝飾り〟、他(ひと)をあざむこうとする行為だからである。

だから「高潔なる、偽作者」などという概念は、全く成立しえない。矛盾概念なのである。あの「津軽審疑禄」の一文は、「疑作者」などが、逆立ちしても、書くことのできる文章ではないのである。

秋田孝季は、抜群の思想家だ。

大思想家・孝季

たとえば、

「凡ソ大宇宙トテソノ創アリ地上ナル生命體トテ起原アリテ現世ニ移セミタルモノナレバナリ」

とか、

「星界においても、生命あり、死骸あり、常々星も生死せり」（『天地之創乃至命體之起源』）

という（『東日流〔内・外〕三郡誌』五五～五七ページ）。現代（二十一世紀）どころか、未来（二十二世紀以降）の歴史と大宇宙の運命をも論じている。稀代の思想家だ。

世界の人類が、いまだ秋田孝季を知らないのは、人類の側の不幸である。わたしは、そう確信する。いわんや、和田喜八郎氏の文章とは「雲泥の差」が存在するのである。

筆跡鑑定

もちろん、「偽作説」問題の、その基礎をなすものは、筆跡である。

わたしが「秋田孝季の自筆」と認定した「東日流内三郡誌、次第序巻」「第一巻、東日流内三郡誌」「詩集瀛奎律髄（えいけいりつずい）下、道中慰讀書、孝季」や「和田長三郎吉次の自筆」と認定した「東日流外三郡誌、二百十巻、飯積邑、和田長三郎」の筆跡が果して、和田喜八郎氏の筆跡かどうかの「筆跡判定」だ。

だが、「偽作説」の論者は、肝心の「喜八郎氏の筆跡」を所有していない。ために、喜八郎氏の娘の章子さんの筆跡と「混同」したままである。「基準筆跡」という、筆跡鑑定の「イロハ」を欠いているのである。

幸いに、わたしの手元には、喜八郎氏から送ってきた「明治写本」の「上書き」（あて名）や「自署名」が幾多存在する。「基準筆跡」に、全く〝不自由〟しないのである。

その上、喜八郎氏が四十歳前後の頃、ノートに書写した「和田家文書」もまた、多数存在している。これも、西坂久和さんのおかげで、インターネットで誰人にも確認できる。

国際日本文化研究センター研究部教授の笠谷和比古氏の「左記文献に対する所見」（平成二十年一月二十八日、〈古田〉入手）の一文と共に、すでに「筆跡鑑定のレベル」は、きわめて〝高い〟、そして〝深い〟レベルに達しているのである。

藤本光幸さんが和田喜八郎氏を紹介して下さってより、お二人はわたしの「要求」に悩まされることとなった。和田末吉や長作の写した「明治写本」ではなく、秋田孝季・和田吉次・りくの自筆「寛政原本」への要求だ。

「寛政原本を見たい。」

と。何かあるごとに、わたしはそれを〝求め〟たのである。

けれども、今考えてみれば、お二人とも「原本」という言葉で、本来の「寛政原本」と、その「写し」としての「明治写本」の双方を指して、区別しておられなかった。これこそ、お二人が「偽作」などとは無関係であることの〝最大の証拠〟と言えるのかもしれない。キャラクターの異なる、お二人の存在は「東日流外三郡誌」と「東日流内三郡誌」について〝逸する〟ことのできぬところ。詳述したい。

東北に出会う

「ああ、受け取ったよ、全部だ。」

和田喜八郎氏からの返事だった。平成八年(一九九六)四月二日、わたしが昭和薬科大学を「定年退職」した三月三十一日から二日目だった。

彼は、「東日流外三郡誌」の明治写本を次から次へと、わたしの研究室に送ってきた。わたしはそれをコピーして、三月二十九日、やっと最終便を送り終えたのだった。

厖大な量の文書を、よくも〝あきず〟に送ってきたものだ。彼の「執念」と言う他はない。自家の祖先から伝えられた文書類の「真正さ」と「貴重さ」を信じる。これのみが、(わたしから見た)彼の「長所」だった。その一点で、彼とわたしは〝つながって〟いたのである。

わたしははじめ、林一さんや楠正三さんから、この大学の教授職(文化史・歴史学)の就任を依頼されたとき、迷った挙句の「定め手」は次の一点だった。

「東京へ行けば、関東より東の歴史が分るかもしれない。」

と。わたしの生れは、福島県の喜多方だった。生れて八ヶ月で広島県の呉へ去った。大学は、東北大学だ。仙台である。だが、東北地方や北海道などに対する「歴史知識」は皆無に近かった。それがわたしの「日本の歴史に対する、大きな欠落部分」となっていたことを自覚していたのである。

「邪馬壹国」問題からも、「九州王朝」問題からも、それらは、直接には見えてこなかったのだ。

その「思い」は、果された。否、重要な「手がかり」を得た。それがこの「東日流外三郡誌」との〝相逢〟だったのである。

わたしは恵まれている。八十六年間の生涯において、節目をなす「時点」において、いつもすばらしい〝先導者〟にめぐり会ってきたのである。

我が先導者たち

たとえば、岡田甫先生。生涯の指針を与えられた。府中中学時代に〝目指し〟ていた、旧制一高への進学は（「東京」への進学が許されず、）最初の「不幸」と見えた。しかし、そのため、旧制広高を選び、岡田先生に会った。人生、最初の幸運となったのである。もし、最初の「希望」通り、一高へ進んでいたら、この幸運にはめぐり会うことがなかったであろう。〝ついて〟いた、と言う他はない。

村岡典嗣先生。日本の古典を、ソクラテス・プラトンの「方法」で研究する。その一筋道を教えられた。わずか一ヶ月半の「出会い」だったけれど、わたしの「学問の方法」が確立した。「邪馬壹国」も、「九州王朝」も、その「方法」の結果に過ぎなかったのである。明治以降の「公的立場」としての「万世一系」論、そのイデオロギー主義の歴史学に対して、果然「否（ノウ）」の一語をもってすることとなった。それも、村岡先生の御指示に従ったためだった。

わずか「一ヶ月半」の御教示だったけれど、ことの本質は決定的だった。東北大学の日本思想史に進んだためである。

その村岡先生が亡くなられ、「亡師孤独」の身となり、大学を去って信州へ向った。それは、あの赤羽誠さんの言われた通り、大学の中での「正面」の歩みからは、それたのかもしれない。しかし、実は、逆だった。そのためにわたしは「大学内の定説」にかかわらず、自己の理性と人類の道理のしめすところに、自分の学問において従い切ることができたのだった。

さらに、龍谷大学の宮崎圓遵氏、大谷大学の藤島達朗氏、お二方の信じられぬような御好意と御厚遇の中で、わたしの親鸞研究は「深化」した。学問の本筋を見すえてきたのである。

そして朝日新聞社の米田保さん。生涯をわたしの三冊の本の出版に〝賭けて〟下さった。

そして二葉憲香さん、林一さん、楠正三さん。わたしを〝思わざる〟大学内の研究室へと導いて下さった。

これらの方々の「志」なしには、わたしの今日はなかった。諸氏は、すなわち、わたしの人生の無上の導師だったのである。

今回の「東日流外三郡誌」の「明治写本」も、同じだ。昭和薬科大学の、わたしの研究室の中にコピー機（リコー）が「鎮座」していたから、和田喜八郎氏より送られてくる、おびただしい量の「明治写本」に対して、これをすべてコピーして〝送り返す〟ことが可能となっていたのだった。

わたしは、人生の要所、要機において、いつも恵まれつづけてきた。かえりみれば、そう思わざるをえないのである。

和田喜八郎さんの不運

この研究自伝の最後にでも記すべきところ、それを今書いたのは、他でもない。それは和田喜八郎氏がいつも「不運」に見舞われつづけてきた。わたしにはそのように見えていたからである。

喜八郎氏は、わたしに告げた。

「もう、大丈夫だ。安倍先生が全部、引き受ける、と言われた。」

安倍晋太郎氏である。自民党の最高幹部として「飛ぶ鳥をも落す」勢いだった。お宅の一角に広いお庭があり、そこに書庫を建造して、和田家文書を収蔵してくれる、とのことだった。

もちろん、わたしが直接お聞きしたわけではないけれど、彼が「大安心」した様子は、よく伝わってきた。しかし、間もなく、晋太郎氏は急逝し、この「話」も、消えた。

また、喜八郎氏は告げた。

「笹川さんが引き受けてくれたよ。もう大丈夫だ。市民センターを作って、その中に和田家文書を置いて、一般に見せるということだ。」

笹川良一氏である。日本船舶振興会で財をなし、テレビでも「一日一善」のコマーシャルが有名だった。その笹川氏の知遇を得た。そのときの「確約」だという。場所も、青森市の西端近くに、もう定(き)まっているとのこと。確かに、笹川氏は「自己の資産」について、「独断」し、「決裁」していたようだった。その「約束」だというのである。

その笹川氏も、急逝した。けれども、彼は落胆しなかった。後を継いだ息子さん（陽平氏）も、この「約束」のことは知っているはず。必ず果してくれるだろうと、「望み」をもっていたのである。

しかし、ことは、そのようには運ばなかった。周知のように、息子さんはその「資金」の運用を、曽野綾子さんに委ねたからである。「日本財団」だ。曽野さんは「引き受け」の条件として、従来の

「いきさつ」にとらわれず、彼女の信ずるところ、たとえばキリスト教、カトリックなどの「世界活動」のために使う、という立場に立った。見事である。

だが、そのために「口約束（くちやくそく）」に過ぎなかった、先代の良一氏と彼との「関係」など、顧みられることはなかったのである。彼の不運だ。

また喜八郎氏は告げた。

「県知事さんが約束してくれたよ。今度の選挙が終ったら、おれの土地に、和田家文書の収蔵庫を建てる。そしておれの息子を管理人にする、って言うんだ。有難いな。」

けれども、この知事は、敗れた。順風満帆の第三回目の選挙と思われていたのに、「まさかの敗戦」だった。自民党の金城湯池の選挙区のように思われていたのである。それが〝くつがえっ〟た。

もちろん、そのような「選挙前の公約」が選挙後も守られるものかどうか、わたしは知らない。しかし、「守る」かどうかより、その「前提」が失われたのである。

彼が準備して「収蔵」に踏みこもうとしていた秋、台風一過、彼の担当の「リンゴ園」が〝なぎたおされ〟て、ストップした、という思いがけぬ「事実」もあった。

そういう「運の悪い人」それが和田喜八郎氏だったけれど、ただ生涯において「知己」をもった。それが藤本光幸氏とわたしであった。「東日流外三郡誌」と秋田孝季を「信ずる者」である。

「あった、あったよ。」

「何が。」

「寛政原本だ。」

この会話は、忘れられない。いつも、電話で話し合ってきたから、彼の言葉の「真実性（リアリティ）」は疑えなかった。もちろん、彼の「発言」が今後、どのように実現するか、しないか、それは未だ「不明」だけれど、彼の「口調」に〝偽り〟はなかった。わたしには、そのように聞えたのである。

もちろん、これを「疑う」人もあった。

「喜八郎氏が古田をだました。」

そのように〝判断〟する人もあった。当然だ。しかし、やがてこれは彼の没後、「証明」された。喜八郎氏から藤本光幸氏へ渡されていた文書類の中に、それがあった。光幸氏亡きあと、その文書類の研究を「依頼」されていた、妹の竹田侑子さんから、わたしのところへ送られてきた文書類の中に、それがあった。東京の八王子の大学セミナーにおける「発見」だったのである。

喜八郎さんの死

彼は死んだ。平成十一年九月二十八日。七十二歳。まだ〝若かっ〟た。わたしから見れば。

安倍晋太郎さんの奥様、安倍洋子さんにお知らせしたのは、葬式当日の三～四日前のことだったけれど、早速〝飛んで〟来て下さった。有難かった。まさに「群鶏の一鶴」といった、気品をもって「伏して」下さったのである。忘れがたい。亡き喜八郎氏も、感泣したことと、わたしは信じている。

彼は、たった一つ。わたしとの「約束」を〝果さなかった〟ことがある。「寛政原本」を、わたし

和田喜八郎氏と
（平成6年7月，東京にて）

に「見せる」はずだった。それだけではない。「公的な場所」つまり国公立の図書館や安倍氏の「公開の閲覧室」のような場所に「寄贈する」というのだ。それも「無料」で。

「おれは、祖先から受け継いだ、大事なもので、金もうけは、せん。」

それが、彼の「口ぐせ」だった。くりかえし、くりかえし、何回でも「公言」した。彼は、おのれの「信念」を〃あきず〃にくりかえして言う。それが彼の性癖だった。

それがパタリ、と言わなくなった。彼の母親が亡くなって、親戚一同が日本各地から会合した、その「時」以後である。

何がおこったのか、おこらなかったのか、わたしは知らない。「近日、『寛政原本』を公表する。」と、言っていた、わたしの「面目」もない。

しかし、わたし以上に、この「破約」あるいは「約束の引きのばし」で、〃心を痛めていた〃のは、他ならぬ彼自身だ。彼の、最後の病臥の席に、高田かつ子さん等と共にいた、わたしにはそれがよく「伝わって」きたのであった。

しかし、その彼は、すでに亡（な）い。

相継いで、巨星が去った。平成十五年十月二十一日、藤本光幸氏が逝去された。

「和田家文書」の功労者・藤本光幸氏

秋田家文書（いわゆる「和田家文書」）にとって、逸することのできぬ方、「天下の偉才」である。すでに書いたように、わたしに対して、当の文書研究を〝求め〟られたのは、この藤本氏だった。氏は、一方で「リンゴ果汁の製品会社の社長」を果しつつ、他方で「和田家文書」の研究に、ほとんどの「余力」を費（つい）やされた。実体としては、こちらの文書研究が一日中の「大部分」であり、会社の社長業の方が「余力」だったように、わたしには見えた。

将来、「和田家文書」の「真価」が認められたとき、一番にその「功績」を伝えられねばならぬ人、それがこの藤本光幸氏であることを、わたしは疑わない。

しかも、その光幸氏の「真摯な努力」を、深く認識し、高く評価し、その「仕事」を受け継がれた人、それが妹の竹田侑子さんであること、これまた言うまでもない。

ことに、喜八郎氏の長男の孝さんが〝早く〟亡くなられた（平成十四年九月二十七日）今、侑子さんの「仕事」の意義は、絶大である。

現に、「和田喜八郎氏から藤本光幸氏へ」そして「藤本光幸氏から竹田侑子さんへ」と伝えられた文書群の中から、決定的な「寛政原本」が「発見」されたのである。

これによって、〝天下に振りまかれた〟「和田家文書、偽書説」の命脈は絶えた。学問上の意義が消失したのである。

和田喜八郎氏から〝あずかった〟「和田家文書」を、一字一字、原稿に「写し取る」という、辛苦の中に人生を過し、生涯を終えられた藤本光幸氏に対して、深い、そして永い感謝の念を捧げたい。

安本美典氏が教えてくれたこと

「あなたとわたしとは、批判し合わず、二人とも井上光貞を批判しましょう。」

はじめて会ったときの、安本美典氏からの提案だった。驚いた。

「そういうやり方があるんですよ。新しい勢力が現われるときの、やり方です。」

わたしは答えた。

「いえ、わたしが従来の学者、いわゆる大家を批判するのは、そんなことと関係はありません。逆に、今までの読者、また研究者が強く影響されている、著名な学説に対して敬意をはらっているからこそ、批判させていただく、それ以外に他意はありません。」

わたしは丁重に、おことわりした。大阪の駅近くのビジネス・ホテル風の部屋の一室だった。氏の招きに応じて、わたしが京都からおたずねしたのである。

翌日は、京都駅の近くのホテルでお会いした。別に、新しい進展はなかった。

それから、数ヶ月して公刊された、氏の論稿に驚かされた。当の井上光貞氏への絶讃である。「釈迦の掌に乗った、孫悟空のような感じだった。」という、論文とも思えない、誉め言葉の〝羅列〟だった。

そして、わたしに対する、激烈な批判が次々と開始されたのである。

たとえば、

『「邪馬壹国」はなかった——古田武彦説の崩壊』（新人物往来社、昭和五十五年刊）
『古代九州王朝はなかった——古田武彦説の虚構』（新人物往来社、昭和六十一年刊）
またみずから『季刊邪馬台国』の編集長として、第十一号（昭和五十七年冬号）以来、古田説批判を続行しておられること、周知のところである。

しかし、わたしは最初にお会いしたとき以来、氏の「手法」にふれてきたから、すでに「驚く」ことはなかった。

最近の、氏の力作がある。

『大崩壊「邪馬台国畿内説」——土器と鏡の編年・不都合な真実』（勉誠出版、平成二十四年刊）

この本の〝目指す〟ところ、それは題目のしめすように、考古学的出土物の分布から見て、「邪馬台国、畿内説」は成立せず、「九州説」に帰着する他はない、との主張だ。その大約については、わたしも全く異存はない。賛成だ。

ところが、その「九州説」自体を見れば、九州の中のどこが中心か。

第一、「三種の神器」の出土する弥生遺跡は六つ。吉武高木（福岡市）、三雲（糸島市）、井原（糸島市）、須玖岡本（春日市）、平原（糸島市）そして宇木汲田（佐賀県）である。

三国志の魏志倭人伝で中国（魏朝）側が「銅鏡百枚」を贈与したのは、この「三種の神器」の存在が背景にあったと考えざるをえない。

安本氏はこの「平原遺跡」の出土物をくりかえし紹介し、「近畿以上」であることを力説する。しかし「平原遺跡」は果して「朝倉」もしくは筑後川流域なのであろうか。——否。

考古学者の諸氏の「説」を援用しながら、肝心の倭人伝の「史料事実」とは合致していないのである。

わたしの立説の「糸島・博多湾岸説」の方に、一致し、対応しているのである。

第二、「絹と錦」の出土も、この「糸島・博多湾岸」と周辺に集中している。ことに須玖岡本（春日市）に典型的な「錦の出土」がある。これも、「朝倉」や「筑後川流域」ではない。わたしの立説の「糸島・博多湾岸」に一致し、対応している。

いずれも、安本氏の「対、近畿説批判」と「九州内部の検証」と、「二つの基準」を〝別置〟し、〝交替〟させているのである。

「対、近畿」も「対、九州」も、同一の論理に立たねばならない。

けれども、わたしは安本氏に感謝しなければならない。今回、この研究自伝を書くことによって、痛感した。

なぜなら、氏のいわゆる「批判」や「中傷」に対して、わたしの研究は、さらに深められた。いかなる「批判」や「中傷」にも、屈せぬ真実の探究へと、わたしは絶えず〝追いやられ〟たからである。

氏はしばしば「直接」の発言ではなく、他の記事からの「再引用」の形をとって、右の「批判」や「中傷」を〝表現〟された。氏らしい〝読みの深さ〟だった。

だが、わたしはその「さそい」に乗らず、「名誉毀損」の訴訟などでなく、あくまで和田家文書

（本来は「秋田家文書」）の「寛政原本」の（発見）を〝目指し〟た。そしてそれに成功したのである。もしなお、氏が「和田家文書、偽書説」を維持したいならば、これらと「同筆」のX氏の（文書群）を提示しなければならない。到底不可能だ。

ともあれ、わたしは安本氏に深く感謝する。わたしに対して「研究者は、〝けれん味〟なく、ただひたすら真実のみを目指すべきである。」という、古今無比の金言をくりかえし教えて下さったからである。

2　広がる古代史探究

黒潮の「黒」とは？

黒潮に会った。父も母も土佐（高知県）の出身だったから、「黒潮へのあこがれ」は子供のときから絶えず聞かされて育った。

だが、わたしはほとんど瀬戸内海に面した広島県で成長していたから、自分の「眼前」に黒潮を見ることはなかった。

その黒潮を研究対象とする好運に恵まれたのである。

土佐清水市の教育委員会からの依頼によって、「足摺岬周辺の巨石遺構」の文化財を調査し、研究したのである。東京から神戸までは新幹線、神戸から土佐清水へは汽船だった。

子供の頃、母に連れられて室戸岬に近い安芸町に行き、漁師の伯父から黒潮の話を聞いた。赤い、長いふんどしをして海に出、鱶（ふか）などに襲われると、長く垂らして（大きく見せて）逃げる話など、面白かった。

今回の「関心」の的（まと）は「黒」だった。果して「黒潮は黒い（black）のか。」という疑問だった。だが、いくら見つめても〝black〟には見えなかった。たいてい〝青〟、時によっては〝茶色〟に近い。けれども〝black〟に見えることはなかった。

一説では、飛行機から見下すと〝黒く〟見えた、という意見もあったけれど、まさか〝飛行機に乗って〟の「目」で〝命名した〟とは考えられない。やはり、〝変〟なのである。

ズバリ言おう。「黒」は〝black〟ではなく、〝神聖な〟という意味ではないか。たとえば、黒姫山や黒森など、いずれも〝black〟ではなく、〝神聖な女神のいる山〟〝神聖な森〟の意味ではあるまいか。とすれば、「黒潮」は〝神聖な潮〟だ。見事な、古代日本語だ。それが現代日本語としても、〝用いられ〟つづけているのである。

わたしの「言素論」にとっての、重要な礎石の一つとなった。

三列石実験

三列石があった。

縄文土器や黒曜石の中に、点々と「三つのタイプ」の列石が存在する。〝偶然〟ではなかった。「縄文人の造作」だ。その〝動かぬ証拠〟を摑みたかった。従来の高知県の公的な立場では、「人間の遺跡」とは見なされていなかった。実証的な証拠はないか。その勝負だった。

ついに摑んだ。軽気球を飛ばし、上空から撮影した。見事、三列石を囲む、円形の列石が、そのまま写真に撮れた。大成功だった。佐田山第二峰（Bサイト）列石群である。

平成五年十二月十日、横河・ヒューレット・パッカード株式会社の谷本茂氏や土佐清水市水道課の富田無事生氏など、数多くの方々のおかげをこうむった。

三列石とは、何か。「天・地・海」の三つを大宇宙の根源と見なし、それぞれの神を「列石」によって、シンボライズしたものである。

わたしたちは、普通「天地」という言葉を知っている。熟語として〝覚え〟て、不審を抱かない。しかし、あれは〝変〟なのだ。「海」を〝欠い〟ているのである。なぜか。

佐田山第二峰（Bサイト）列石群
（軽気球から撮影）

たとえば、西安（シーアン）、たとえば、洛陽。そこには「海」がない。見えないのである。だから、この宇宙は「天」と「地」だけで出来ている。そう〝錯覚〟したのである。そこから、「陰陽」という「二元論」も生れたのである。それはそれで、立派な宇宙論だ。見事な「理論形成」ではあるけれど、原点は、やはり「海」の欠落なのだ。

これに対する、日本列島。当然「海を欠く」わけにはいかない。だから「天と地と海」の「三元論」なのである。「東日流外三郡誌」にも、現われる。当然のことだ。

この「三元論」は、筑紫（福岡県）にも及んだ。宝満山の、本来の名は「三笠山」。「御笠山」とも書くけれど、登ってみれば、「三列石の痕跡」がある（その中の一石は、崩落した）。

博多の市内を貫流する御笠川も、本来は「三笠川」である。

このような、縄文の「三列石」を背景として、弥生の「三種の神器」が生れた。三世紀の俾弥呼の時代である。もちろん、博多湾岸や唐津湾岸の「六遺跡」である。

吉武高木（福岡市西区吉武）

宇木汲田（佐賀県唐津市宇木）

三雲南山路（福岡県糸島市三雲）

井原鑓溝（福岡県糸島市井原）

須玖岡本（福岡県春日市岡本七丁目）

平原（福岡県糸島市有田）

この「弥生の本流」の〝伝播〟、その「分流」が大和（奈良県）の天皇家だ。

わたしは、日本思想史の一淵源を、この実験考古学によって確認した。幸せである。

唐人石実験

もう一つの実験があった。唐人駄場は、中心の広場である。その唐人駄場の一画、海を〝見おろす〟ような位置に「唐人石」がある。この中心列石は、黒潮に乗って北上してきた人々の「目」に反射して「見える」のではないか、という「？」だった。

唐人石から唐人駄場を望む
（『足摺岬周辺の巨石遺構』土佐清水市教育委員会，平成８年 より）

いち早く、黒潮が断崖に衝突する前に、その存在を認識するか否か。それが彼等の「生死」を分けるのである。言うなれば、「縄文灯台」としての役割だ。その可能性を、船上実験したのである。予備実験と本番と、二回とも成功だった。明らかに、縄文期に、この地域は、「黒潮と日本列島との結節点」だった。それを確認したのである。

いつも、室内で自然科学の実験を重ねている、リコーの実験室の方々が、遺憾なく実力を発揮して下さった。高知大学の普喜満生助教授の御協力も貴重だった。

わたしにとっては、やがて三国志の魏志倭人伝の「黒歯国・裸国」を現地、南米において探究するための、絶好の予備実験となったのだった。

地下鉄サリン事件

わたしは〝ついて〟いる。そうとしか思えない「事件」に出会った。平成七年三月二十日、足摺岬の野外実験から二年目である。

この日の朝、午前八時頃、わたしは昭和薬科大学へ行こうとして、地下鉄丸の内線の本郷三丁目の駅に入った。ここから新宿へ出て、町田へ向う。それがいつものコースだったからである。

ところが、地下のプラットホームに入ったとき、思い出した。学校へ持っていった方がいい資料を、その日は持っていなかった。

「明日にするか。」

そう思った。大学へ行くのは、その日か、次の日か、どちらでも「ＯＫ」だったからである。引き返した。自宅へ戻ったのだ。

これが「幸い」だった。なぜなら、わたしが乗る寸前だった車輛、それが例の「サリン」を運びつつあった、その車輛だった。霞ヶ関で、あの一大惨事を巻き起した、当の車輛だったのである。霞ヶ関で乗客や駅員の「いのち」を奪い、また生涯不治の病痕を残した、あの車輛だったのである。戦慄した。

別に、わたしの「心掛け」がよかったわけでも、何でもない。逆に、出かける時、十分に点検して「忘れ物」のないように確認するのを怠っただけだ。それがわたしの「いのち」を救ったのだった。もし、運命の神がわたしの人生を差配しているとすれば、何という「ひいき」であろうか。神はわたしの〝残りの人生〟において、何を求め、何を期待しているのであろうか。

わたしは自分の「余生」を大切にし通す義務がある。そう思っている。

その頃、わたしは東京大学で、当時著名となっていた、オウム真理教の麻原彰晃の著作を買った。史学会の事務室にそれが置かれているのを見て、購買部へ行って買ったのである。今も、それを持ってはいる。しかし、一読して、全く興味がもてなかった。わたしはもちろん、親鸞を通して、仏教全般に対して深い関心をもっていた。その関心の立場から見て、この麻原某の「仏教観」など、幼稚すぎ、大ざっぱすぎて、わたしには全く〝問題にならなかった〟のである。

この点、吉本隆明氏が当初、これに対してかなり〝高い〟評価を与えていたと聞くけれど、わたしには理解できない。

吉本隆明氏との交遊

「これから、古田さんに質問をしたいと思いますが、皆さん、よろしいですか。」

驚いた。京都の精華大学の講義室。吉本隆明さんの講演がある、というので、行った。洛陽高校在任時代である。

前半と後半に分れていた。前半は、もちろん吉本氏の講演。十五分くらい休憩があって、後半となる。わたしは洛陽高校で会議があり、後半の中途で席を立たねばならない。それでは「失礼」になると思い、休憩時間に、「おことわり」した。

ところが、後半が始まると、いきなり、この発言である。もちろん、出席者から異議は出ない。ところが、その「質問」は、延々とつづいた。三十分以上、わたし一人に対する「質問」を壇上からされる。仕方なく、お答えしたけれど、何か〝異様〟だった。

あとで考えると、わたしからの「質問」を防ぐための、氏独特の作戦だったのであろう。なかなかの「戦略家」のようである。

けれども、東京の本郷三丁目に住むようになってからは、時々お邪魔した。いつも、歓迎してくれた。二～三時間に及ぶこともあった。わたしの方が、主として「語り手」、吉本氏の方が、上手な「聞き手」だった。

わたしの本郷三丁目のマンションから、バスで二駅程度、歩いても、行けたのである。

だから、わたしの九州王朝説も、百も御承知なことは、もちろん。わたしの六十歳代の「発見」や「新見地」も、一番早く「聞かれた」のは、吉本氏であったかもしれない。

しかし、ここでも、一個の「不審」が残った。氏の「共同幻想論」は、近畿天皇家中心の「一元論」に立っている。その点、生涯を通じて〝変更〟はない。いわば、明治以来の「近畿天皇家中心史観」という、虚偽の「共同幻想」の〝わく〟の中で、生涯を終えられたのである。

この点、日本共産党も、文部科学省の大臣も、みな「一味同心」の〝仲間同志〟だ。

「いや、そうではない。」

この一声が、いずこからでも湧き出てくる日を、わたしは待っている。一日千秋の願いである。

歴史書・万葉集

万葉集は最高の歴史書である。わたしがこのテーマを知りはじめたのは、昭和薬科大学時代の末期から、退職後、京都の自宅へ引き上げての、後の時期だった。

肝心の〝証拠〟をあげよう。たとえば「遠つ飛鳥と近つ飛鳥」の問題だ。

柿本人麿が「日並皇子尊の殯宮の時」作った、とされる歌がある（一六七）。
この歌の中に「飛鳥の浄の宮に」とある。
「飛鳥」がこの作歌の舞台なのである。その「飛鳥」は、どこか。

「神下し座し奉りし」
「神上り上り座しぬ」

とあるように、筑前国（福岡県）の、

下座郡
上座郡

柿本人麿像
（『古代史を疑う』駸々堂出版，昭和60年 より）

が、この「飛鳥」のそばにある。当然、福岡県小郡市の「飛鳥」なのである。

従って、「遠つ飛鳥」は、こちら。「近つ飛鳥」の方が、奈良県の大和三山近くの「飛鳥」なのである。何の不思議もない。

ところが、古事記では、履中記において、言う。「奈良県の飛鳥」の方が「遠つ飛鳥」である。その理由は、履中天皇が大阪（難波）へ行ったとき、「明日かえろうか」と言われたから、「飛鳥」という地名になった。その大阪（難波）から、奈良県の飛鳥は「遠い」から、こちらが「遠つ飛鳥」である、と。支離滅裂の解説だ。

だから、真実の歴史事実を記しているのは、古事記ではなく、万葉集なのである。

人麿の名歌

もう一つの例をあげよう。

万葉集の巻四に「柿本朝臣人麿の歌四首」がある。そこには

「み熊野の浦の濱木綿百重なす心は思へど直に逢はぬかも」（四九六）

「古にありけむ人もわがごとか妹に恋ひつつ寝ねかてずけむ」（四九七）

「今のみの行事にはあらず古の人ぞまさりて哭にさへ泣きし」（四九八）

といった、一連の歌がある。しかし、従来の万葉解説家たちには「解読不能」だった。なぜか。

第一、戦前のような「神武東征」説の場合、九州から、正規軍が首都を「移す」のであるから、右のような「悲歎」の声には〝似つかわしく〟ない。

第二、敗戦後は、一転して「神武、架空」という津田左右吉の立場が「定説」とされたから、いよいよこの「作歌」状況の説明ができなくなった。

しかし、わたしが分析したように、九州王朝の一分派としての神武とその兄の五瀬命が、いったん「日下越え」の大和攻撃に失敗したあと、熊野を迂回し、険峻な熊野古道を経由して大和への侵入を図ったとすれば、その歴史状況への回顧として、この人麿作歌は抜群の秀歌である。この「名作」を、従来の万葉研究の専門家たちは「解説」できず、一般の万葉読者も〝知らず〟に来ていたのだ。日本

国民の最高の芸術遺産の「忘却」であり、「放擲(ほうてき)」であると言う他はない。歌は直接資料である。第一次史料だ。だから、それは「最上のリトマス試験紙」として、真実の歴史探究者の眼前に輝いているのである。

歌と表題の差

万葉研究のために、不可欠のテーマがある。それは「歌それ自身」と「表題」との不一致だ。歌そのものは、女性が対象であるのに、表題は男性に対する「作歌」のもの、あるいは歌そのものは、戦闘の最中に〝死亡〟しているのに、表題から見れば〝輝かしい最後〟をとげたはずのもの、等々、「歌と表題」の落差がいちじるしいのである。なぜか。

もちろん、本体は「歌そのもの」だ。ところが、これを「万葉集」という歌集の中に〝編入〟するとき、〝まちがった表題〟を付した。そう考える他ないのだ。たとえば、有名な、

「大君は神にしませば天雲の雷(いかづち)の上にいほりせるかも」（巻三、二三五）

通説では、この「雷(いかづち)」は、大和三山に近い雷丘である。天武か持統かの、天皇を対象とした「作歌」とされている。そういう「編成」なのである。

しかし、当の雷丘は、わずかに十数メートルの高さの丘だ。天雲など、垂れようもない。その上、その丘の上で〝いっとき〟休憩したからといって、それが〝天皇が生き神さまである証拠だ。〟などとは、とんでもない。お世辞も、度が過ぎている。

ところが、これをいったん「九州」の場に移す。福岡県と佐賀県の境にある背振山脈、その高峯、雷岳について「作歌」されているとすれば、

第一、千メートル近い高山であり、三方が海だから、ほとんど「天雲」におおわれていることが多い。

第二、ここは、代々の筑紫の君の墓域であるから、彼等は死して「神」として祭られている。

第三、白村江の敗戦後、庶民の「いほり」は失われ、夫や父も帰って来ない。しかし、筑紫の君の代々の「墓」は、あたかも「いほり」のように安泰である。

第四、戦勝者、唐軍の来襲によって、庶民の「いほり」は荒れ果ててしまった。

ここでは、「矛盾に満ちた、お世辞の歌」どころか、無謀な戦闘へと突入していった為政者、筑紫の君への批判、さらに、無理矢理「戦闘」へと引き込んだ占領軍、唐側への痛烈な批判を背景とした「作歌」である。

万葉集は、世界に類のない、秀抜の歌集であると共に、歴史の最上の証人だ。

わたしは、中西進氏等、各万葉研究の専門家に、わたしの著書（『人麿の運命』等）を贈った。しかし、それに対する「応答」は、一切「ナシ」だ。「古田説はなかった」かのように〝頬かむり〟し通して今日に至っているのである。

真の問題は、この「先」にある。

これほどの「表題と歌そのもの」との間の矛盾に、万葉集の編者は〝気付かなかった〟のだろうか。わたしは考えた。

逆に、このように「チグハグな編集」によって、「心ある読者が、それに気付いてくれるように、

「発信」している。そのための、「矛盾の露出」なのではないだろうか。

わたしは、信州（長野県）の浅間温泉のホテルの温泉の中で、このような「思い」にひたったのである。

3　倭人は海を渡った

チチカカ湖の語源

「もしかしたら、あの『チチカカ湖』というのは、日本語かもしれませんよ。これは、全くの仮説、それも仮説の『カ』の字だけかもしれませんけど、ね。わたしは、そう思っています。」

平成十九年の十一日間に及ぶ南米調査の時だった。アトランタの空港で、時間待ちの「間」が長かった。ここで二隊に分れる。エクアドルにピッタリ、しがみついているAグループと南米の各地を廻るBグループと、である。

Aグループは、数名、Bグループは十数名だったけれど、それぞれがここから分岐したのである。その待ち時間に、わたしは思い切った「放言」をした。チチカカ湖は、もちろん、南米切っての最大の湖、エクアドル側とボリビアとの間の山岳地帯にあり、海軍も、そこにはおかれている。

Aグループの現地の通訳さんに聞いた。彼いわく、「チチカカというのは、くさった鉛の色のことです。事実、あの湖のそばからは、鉛が出土します。」と。

ガッカリした。しかし、なお不審だった。古代人がそんな「命名」を果してするだろうか。何か、そぐわないものを感じたのである。

アッという間に、二週間は過ぎた。成田で集合した。先に着いたAグループは、Bグループの到着を待っていた。その団長格の藤沢徹さんが駆けてきた。

「古田さん、やっぱり、そうでしたよ。アイマラ語では、『チチカカ湖』というのは、太陽の輝く湖〟という意味だそうです。」

Bグループの通訳さんの説明だった。まさに、わたしの「想像」した通りだった。わたしは、アトランタで言った。

「もちろん、『お父さんとお母さん』という意味ではありません。『チ』は〝古い神の呼び名〟です。アシナヅチ・テナヅチ・ヤマタノオロチ・オオナムチの『チ』です。『チチ』は、そのダブリ言葉です。南方の太平洋領域に多い用法です。関東の『チチブ山脈』の『チチ』も、その例の一つです。『カ』は、〝カハ〟の『カ』、神聖な水を指します。わたしの言素論の基本語の一つですね。ですから、『チチカカ』は、「古い神の住みたまう、神聖な水」という意味の日本語かもしれませんよ。」

これが、わたしの「予測」だったのである。それが、ズバリ、当っていたのだ。

〝A〟グループの通訳さんの言われたのは、インカ語での「意味」だった。インカは、日本で言えば、鎌倉・室町から江戸時代にかけての文明である。それ以前の各種族の言語が「アイマラ語」と呼ばれているのだ。

だから、本来の「アイマラ語」の〝神聖な意味〟を、征服者のインカは、逆に〝落しめ〟て、侮蔑語に〝化した〟のである。極めて、〝あり得る〟ケース、いわば「法則通り」なのである。

「幸先(さいさき)よい」という言葉があるけれど、今回は「幸後(あと)よい」結果だった。「終りよければ、すべてよし。」という諺もあるけれど、二週間全体が、思いがけぬ幸運へと、次々にめぐりあったのである。

バルディビアと日本

「わたしたちが過去を正しく語ることができなければ、未来を正しく歩むことはできません。」


バルディビアの市長（村長）さんの、鮮烈な一言で、歓迎の辞がはじまった。わたしたちのチームがこの「目的」の地をおとずれた時である。

その主旨は、明確だった。このバルディビアの人々は、今まで自分たちの来歴をありのままに語ることができなかった。すなわち、現在のような、スペイン人がこの国を支配するより前に、日本人がこの土地に来ていたこと、そしてわたしたちはその「血」を承けていること、この歴史事実を語ることが許されなかった。しかし、そのような過去の事実をありのままに語ることができずに、これからの未来を切り開いてゆくことはできない。そういう趣旨である。

確かに、そうだった。かつて最初にわたしがエクアドルに来たとき、エクアドルの中央博物館に行った。だが、各時代別の出土物の展示コーナーに、日本の縄文時代の土器めいたものは一切なかった。館長さんに聞いてみると、

「わたし個人としては、（日本列島からの伝来が）あったと思っていますが、今、公的には認められていませんので。」

というのが、答だった。現在の支配者であるスペイン人の側が〝いやがるから〟というのである。

そのときは、エヴァンズ氏の夫人、メガーズ女史とバルディビアの現地でお会いした直後だった。エミリオ・エストラダ氏が「縄文土器」に酷似した土器群を「発見」された現地だった。それだけに、博物館長の「談話」は印象的だった。「上からの意志」を感じさせたのである。

ところが、今回はちがった。なぜか。わたしたちが訪れる半月前、大統領選挙があった。はじめて国内の少数民族の連合が推挙した候補者が当選したのである。その結果、「過去を正しく語る」ことが可能となったのだ。もちろん、わたしたちが行ったのは、そんなこととは、つゆ知らぬところだった。

このとき、バルディビアに来ていた子供たちは、半分がスペイン系、半分は日本人系といった「混血の相貌」だった。聞くところによれば、このバルディビア近傍の村では、全く日本人そっくりの住民の村も、あるという。

現在は、テレビがあるから、日本人のニュースも流れ、日本人の顔も、映し出される。だから、彼等もそれを見て、「自分たちとよく似た連中」として〝知って〟いることであろう。だが、それを〝大っぴら〟には語れなかったのである。

バルディビアの女性土偶

さらに、好運はつづいた。この前、エクアドルに来たときには、エミリオ・エストラダさんの「発掘」した「日本の縄文土器に酷似した土器類」を見ることができなかった。当のエストラダさんが亡くなっておられたからである。その没後、「遺産争い」が生じ、すべての「発掘品」は、銀行の中に「封印」されたままだったから、わたしたちが見ることができなかったのである。

今度は、ちがった。すでに問題は解決し、それらの「遺品」は、全面公開されていた。そのとき、メガーズ夫人（博士）も招かれ、ことの経緯を「公述」され、多くのエクアドルの人々がそれを「聞いた」のである。

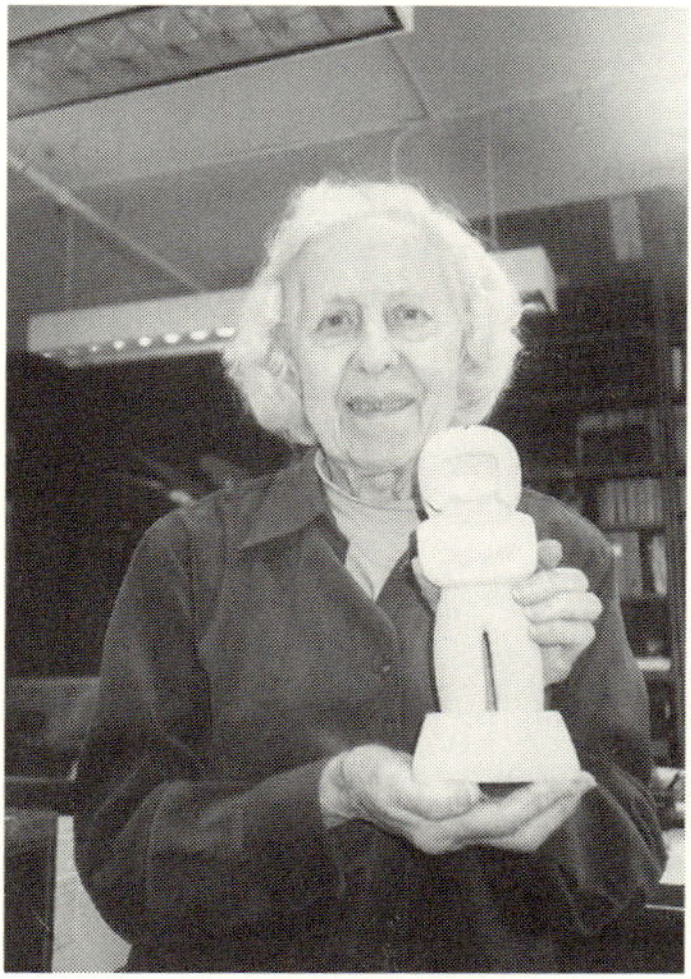

メガーズ博士

当然、わたしたちはその「遺品」を見た。そして「確認」した。それらと日本の縄文土器との〝まがうべくもない〟共通性と共に、〝全く異なる〟側面をもまた、ハッキリと認識することができたのである。

何より、大切なこと、それはこれらの「遺品」つまり「発掘物」以前と、以後と、その間に〝連続〟ではなく、〝断絶〟があることだ。この点、メガーズ夫人も「強調」しておられるように、日本の縄文土器の場合、「縄文中期」に至るまで、何千年の「発達の歴史」が存在しているのに、ここエクアドルにはそれがない。いわば〝いきなり〟出現しているのだ。この事実は、「日本からの縄文土器の伝播」この「学問的仮説」なしには、説明しがたいのである。

次の一点も、重要だ。このバルディビアには「多出」する女性土偶、それは日本の縄文文明には存在しない。あの東北地方や信州（長野県）から出土する「縄文の女性土偶」とは、全く「別種」のものだ。このバルディビアの女性土偶について、その「日本列島における有無」を〝問い正し〟てこられたのが、エヴァンズ・メガーズ夫妻の書簡の、最近の御質問だった。わたしは「ありません。」とお答えした。そして同時に「この女性土偶は、大変〝日本人好み〟の、あるいは〝日本人によく似た〟土偶です。」と、書き添えたのであった。なつかしい。

けれども、この事実は、ことの「真実」をさししめしていた。

第一、これらの「類、縄文土偶」は、はじめに報じられたように、「日本から海流に乗って漂着した縄文土器」そのものではない。

第二、日本の縄文土器の「影響」を受けて成立した「南米型の、亜縄文土器」文明の産物である。

第三、この「女性土偶のモデル」すなわち制作者たちは、「日本人によく似た」人たちだった、と考えざるをえない。なぜなら、彼等がこの「女性土偶」を作ったときの「モデル」は彼等自身だった。そのように考える他ないからである。

以上の「推論」が、今はエミリオ・エストラダ氏の「遺品」としての「発掘物」によって、誰人の目にも、（賛否ともに）明確に認識できる。そういう幸せな「時」に、今回は当っていたのだった。

さらに、思いもかけぬ幸運があった。エクアドルのグアヤキルで、わたしの講演会が開かれたのである。

わたしの「若き知己」の大下（松本）郁子さんの親戚の今井邦昭さんが当地で大きく商社の営業をしておられ、在留日本人に呼びかけて下さったのである。

そのとき、今は亡きエミリオ・エストラダ氏の娘、グロリアさん、孫のアレクシアさんも来られ、わたしの話を（通訳を通じて）聞いて下さった。望外の喜びだった。

南米を通じた出会い

若い青年に会った。日暮邦行さんである。二十九歳、千葉県の出身の方だ。地元のバルサ材の筏を作り、日本を目指して航海しようとする好青年だった。その筏舟については、世界一周の経験者、青木洋さんからの貴重な助言があったが、不屈の健闘を祈りたい。

わたしにとっては、この方の「姓」に関心をもった。はじめ、関東圏に研究の「目」を向けはじめたとき、東京の人々には〝なじみ深い〟「日暮里」という地名に注目した。何と、これを「ひぐらしのさと」と〝訓(よ)んで〟いた、思っていたのだ。だが、やがて判った。これは「にっぽり」だ、と。江戸城の「新いほり」の「促音」を〝優雅な文字〟に〝当てた〟だけだ、と。そう思ってきた。

しかし、今回お会いした青年は、千葉の出身で、同姓も近隣にある、という。もちろん「読み」は「ひぐらし」である。とすれば、千葉から遠からぬ、この「日暮里」も、単なる〝当て字〟ではないかもしれない、と。そう考えはじめたのである。

そのさいは、もちろん「そのひぐらし」などの〝意味〟ではない。「ひ」は「日」。「くら」は〝神聖なもの〟だ。九州の佐賀県では、黒曜石のことを「からすんまくら」という。「ん」は「の」の意。撥音便だ。そして「くら」は〝神聖なもの〟だ。この「くら」の用法は、日本列島各地に存在する。「言素論」で詳論した。近畿の「くらがり峠」などだ（大阪と奈良の境）。

「し」は無論、〝人の生き死にするところ〟。「しなの（信濃）」「ちくし（筑紫）」など、「言素論」の出発点である。

要するに、「ひぐらし」とは、〝神聖な太陽信仰の地〟にいる〝神聖な人々〟の称である。「ちば（千葉）県」の「ちば」自身、〝古い神の名〟の「チ」と、〝広い場所〟の「ハ」との合成語、つまり〝古き神の住む、広い場所〟の意味の地名だから、その一端にある「ひぐらし」さんも。そのように考えを辿ってきているけれど、速断は禁物。広く、千葉県、東京都周辺の「同類地名」を精査しなければならない。若い方々に期待する。

もう一つ、意外な「出会い」があった。エクアドル関係の書籍を探すために、グアヤキル最大の書店を訪れたとき、その店に、日本語のできる女性店員さんがいた。日本語に興味をもち、年来日本語の勉強をしてきた、とのことだった。当然、いろいろと、親切に助言して下さった。

日本に帰ってからも、文通ができた。楽しかった。「犬も歩けば、棒に当る」という諺があるけれど、犬のようによく利く鼻など全くない、わたしでも、エクアドルに飛びこんでいった。その〝収穫〟はあまりにも多彩だったのである。

スペイン語の中の古代日本語

決定的だったのは、現地の新聞記者の来訪だった。おそらく、グロリアさんなど、現地の有力者の〝口添え〟があったのかもしれないが、その口吻は〝おきまり〟めいた、職業口調だった。だが、エクアドルには日本語地名とおぼしきものが少なくないと告げ、その一つに「ハマ」という地名をあげ、それは日本語では〝海岸〟を意味する。その隣の「トリ」も、日本語で「トリハマ貝塚」という著名の遺跡もあることを述べたとき、彼の態度は〝一変〟した。彼はその「ハマ」の出身だった。それ以後、彼の態度は、単なる「職業意識」を越え、熱心に質問しはじめた。そしてそれは紙面に大きく詳細な解説や写真と共に掲載された（大下隆司訳「エクアドルで報道された特集記事」『なかった——真実の歴史学』第四号、所収）。

たとえば、エクアドルという言葉がスペイン語で「赤道線」を意味することはよく知られているけれど、その中心部が「マナビ州」だ。「マ」は〝真〟。「ナ」は〝海辺の大地〟。「任那（ミマナ）」の「ナ」である。「ビ」は、もちろん「ヒ（太陽）」の語尾濁音化したものだ。すなわち「真実の太陽の照りつける、海辺の大地」という、赤道そのものに〝ピッタリ〟の日本語なのである。

「スペイン語地名群の中に、古代日本語地名が遺存している。」

このような、わたしたちの「想定」は、あまりにも真実（リアル）だったのである。

後日譚がある。今回の訪問地ではなかったけれど、チリ北部に「アタカマ砂漠」がある。そのそば

Japoneses...

Takehiko Furuta, catedrático y fundador de la Asociación de Ciencia e Historia Furuta, se relaja en el parque Seminario.

Los sobrevivientes navegaron en embarcaciones para buscar refugio en territorios del norte y del sur. Y muchos de ellos seguramente utilizaron la corriente marina Kuroshio, que quiere decir marea negra o agua sagrada, la cual dirige al navegante directamente a las costas del continente americano.

"Para los japoneses es obvia la existencia de esa corriente que viene en esta dirección (hacia América), y teniendo en cuenta el espíritu navegante y aventurero de los japoneses es casi seguro que así haya sucedido", escucho de la voz del traductor, porque Furuta no habla español.

Sin embargo, la conversación se mantiene fluida en la habitación de un hotel céntrico de Guayaquil junto a otros científicos japoneses, quienes se mantienen mudos y expectantes debido al inmenso respeto que sienten por Furuta (lo tratan como toda una eminencia), líder del grupo y principal defensor de esta teoría en su país, por lo cual es amigo personal de la arqueóloga estadounidense Betty Meggers.

"Esta es mi segunda visita al país porque vine con Betty hace algunos años (no especifica cuántos). Llegué para revisar las figurillas de la cultura Valdivia, que sin duda son otra muestra de la presencia de los japoneses en esta región", indica el científico dejando en claro que el desarrollo de la cerámica requiere un largo proceso observado, por ejemplo, en la cultura japonesa de Jomón.

Pero que en la cultura Valdivia simplemente aparecieron de un momento a otro, por lo cual esa habilidad pudo haber sido introducida por los japoneses del periodo Jomón.

"Además, los diseños de las cerámicas de ambas culturas son muy similares, en ese estudio se especializó Betty y encontró una clara relación entre los antiguos habitantes de Japón y Ecuador", señala.

Tolas y espejos de oxidiana

Hasta ahora, las figuras Valdivia habían sido el principal soporte de la teoría transpacífica. Y ahora se suma la existencia de nombres ecuatorianos con raíces japonesas, como Manabí, Quito, Tolita y Jama. Sin embargo, esta visita sumó otros descubrimientos que Furuta y sus colegas no esperaban. "En el museo de la Casa de la Cultura (Núcleo del Guayas) encontramos sepulturas llamadas tolas. Fue un gran hallazgo porque en una región de Japón se enterraban a los muertos de manera similar. En ese caso creemos que la costumbre fue llevada a nuestro país como parte del intercambio cultural que hubo entre nuestros pueblos", dice.

Haber encontrado las tolas en el museo fue un descubrimiento muy positivo e inesperado para los investigadores. Y similar fue el regocijo cuando en un museo quiteño encontraron antiguos espejos de oxidiana, mineral negro usado para elaborar puntas de flecha y hachas. "La cultura Jomón utilizaba oxidiana para hacer muchos objetos, e incluso la familia real japonesa conserva un antiguo espejo de ese material".

El experto asegura que ese hallazgo sorprenderá a muchos cuando lo difunda en Japón, sobre todo porque lo relacionado con la familia real japonesa, muy venerada por la sociedad de ese país, posee un alto grado de tradicionalismo. Y eso es justamente lo que busca la investigación de Furuta, que las tradiciones brinden espacio a la teoría transpacífica.

¿Qué planea ahora?

Furuta luce emocionado por los descubrimientos que ha realizado en el Ecuador, porque le brindan argumentos sólidos que planea exponer a través de publicaciones y conferencias en las universidades y comunidad científica de su país.

El debate será intenso, asegura, y muchos se opondrán a sus palabras, pero también confía en que habrá nuevos investigadores que las acojan para seguirlas estudiando. "Tengo 82 años y ya estoy pensando en dejar un legado a la nueva generación de científicos. Hay gente muy valiosa y joven que realiza investigaciones y escribe libros sobre temas muy profundos. Espero que alguno prosiga este camino hacia el pasado de los japoneses". Camino que, de paso, hace una interesante estación en la historia de los ecuatorianos. (M.P.)

"El UNIVERSO" 平成 19 年 3 月 18 日日曜版第 24 面

には、日本の東京大学の天文研究所がある。「アタカマ天文台」である。

愛知県がんセンターの疫学部長（当時）田島芳郎さんは、ここで現地民インディオのウイルス及び遺伝子を採取したところ、日本列島太平洋岸に多い「I型1（ウイルス）」のものと、一致していた。これは両者が共通の祖先をもっていることを意味する。しかも、それは現在（二十一世紀）のインディオだけではなく、ミイラとなった千数百年前の遺伝子とも、「共通」していたのである。

この「アタカマ」という地名は、スペイン語ではない。もし日本語なら、あの「アタミ」と「カマクラ」を〝合成〟した形の地名なのである。「アタミ（熱海）」は〝わが〟の「ア」。〝第一の〟の「タ」。〝女神〟の「ミ」から成り立つ地名だ。「カマクラ（鎌倉）」は、〝神聖な水〟の「カ」。〝真〟の「マ」。〝神聖なもの〟の「クラ」である。

これを比較すれば、いずれも「古代日本語」としての言語構造は共通しているのである。

「火山を調べてくれませんか」

忘れえぬ思い出がある。

メガーズ夫人をお呼びしたときのこと。高知県の土佐清水市が（わたしを通じて）招請したのである。足摺岬近辺の縄文土器を夫人に観察してもらい、南米のものとの「共通性」の有無を「判定」してもらったのだ。だが、運ばれて来る（足摺岬近辺の）縄文土器に対して、夫人はいずれも「否（ノウ）」だった。せっかくの（土佐清水側の）期待を〝裏切った〟のである。

そのあと、東京に移り、日航のビルで講演会が行なわれた。その夕方、レストランの一角のテーブルに並んで座ったとき、夫人は言った。

「火山を調べてくれませんか。」
「判りました。」

この要請は「画期的」な意味をもった。なぜなら、縄文中期末、九州の南端海上の硫黄島の一大爆発が起り、九州南部の鹿児島県の大部分、そして高知県の西南端、いずれも「潰滅」した。次に、九州中部の鹿児島県西北部、熊本県・宮崎県・大分県は「半死半生」状態となった。〝生き延び〟た福岡県・長崎県・島根県が、次なる古事記、日本書紀の「神話時代」の中央舞台となった。これらは、すでに述べたところだ。

その「熊本県、中心の一派」が、黒潮に乗じて「南米への大移住」を図ったのである。

考古学者の中には、

「熊本と似ていて、鹿児島と似ていないのは、おかしい。」

と難ずる学者（江坂輝弥氏）があったけれど、これは、単なる「漂流」と〝誤解〟したためだった。

また、他の考古学者は、

「九州との類似だけ採り上げて、関東との類似を無視しているのは、おかしい。」

と難ずる学者（佐原真氏）があったけれど、これは「箱根火山の一大爆発」が、右の硫黄島の爆発に次いで起った事実、その火山爆発現象との関連を、その視野に入れなかったからである。先述の「アタミ（熱海）」と「カマクラ（鎌倉）」は、その時の「余波」だった。

いずれも、エヴァンズ・メガーズ説の「欠陥」のように（日本側の専門家に）見えたところ、それがいずれも「逆転」して、その学説の妥当性、否、必然性を立証するものとなったのだった。

メガーズ夫人の「火山を調べて下さい。」の一語は、その見事な導火線となった。

しかも、夫人が足摺峠近辺の縄文土器に対して、一つひとつ手に取って、そのデザイン等を熟視した上で、いずれにも「否（ノウ）」を告げられたこと、その学問的厳格性には、驚嘆する他はない。

二倍年暦と短里問題の発展

もっとも重要な真理に至ること、それはもっとも簡単である。延々と述べてきた南米の「裸国・黒歯国」の探究、それはこの原点を明確にしたのだ。

なぜなら、この探究は次の二つのテーマからはじまった。

第一、「二倍年暦」。三国志の魏志倭人伝の「船行一年」をもって、その実体を「半年」と見なしたこと。

第二、「短里」。同じく倭人伝の「女王を去る四千余里」と記された「侏儒国」の存在を〝足摺岬近辺〟と見なしたこと。

以上のテーマの展開だったからである。

すでに第二章のパラオ島訪問の件でのべたように、この国の首都近辺では、教育委員会の指導でようやく「一倍年暦」（通常の暦）になったものの、各地方では今も「二倍年暦」だというのである。当然、墓石には「百何十歳」の寿命が記されているのだ。

それもそのはず、この地帯は、一年の中で「半年」は雨、「半年」は晴れ、と気候が一変する。その風土の反映なのである。

だから、日本列島の場合、同じ「二倍年暦」でも、「実体」はちがう。隋書俀国伝で述べられているように「夜」と「日中」との〝変化〟の反映とされているのである。

例の「船行一年」の実体を「半年」と見なしたとき、ちょうど「日本列島〜サンフランシスコ〜ペルー」の間の〝実年月〟と一致した。日本列島からサンフランシスコまで、往復とも約三ヶ月。その二倍である。しかも、ペルー近辺は、黒潮とフンボルト寒流の〝激突〟するところだった。

すでに「二倍年暦」の「実在」が明確になった今、古事記、日本書紀を「論ずる」上で、この独自の暦の存在を「無視」して〝議論〟することは、すでに「無意味」となったのではあるまいか。

ズバリ言おう。「大宝元年(七〇一)」以降の近畿天皇家は「一倍年暦」だ。古事記、日本書紀の大部分「二倍年暦」の時代とは、「時の基準尺」がちがう。すなわち「基本をなす王朝」を異にしているのだ。

やはり「万世一系」は、空言である。

第二の「短里」問題は、一層〝劇的〟な帰結を〝突きつけ〟た。

三国志の魏志倭人伝が「里程列伝」であることは、周知のところだ。方角と里程が次々と記されている。近畿説では「南」を「東」へと〝手直し〟せねばならぬことは著名だが、同時にこの「里程」を全部〝切り捨て〟た(内藤湖南)。彼の論敵となった白鳥庫吉も、これらの「里程」を「五〜六倍」の〝誇張〟ありとし、これを「帯方郡の郡吏の虚偽情報」と称した。魏朝をして「倭国征服の志」を捨てさせるため、だというのである。歴史学に非ず、「小説」に過ぎない。

この内藤・白鳥の「困惑」は、現在の近畿説・九州説論者にも〝受け継がれ〟ている。この「短里」をもって「韓伝と倭人伝のみ」に限定しようとする論者（たとえば、安本美典氏等）が現われたけれども、残念ながら、全く成立不可能である。なぜなら、倭人伝中に、有名な、

「其の道里を計るに、当に会稽の東治の東に在るべし。」

の一句があるからである。「其の道里」とは、

「郡より女王国に至る万二千余里。」

を指す。当然「短里」だ。その「道里」を計算すれば、「会稽山の東治（東の支配領域）の東」に当っている、というのであるから、中国本土側の「里程」もまた、「短里」でなければ、およそ「成立不可能」な文脈だ。この「東治」を「東冶のまちがい」と言ってみても、成り立ち得るものではない。「長里」が「短里」の「一・五倍くらい」なら、ともかく、「五〜六倍」では、何とも〝けたはずれ〟だ。結局、帰結は一つ。

「陳寿は、中国本土をも、短里で計算している。」

これ以外にないのである。これは、例の「江東」を史記の項羽の伝では「方千里」と記していること、あまりにも著名であるのに、この三国志では「方数千里」と記してあることからも、すでに明白だったのだ。それと同一のテーマなのである。

侏儒国はどこか？

今の問題に返ろう。「侏儒国」の問題だ。

「女王を去る四千余里」

の「里程」を「短里」とし、「女王国」を博多湾岸とした、わたしの立場からは、足摺岬近辺として「特定」することができた。その地こそ黒潮と日本列島との〝激突〟する断崖だったのである。

では、この「四千余里」が「長里」だったとすれば、どうなるだろう。「侏儒国」の存在は、断崖をはるかに〝越え〟て、太平洋の中域へと「想定」されざるを得ない。「無意味」だ。まさか、「魏朝をして侏儒国攻略の志」を捨てさせるための、帯方郡官僚の「偽計」だなどと言ってみても、はじまらない。完全な「破綻」だ。

だから、九州説の各論者も、近畿説の各論者も、あえてこの「侏儒国」について〝語らない〟のである。これは決して〝語り忘れた〟わけではない。「語りえない」のだ。言いかえれば、「語らない」ことにこそ、重大な意味があるのだ。語りはじめれば、「自説の矛盾」を赤裸々にする他に道がない。だからこそ〝申し合わせた〟ように「語らない」のである。これは「学問の世界」ではない。「談合の世界」なのである。

里と歩の矛盾

言うも、愚かだ。だが、言わねばならない。何か。俾弥呼の冢の「百余歩」だ。

周知のように、中国では「歩」は「里」の下部単位である。「三〇〇歩」が「一里」とされている。従って「短里」なら「百余歩」は「二五〜三〇メートル」くらいだ。その「五〜六倍」の「長里」となれば「一五〇〜一八〇メートル」くらいとなろう。

だから、もし近畿説の論者が、その「長里説」をとりたければ、まず明白に記されている「里程記事」を「長里」で解さねばならない。とすれば、到底「近畿」などに収り切れない。富士山麓の静岡県前後に〝行かざるをえぬ〟こと、すでに先行論者がある（肥田政彦氏。『古代史徹底論争』駸々堂、収録）。

しかるに、近畿説論者は、「根幹」をなす「里程記事」を「捨て」おき、「枝葉」の「歩」のみを「長歩」と〝見なそう〟とする。勝手極まりなし、と言えば「過言」だろうか。

以上の道理は、すべて明治の「内藤・白鳥論争」以来の、明々白々の筋道である。もし、彼等が（近畿説と九州説とを問わず）わたしをシンポジウムに呼んだりすれば、当然、右の道理をもって「問われ」て、彼等は「回答」に窮することとならざるをえない。だから〝呼ばない〟というより、〝呼べない〟のだ。その経緯が、今回の「南米探究」の結果、改めて赤裸々となったのである。

先に述べた、

「偽書説は、九州王朝説のせいだよ、な。」

という、和田喜八郎氏の「名言」も、一理はあるものの、さらに一段と深い理由は、右にのべた根本の道理、すなわち明治以来の「非、道理」に対するわたしの指摘にこそあったのではあるまいか。

第七章　新たな発見の日々

1　『俾弥呼(ひみか)』による研究の進展

わたしは恵まれている。これはすでに書いた。何回も。生涯の中の要所、要所で、「人」が現われ、わたしを導いた。そして「新たな定位置」へと、わたしの進路を向けてくれたのである。

畢生の書『俾弥呼』

今回、それはミネルヴァ書房の社長、杉田啓三さんだった。同社刊行のシリーズ「ミネルヴァ日本評伝選」の一冊に、わたしの著作『俾弥呼』を〝予定〟して下さったのである。

わたしは喜んでお引き受けした。今まで、東京大学の『史学雑誌』や京都大学の『史林』、また東北大学の『文芸研究』といった学術誌や『市民の古代』や『新古代学』や『なかった――真実の歴史学』へと〝書き継いで〟きた。

それらはもちろん『「邪馬台国」はなかった』『失われた九州王朝』『盗まれた神話』の三部作を「背景」としていた。

しかし、それらと日本の歴史の全体像との関連を書く。それがなかった。否（ノウ）、「不十分」だったのである。たとえば、古事記・日本書紀に書かれた「従来説」との関連、また戦時中には「迫害」されながら、敗戦後、一転して「学界の定説」と化していた津田左右吉の「造作説」との関係、それに対する論述も、「不十分」だった。

「これを書き切らなければ、死ねないな。」

そういう思いが身体（からだ）中に満ちていた。逆に言えば、

「これを書き切ったら、もういつ死んでも、満足だ。運命の神に対して〝不満〟を言うことは、全くない。」

そう思いながら、書きすすめた。そして、平成二十三年（二〇一一）の九月に発刊されたのである。これは文字通り、わたしにとって「畢生（ひっせい）の書」だった。わたしの生涯を〝尽くした〟一書である。

運命の神は、わたしに「よき生命（いのち）」を恵んでくれたのである。

稲荷山鉄剣銘文の「臣」と「豆」

奇跡が起きた。新しい爆発がはじまったのである。今は去る平成二十四年五月、東京の北多摩病院の一室だった。ゴールデンウイークの終り、講演（東京古田会・多元の会等合同）をすませてあと、そのまま「入院」した。いわゆる「検査入院」だ。だが、「検査」の結果次第では、そのまま「手術」という予定となっていた。院長、加藤一良（かずよし）さんの御配慮だっ

た。

しかし、「御配慮」は、医学上のことだけではなかった。午前と午後は「検査ずくめ」ながら、夕食後は、加藤さん直々(じきじき)にわたしの「部屋」に来られる。「古代史問答」の時間だ。

加藤さんは言われた。

「稲荷山の鉄剣には、『臣』という文字が二回出てきます、よね。」

「ええ。」

「しかし、わたしには、あの文字がどうにも、『臣』とは読めないんです。『豆』という字に見えるんです。」

わたしの『関東に大王あり』（創世記刊、のち新泉社復刊）を持ってこられた。この本には埼玉県教育委員会が昭和五十四年二月に公表した「銘文」が掲載されている。

その上、加藤さんは別の本にも、同じ写真版のあるものを持参していた。もちろん、同一の「銘文」だった。

「なるほど。では、調べてみます。京都の家に帰ったら、各時代の『字型』を収録した辞書がありますから。」

まだ、このとき、わたしはこれが「大事件」の勃発の「はじまり」だとは、全く予想していなかったのである。

けれども、「直接の回答」は、その日の晩に「発見」された。やはり、加藤さんの言われる通りだったのである。次の日の夜、やって来た加藤さんに、わたしは告げた。

「おっしゃる通りです。あれは『臣』ではなく『豆』ですよ。」

「やっぱり。」

「なぜかと言うと、『臣』というのは『天子』の対語です。〝ワン・ペアー〟の概念ですね。たとえば、例の、宋書の倭王武の上表文を見れば、そこでは彼が自分のことを『臣』と呼んでいます。

「臣、下愚なりと雖も」

「臣が亡考済」

という表現です。これは南朝劉宋の第八代、「順帝」に対する表記です。すなわち、「臣」と「帝」とが対語となっています。」

「ええ。」

「ところが、この稲荷山の鉄剣では『帝』がありません。『大王』だけです。『大王』は『帝』の家来ですから、

『大王——臣』

という対語は、ありえないのです。」

「なるほど。」

稲荷山鉄剣に対する解説のとき、わたしは埼玉県教委の「解読」に〝従って〟いた。否（ノウ）、最初にこの「銘文」を解読した、岸俊男さん（毎日新聞）や大野晋（すすむ）さん（朝日新聞）の「読み」に

〝従って〟いたのである。

例の「大王」については、「大和の朝倉の宮」ではなく、「関東の斯鬼宮（しきみや）」であることを主張しながら、この「臣」という「読み」については、従来説に従っていた。〝中途半端〟だったのである。

さらに、進展があった。入院中の三日目だった。

「金石文は、第二史料である。」

このテーマだ。金工細工人が金工細工の仕事をするとき、〝頭に浮かんだ〟文章をいきなり「金工細工〟しはじめる。――それは「0（ゼロ）」とは言わないまでも、あまり〝無い〟ことなのではなかろうか。

やはり、目の前に「紙に書かれた文章」など（甲）を「元」にして、「自分の金工細工」（乙）を作る。それが普通ではないか。だから（乙）は、第二史料なのである。

問題は、次の一点だ。

（甲）で「臣」という文字の場合、〝外わく〟は「口」の右端の縦棒の〝欠けた〟形だから、これを「豆」のように〝まちがえる〟ことは、ありにくい。

ところが、「豆」という文字の場合、第一筆と第二筆の間が「ハネ」でつながっていた場合、これを「全体の一部」と「誤認」して、このような「豆」という字型と見て「金工細工」する。そういう可能性は、あり得（え）るのではあるまいか。

わたしは、親鸞研究でも、同じケースに出会っていた。「南無阿弥陀仏」の「無」を親鸞は「旡」と書く。これは「旡」が正しい。けれども、活字ではなく「行書体」や「草書体」であった場合、「ハネ」が〝混入〟しやすいのである。わたしはこれを「親鸞独自の誤認」と思っていたけれど、中国側にもすでにこの類の「誤用」の存在していた事例を、平松健さん（東京古田会）から教えていただいた。感謝する。

雄略天皇説はありえない

ともあれ、元（もと）は「臣」ではなく、「豆」だ。では、なぜ「まめ」か。表音で書けば「真米」といった文型だ。それをなぜ、「豆」と書いたか。問題は、そのように〝進ん〟だ。

答は、簡単だった。三国志の魏志倭人伝では「食飲には籩（へん）豆を用い手食す。」として、日常の食器として使われているけれど、本来は「神に捧げる、飲食の器（うつわ）」である。

稲荷山の鉄剣銘文は、全文「祖先を祭り、仕えてきた」という主旨で一貫している。その中の「まめ」の〝名前〟を、いわれある「豆」の一字で表現した。見事な〝文字使い〟だ。

周知のように、倭人伝中の「左治国」という特徴ある一句を、この鉄剣銘文では「左治天下」として、見事に〝転用〟している。もちろん「天下」は〝海士（あま）族の支配した領域〟の意である。中国式の「全世界」の意味ではないのだ。すみずみまで「配意」された文面、それがこの見事な「鉄剣銘文の原文」なのである。

『関東に大王あり』でのべたように、利根川の対岸に、この「磯城（シキ）宮」があった。明治十二年建碑の大前神社に「磯城宮」碑が存在した。栃木県藤岡町大崎だ。今井久順さん（藤田友治さんの義父）が、前沢輝政氏の『下野の古代史』の中から〝発見〟して、わたしに知らせて下さったのだった。

肝心の、稲荷山古墳の「鉄剣銘文」の出土地が、同一の古墳の中の「主墳」ではなく、「副墳」だった、という考古学上の事実と相俟って、もはや「通説」の「雄略天皇説」は「無理至極」としか言いようがない。

だが、「公の教科書」や「公の共通試験」など、日本の公的教育では、歴史像の根幹において「虚偽の歴史」を教えつづけているのである。

「東夷伝」の三つの序文

「問題は、終った。」

わたしはそう思った。加藤さんの〝おすすめ〟に従って、五月の築地の大角力見物にも行った。「主治医付き」だから、〝気楽〟なものだ。もっとも、加藤先生御自身は〝ハラハラ〟していた、と、あとでお聞きした。ともあれ、投げ出された「加藤提案」に対しては、京都の自宅に帰る前に、「解決」できた。そう思って、東京を〝あと〟にしたのである。

しかし、とんでもなかった。「真の問題」が、このとき、まさに「はじまっていた」のだった。わたしにとって、否、日本の歴史学にとって、「未曽有の研究世界」が、そこに横たわっていたのである。

それに気づいたのは、その前年（平成二十三年）に公刊された『俾弥呼』を読み返していたときだ。

この本を書きすすめているとき、重大な「発見」があった。三国志の魏志の東夷伝中に掲載された「東夷伝序文」の存在だ。その存在そのものは、もちろん、前から知っていた。しかし、新たに「着目」したのは「三つの序文」問題だ。

三国志には、「序文」が三つ掲載されている。

その第一は蜀志五の「諸葛氏集」（孔明著作集）の序文だ。二十四篇の目録と共に、

「右二十四篇凡十萬四千一百一十二字」と記され、末尾に、

「泰始十年（二七四）二月一日癸巳平陽侯相臣陳壽上」

とされ、その「序文」の全文が堂々と収録されている。陳寿の「意思」をうかがう上で、逸することのできぬ一文である。

その第二は、魏志三十の「烏丸、鮮卑、東夷伝」の冒頭の「序文」である。

「書載蠻夷」から「故に但だ漢末・魏初以来、以て四夷之変に備うと云う。」に至る。これまた堂々たる「四夷之変」にそなえた旨を記した「序文」である。

そして第三が、問題の「東夷伝序文」だ。『俾弥呼』の「第七章『三国志序文』の発見」で全文読み下し（一九三ページ。原文は巻末）を記したように、これまた「堂々たる序文」なのである。

「書に称す。東は海に漸（いた）り、西は流沙に被（およ）ぶ。」

という、「尚書」（書経）の一句からはじまっていることからも、しめされている通り、単なる「夷蛮の一端」（夫余・高句麗・東沃沮・挹婁・濊・韓・辰韓・弁辰〈二回〉・倭人）のみに対するものではない。

この点、次にのべる「末尾の一文」が明示している通りだ。

「東、大海に臨む、長老説くに、異面之人有り、日の出ずる所に近し、と。」

すでに、倭地に来ている中国（魏朝）の使者が、この「倭地」から〝日が出ている〟と書くことなど、ありえない。「侏儒国」から黒潮に乗って「一年」（二倍年暦）。現在の半年）で到着するところ、「裸国・黒歯国」の人々を指していること、『俾弥呼』に詳記した通りだ。史記・漢書の「西方の国々（安息）」から、さらに西へ海行した『日の没する所に近し』と、相対した一文なのである。

数多くの「邪馬台国」を論ずる本、いわゆる専門家たちが、このテーマを「論じない」のは、まさに〝木を見て、森を見ない〟たぐいの「不正直な、立論」なのだ。

以上は、すでに論じたところ、論じ尽くしたところだった。だが、本当の「焦眉（しょうび）のテーマ」が残されていた。それが今回の「加藤命題」を〝発起点〟として、わたしの前面に現われてきたのであった。

教行信証の序文

いわゆる「東夷伝序文」は、本来「三国志全体の序文」だった。『俾弥呼』で詳説した通りだ。一つの本の中に、三つも「序文」があるのは、おかしい。それには、何か「そうあらねばならぬ、真の理由」が存在する。わたしはそう考えた。

幸い、その「謎」は、すぐ解けた。それに同じ「問題」をもつ本があった。それがわたしの、永らくとりくんできた本、親鸞の主著・教行信証だったのである。論争史上において、それは東大教授、結城令聞（ゆうきれいぶん）氏の「信巻別撰論」を出発点とした。「総序」「信巻序」「後序」という「三つの序文」をもつ。それが教行信証だ。これに対して結城氏のアイデア、それは「信巻」のみが、まず書かれた。〝独立した本〟だった。その痕跡だろう、と推定したのである。

大胆な「仮説」だ。しかし、別の「目」から見れば、「安易な仮説」だ。なぜなら、もしかりに、教行信証の成立過程がそうだったとしても、「完成本」の〝ど真中〟に、最初の「序文」を〝とり残して〟おくべき理由がないからだ。

その上、信巻の内容自体が、他の「教・行・証・化身土」の諸巻と、内容上密接な関連があり、その関連を「前提」として、「信巻序」は書かれている。だから、結局、折角の「結城氏のアイデア」は、成立不可能だ。その一事が、龍谷大学や大谷大学等の各学者の詳細な論究によって「証明」された。それらをまとめた一書『教行信証撰述の研究』（百華苑、昭和二十九年刊）が、わたしの親鸞研究の初期に公刊されたこと、極めたる「幸せ」だったのである。

このような研究経験をもった、わたしにとって、三国志の「三つの序文」は〝異質〟だった。特に「夷蛮伝」中に、「二つの序文」が〝軒を接して〟存在している事実、それはまさに「異様」だった。けれども、すでに「評伝、陳寿伝」（『古代史を疑う』駸々堂出版、昭和六十年刊、所収）を書いていたわたしには、ことの経緯は「一目瞭然」だった。

陳寿はその晩年、『三国志』の上表と公刊以前に、無二の支援者、張華が失脚し、政敵の荀勗が朝堂を支配した。その中で陳寿は死を迎えたのである（元康七年〈二九七〉。六十五歳）。

そのさい、陳寿は、己が「畢生の言」を刻入した「序文」を〝省略〟されることを恐れ、その「総序」を、あたかも「東夷伝の一部」のような「形式」で、この位置に「挿入」したのだった。

たとえば、中国側ではもっとも著名な『三国志演義』（通称『三国志』）では、この、いわゆる「東夷伝序文」など、スッパリと〝斬り落され〟ている。これを見ても、陳寿の「用意」が決して「杞憂」ではなかったこと、〝あらぬ、心配〟ではなかったことが知られるのだ。


以上は、再説だ。『俾弥呼』で詳述したところを、簡約したものである。真の「出発」は、その次に来た。

「邪馬壹国」という自国名

問題は「東夷伝序文」の最末の一文だ。

「夷狄之邦と雖も、俎豆之象、存す。中国、礼を失うも之を求むるに、四夷猶信ずるがごとし。」

「俎豆之象」とは〝先祖を祭るための、供え物を置く器具〟のことである。論語では、孔子が「かつては、存在していたことを聞いているが、その実体が伝承されていない」と歎いたところだ。

それが「夷蛮の国」の一つである、倭人の国に残され、その国の人々は、その「古礼」を、今も信じていた。――そう言って、陳寿は讃歎しているのである。なぜか。

それは三国志全体を見ても、「烏丸・鮮卑・東夷伝」を見ても、たった一つしかない。然り。あの「邪馬壹国」の四文字だ。もっと言えば、「壹」という一文字なのである。

諸橋の大漢和辞典を見ても、「壹」が「一」と同一義である、ということが書かれているだけで、この「壹」という文字の「本来の意義」は書かれていない。当然、この大漢和辞典の〝元本〟である、中国の康熙辞典にも書かれていない。

だから、わたしは今まで気づかなかった。三世紀の、中国側の「意義」としての、「魏・呉・蜀」中の「魏朝のみに対する忠節」という意味としか考えなかったのだ。不十分な理解にとどまっていたのである。

しかし、あの「加藤命題」の〝解き放った〟道は、この「壹」の本来の意義を明らかにした。「祖先を祭る、供えものの器具」を現わす文字だったのである。「士」は「仕」と同じ。「常とするもの」との意。「冖」は台座。「豆」は、例の「祖先を祭る器台」の「形」を、〝そのまま〟文字化したもの。文字通りの「象形文字」だ。

このような、わたしの理解を確かに〝裏付ける〟もの、それは有名な「銅鏡百枚」の下賜が、中国側の天子の詔勅に明記されていることだ。中国側では、しょせん「上流の美容上の器具類」に過ぎない銅鏡を、なぜ倭国へのプレゼントにこれだけ〝挿入〟したか。当然、倭国側、俾弥呼側の「要望」によった、と考える他はないであろう。「太陽信仰のための、祭儀の要具」である。いわゆる「三種の神器」の一つだ。

俾弥呼は、その「景初二年」の上表文において、自国における、祖先以来の「太陽信仰」の意義、そしてその「尊厳」を自分たちは深く信じていることを述べた。その理由をあげた上で、一見、中国側の「目」からは〝奇妙〟な、この「銅鏡百枚」を「要望」したのであった。——そのときに用いた「自国名」の表記、それがあの「邪馬壹国」の四文字だったのである。

これを、(今までのわたしが)もっぱら「中国側の表記」と考えていたのは、大なる錯覚にすぎなかった。

すでに、倉田卓次さんの批判により、倭人伝内の国名などの固有名詞が「中国側の表記」ではなく、「倭国側の表記」であることを、わたしは「承認」した。上城誠さんのお知らせのため、「都市（といち）命題」により、中国側の「漢文中の漢文」とも言うべき詔勅の中に、「都市」という「音訓共用」の〝倭人側作製の文字〟が「内包」されていたことを知った。そこまでわたしの文字認識は進んできた。

しかし、今回の「加藤命題」に〝端を発した〟一連の「認識の深化」なしでは、今回のように、問題の「邪馬壹国」が倭人側、俾弥呼側の「文字使用」の核心をなしていたこと、この最高の重大事を全く「知らず」に来ていたのである。

思えば、わたしの研究は、わたしを批判し、助言し、提案して下さった方々のおかげ、その「余波」にすぎなかった。恵まれていること、まさに無上と言う他はない。

『俾弥呼』を「畢生の書」と思いつつ、書き終えたあと、なお今日まで「余命」の残っていること、おそらく運命の神がわたしに求め賜うところ、なお〝残され〟ているのかもしれぬ。

2　宗教と国家について考える

人間イエスへの敬愛

若い方から「問い合せ」があった。身の上の相談である。異性問題に関係している。

もちろん、プライバシーに属する。

すでに八十六歳も終りに近づきつつある、わたしにとっては、幸いにも、あるいは不幸にも、その「患らい」はない。しかし、この「研究自伝」を書いている最中だから、自分の生涯をふりかえってみれば、当然ながら、〝思い当る〟「事件」は存在する。

否、「存在する」などというより、わたし自身の「物の考え方」が成り立つ上で、重要なファクターとなっていた。それを「思い出した」のだ。率直に書いてみよう。

わたしは四人兄弟だった。一番上の異母の姉（房子）は、平成二十五年八月二日、百歳で没。次の姉（淑子）は、七歳上。すでに亡い。その夫、井上嘉亀は科学者であり（神戸大学工学部教授）、わたしの「思想形成」への推進役として貴重な存在だったこと、すでに書いた。兄（孝夫）は、四歳上。彼のことは改めて書く。ともあれ、「女」の兄弟・姉妹は、歳がはなれ過ぎていて、「話し合う」ような〝仲〟ではなかった。要するに、わたしは末っ子。そして〝女を知らぬ〟朴念仁だったのである。「女性とのつき合い方」も知らず、本ばかり読んでいる少年、そして青年だったのである。

けれども、それはしょせん「表面」の自己に過ぎなかった。「内心」は、異性への関心でいっぱいの、青年だったのである。

昭和十八年（一九四三）の四月、旧制広島高校の「倫理」（改称「道義」）の時間に、岡田甫先生が黒板に大書された。先述の通りだ。今回はバイブルからである。

「色欲をもって、女を見る者はすでに姦淫したるなり。」

岡田先生の「解説」は覚えていない。「イエスは、こう言っている。諸君、どう思う。」という、簡単な「問いかけ」だったように記憶している。しかし、わたしには衝撃だった。授業がすんで、そばの芝生に腰をおろしていたとき、隣にいた親友の可部恒雄君に言った。

「おれなんか、しょっちゅう姦淫しているんだ。どうしよう。」

彼は笑って、答えなかった。のちに最高裁の裁判官となった男である。広島の可部寅（かべとら）という著名の服飾店の息子だった。旧制広島一中の出身である。

その「回答」は、二年後に来た。

昭和二十年の四月、わたしは東北大学の日本思想史科に入学し、仙台へ向った。もちろん、新幹線など、まだない頃。長旅（ながたび）だった。その間に読むつもりで、バイブル（旧・新約聖書）をもっていた。

そのヨハネ伝の第八章に「姦淫した女」とイエスとの問答があったのである。その大要は、次のようだ（1～11）。

イエスがオリーブ山の宮にいたとき、律法学者とパリサイ人がやってきた。彼等は姦淫の場で捕えられたひとりの女を連れて来て、真中（まんなか）に置いてから、イエスに言った。

「先生。この女は姦淫の現場でつかまえられたのです。モーセは律法の中で、こういう女を石打ちにするように命じています。ところで、あなたは何と言われますか。」

これはイエスを「ためす」ため、「イエスを告発する理由を得る」ためだった。

すなわち、もし彼が「石打ちにせよ。」と言ったら、「彼の言う『愛』の教えは、にせ物だ。」と非難し、逆に「許せ」と言ったら、「彼は、ユダヤの最高の『法』である、律法を無視せよ、という男だ。」と非難する。要するに、イエスがどちらに答えても、「イエス攻撃」の道具、その「口実」とするための「問いかけ」だったわけだ。「両手責(もろてぜ)め」の手法なのである。

しかし、イエスは意外な「答」をした。それは「あなた方のうちで罪のない者が、最初に彼女に石を投げなさい。」という言葉だった。

わたしは知った。あの「イエスの言葉」、二年前に聞いた、「姦淫に関する、厳しい言葉」を。それは、まず、己(おの)れ、イエス自身に向けられたものだった。

「わたしは、四六時中、姦淫をしている身だ。なぜなら、色欲をもって女を見ているからです。だから、わたしには彼女に『石を投げつける』資格はない。」

「しかし、あなた方の中に、そのような覚えの全くない人がいれば、まず、その人が彼女に石を投げつけなさい。少なくとも、わたしにはできません。」

イエスは「解説」はしなかった。岡田先生と同じように。しかし、その態度と、その口調から、彼の「信条」は〝にじみ出て〟いた。それが人々に伝わったのだ。だから、一人去り、二人去り、すべて消えていった。

そのあと、イエスは身をおこしてその女に言った。

「婦人よ。あの人たちは今どこにいますか。あなたを罪に定める者はなかったのですか。」

彼女は「だれもいません。」と言う。そこでイエスは言った。

「わたしもあなたを罪に定めない。行きなさい。今からは決して罪を犯してはなりません。」と。

右は、現在の口語訳（新改訳、日本聖書刊行会）によったけれど、そのとき汽車に持参して乗ったのは、もちろん「文語訳」の旧訳だった。だが、彼の「心」は真っ直ぐに、わたしの十八歳の「心」にとどいた。二千年の歳月を越えて、確実にわたしの最奥の内部に到着したのである。

わたしは青年イエスを愛した。否、人間イエスを愛した。いかなる宗派、カトリックもプロテスタントも、「キリスト教」そのものを越えて、彼を愛したのである。他の人々がわたしから、この「愛」を奪おうとしても、一切無駄だ。無意味なのである。

と同時に、この「事件」は、わたしに教えた。あらゆる「外部の規範」や「外からの評価」に反して、格段にすぐれた「内部のルール」が人間に存在することを。

だから、これは単に「性（セックス）」に関するテーマではなかった。人間の「学問」のもつべき姿、その本質を顕示した「事件」だったのである。

イエスは「神の子」などではない。「人間の子」だ。さまざまな、キリスト教の各派の各時代の各論議、何億人、何兆人が〝与えた〟讃辞、賞め言葉、また「三位一体」などの理論より、イエスは偉大なのである。なぜか。人間の子だからである。本当の人間はこのようなもの、それを体現したからだ。

このヨハネ伝の第八章の中で、二回イエスの「身ぶり」が書かれている。

「しかし、イエスは身をかがめて、指で地面に書いておられた。」

最初に、律法学者やパリサイ人が「両手責め」の質問をイエスに投げかけたときだ。

次に、

「そしてイエスは、身をかがめて、指で地面に書いておられた。」

例の「あなた方のうちで罪のない者が、最初に彼女に石を投げなさい。」と言った、直後である。

「彼らはそれを聞くと、年長者たちから始めて、ひとりひとり出て行き、イエスがひとり残された。女はそのままそこにいた。」

へとつづく。そして「イエスと彼女との問答」へと移っているのだ。


このときの、イエスの所作、地面に何かを書いている姿の描写は、「抜群」だ。どのような文学作品にも勝る「人間のリアリティ」をしめしている。ヨハネ伝では、この一節が（十分には）存在しない、古い写本があり、異本間の「異同」もあるようであるけれど、それらの「写本問題」を鋭く〝突き抜け〟るほど、ここに描かれた「イエス像」は見事だ。事実、全バイブル（四福音書をふくむ）中でも、光り輝いている。当の「ヨハネ伝」そのものの〝他の部分〟からも、〝抜き出て〟いる。おそらく、「イエスの（一見ささやかな）この時の〝ふるまい〟と〝言葉〟」が人々の「心を打った」のであろう。「人々の」と言っても、その核心にいた相手は、当の「婦人」だ。彼女は、生涯、このときのイエスを忘れなかったにちがいない。その彼女自身か、「人々」の中の〝心ある一人〟が、この「記録」を後世に伝えたのだ。

本当の人間の心は、千年や二千年で「亡びる」ものではないのである。

「神々」から「神」への改ざん

今回の『俾弥呼』の中にも、バイブル論がある。

「第十二章　学問の方法」の、「2　日本古典とバイブル批判」だ。

この本の題名とは、全く〝離れて〟いるように見える。しかし、村岡典嗣先生が「ソクラテス・プラトンの方法で、日本の古典を研究せよ。」と教えられた、その精神から、ここでは逆に、日本古典を研究してきた、その方法論に立って、バイブルを見る。そういう立場に立った。わたしの「学問の方法論」の普遍性を「証明」しようとしたのである。

ところが、今の時点で振りかえってみると、「こと」はそれだけではなかった。わたしの「予感」や「予想」をはるかに越えるテーマ、重大問題がここには存在していたのだ。なぜか。

その理由は、「読者や研究者」、さらに言えば、日本のあらゆるメディアからの「反応」だ。否、より正確に言えば、その「無反応」ぶりだった。

ここで展開した、わたしの分析を要約してみよう。

バイブルには、冒頭から「重大な『?』（謎）」がある。

その第一は、先頭の宇宙創造の「神」がヘブライ語では『複数形』である。「神」ではなく、『神々』だ。それをヨーロッパ各国、そしてアメリカや世界各国に〝流布〟しているバイブルではすべて「単数」の「神」（英語では god. gods ではない）へと、書き直されている。「改ざん」である。英語以外、ドイツ語、フランス語、スペイン語、ロシア語等でも、一切例外はない。

その第二は、彼等（神々）の「宇宙創造」は、六日間で終り、七日目には終った。これが一週間（月曜から土曜までの六日間と、その次の日曜日〈休日〉）の原型である。なぜ、五日間や十日間で「一週間」にならないのか。この疑問だ。

これに対する、わたしの「回答」は本書第二章ですでにふれたように、次のようだった。

第一、本来、「宇宙創造」の「神々」とは、「女と男の神」の〝ワン・ペアー〟だった。だから、（有名なテーマだが）「主語」が複数形なのに、「動詞」が単数形なのである。

第二、その「女と男の神」とは、「イヴとアダム」である。本来は、女性神のイヴが中心で男性神のアダムは従属者だった。それを「男性中心の時代」になって、〝逆転〟させたのである。これと同類の事例は、わが国の古典、古事記・日本書紀に多出している。有名な事例だ。本来の「女性中心」の原型（縄文以前型）は、日本書紀の第十・一書のタイプである。

第三、その本来の、『女と男の神』の『宇宙創造者』は、一転させられて『蛇の奸智』にだまされる、〝愚劣な女と男〟として描かれている。この点も、日本の古典と共通する。すなわち、「縄文以前」の本来の太陽神「ヒルコ」（「ヒルメ」と一対）は、「ナメクジ」に似た〝壁をはう〟ヒルと「同一視」され、「神」からはずされ、流し棄てられた、とされているのである。

新しき太陽神としての「天照大神」を顕彰するためだ。

バイブルも、これと「同一の手法」に立っているのである。

第四、決定的なのは、「六日間のウイークデイ」と「七日目の日曜」の件だ。女性は初産婦の場合、六ヶ月の「胎児生動期」のあと、七ヶ月目に「出産」して休息できるのである。最初の四ヶ月（経産婦では、三ヶ月）には「胎児の生動」を感じることがない。

現在、世上に言われる「十月十日」とは、これらを「合算」した概念であり、実際上の「母親の感覚」からは、まさに「六ヶ月間の胎児生動」と「七ヶ月目の休息」なのである。

このような「女性の、母親となるときの実体験」を「元（もと）」として、この「創世記」の冒頭部は〝作られ〟ている。

第五、この「本来型」のあと、「主なる神」として、ユダヤの主神「エホバ（ヤーウェ）」が登場する。彼を「主語」とする文体へと〝移行〟している。それ以前は、いわば「エホバ誕生譚」の形となっているのだ。

第六、しかし、後代のヨーロッパ世界（英語圏、他各国語圏）では、「エホバがこの宇宙のすべてを作り賜うた」という、「イデオロギー」に立って、ヘブライ語の「原文」を「改ざん」したのである。ヨーロッパでは「異教（多神教）を『魔女裁判』によって撲滅（ぼくめつ）した」あとの「キリスト教、単性社会」となっていたから、その「条件」に〝合わせ〟て、バイブルの原文の原型を「改ざん」して、世界に〝流布〟させた。

以上が、わたしの「史料批判」だったのである。医師の加藤さんから「女性の生理」について「医学上の御教授」を受けることができたのだった。

以上の、バイブルに対する「史料批判」に対して、今まで全く「反応」がない。「再批判」がないのである。

再批判

昨年（平成二十四年）の「講演」などで、わたしのバイブル論に対して〝執拗な〟反論を述べた方はあったけれど、わたしが右の論点、たとえば「六日間と一日」の問題を聞くと、「そんなこと、考えたことがない。」という〝返事〟だった。要するに、従来の（その人が思っていた）バイブル理解と、わたしの「史料批判」の方法とが、全く〝別種〟だったからだ。

そのときも、「わたしの書いたものが出ますから、御覧下さい。」と申し上げたけれど、この『俾弥呼』の公刊以後、一年半を経た今、何一つ「書評」すら出ていない。それが現況なのである。なぜか。問題が「バイブル」理解にとって〝支葉末節〟のテーマだからか。——否（ノウ）だ。

それどころか、「バイブル」理解にとって、重大極まりなき「根本問題」だ。しかも、わたしは、人類にとっての最大部数の出版部数を誇る「バイブル」が、本来の「バイブル」、原語、ヘブライ語の「バイブル」を、勝手に「改ざん」したものだ、と言っている。つまり、世界中の人類を「だまして」きた、と告発しているのである。クリスチャンにとって、これほどの「侮辱（ぶじょく）」はない。そう言っても、決して「過言」ではないであろう。

全世界のクリスチャンから、いっせいに「反撃」と「再批判」が襲来しても、当り前なのである。わたしは、すでに述べたように、地球上の誰よりもイエスを愛する人間であるから、喜んでその「再批判」を受けたい。

もう一つ。そのような「重大なテーマ」に対する、わたしの史料批判が、全く「論理」も「道理」も「誠実」も持たず、全く「くだらぬレベル」のものと見えているのであろうか。「反論」や「再批判」や「書評」などには、全く〝当らない〟レベルの「史料批判」なのであろうか。——否、わたしの「正直な頭」と「まともな理性」と「人間の率直な感覚」では、到底、そのように〝うなずく〟ことができないのである。

従来も、バイブルに関する、さまざまな書物が出ているけれど、わたしがここで述べたような「書物」には、一回も出会ったことがないのである。

では、なぜ。なぜ一切の「再批判」も「書評」も、現われないのであろうか。その答は一つ。

「古田の『バイブル批判』を受け入れれば、従来のバイブル、何億、何兆のバイブルの根幹を犯される。しかも、その『史料批判』の指さすところは、いずれも論理的に正当である。」

だから「無視」せざるをえない。——これが「シカト」の原理なのである。

無視の真相

「古田さんの本を読むと、全部筋が通っているでしょう。」

「ええ。」

「だが、あれでは駄目なんです。通用しませんから。」

これは、わたしの本の愛読者が、大学の著名の学者の講演のあとで、わたしの本に対する感想をお聞きした、そのときの「回答」だった、という。

ある意味では「名回答」だ。わたしの本のしめしている「論理」と「論証」の正しさを認めながら、それとは「別個の世界」として、学界の「通説」や「定説」が構成されている。その「構造」の真相を（巧まずに）告白したものだからだ。

たとえば、例の「日出ず（づ）る処の天子、書を日没する処の天子に致す、恙なきや。」の、印象的な「名文句」だ。あれは古事記や日本書紀にはない。続日本紀や風土記にも、もちろん、ない。七世紀初頭に成立した『隋書』にだけ、出現する。それも「多利思北孤（タリシホコ）」と名乗った、否、「上表文」として「自署名」した男性の「国書の文面」の一節だ。『隋書』を書いた、唐の魏徴は、隋朝から初唐にかけての歴史官僚だから、当の「国書」を〝手もと〟に見ながら書き得る立場の人物だ。文字通りの「同時代史料」なのである。

一方の古事記や日本書紀その他は、八世紀前半の「成立」だ。それも「客観的」というよりも、八世紀になって、「文武・元明・元正天皇」などの新王朝の「正統性」を〝弁明〟するために書かれた歴史書だ。「新国家の主観」に立って〝編成〟されたものである。

それによれば、右の「名文句」の〝発せられた〟時期は、推古天皇。女性である。一方の「多利思北孤」は「雞弥（キミ）」という妻の呼び名まで書かれているから、疑うべくもない「男性」だ。

だが、本居宣長をはじめとして、明治以降の日本の「公的な見解」では、すべてこの「名文句」を、「女性」の推古天皇に当ててきたのである。あるいは「摂政」の聖徳太子に当てる学者も、あった。

しかし、聖徳太子は「天子」になったことはない。「キミ」という呼び名の「妻」もいない。その上、あれだけ推古紀中に〝おびただしい〟聖徳太子「讃美説話」の中に、この「多利思北孤」という

〝正規の名称〟が、一切存在しない。このような「無い、ない尽くし」にもかかわらず、明治維新以降の「日本の公的な歴史」では、この「名文句」をもって「近畿天皇家、一元主義」の中に〝押しこめ〟てきた。そして学校では「子弟」に覚えこませつづけて、一世紀半を過した。明治・大正・昭和・平成と、四代の「知的ロボット」の大量生産の時代である。その中で「多数決」を求めれば、どうなるか。問うまでもない。

「問うまでもない」けれど、否、「ない」からこそ、わたしの「九州王朝説」など、存在しなかった。そういう「体裁」が必要だ。

わたしの『俾弥呼』の書評など、たとえ書評者が「書いた」としても、NHKはもちろん、朝日・毎日・読売などの「大手メディア」が「掲載」するはずもないのだ。——これが「無視（シカト）」の真相なのである。

歴史家の面目

「貴女（あなた）が、たとえ被差別部落の出身であったとしても、わたしは貴女と結婚したい。」

これが、わたしにとって「平常から、考えていたプロポーズのせりふ」だった。まだ「相手」もいないうちから、考えていた言葉だったのである。朴念仁の青年らしい「観念」と言われても、まちがってはいまい。しかし、これがわたしの、年来の「考え方」の到着点だったのである。「被差別部落」問題に対する「対面」は、わたしの「思想」にとっての基本問題だった。

人間が本来「平等」であること、それは論議の余地がない。「サル族」の一員として、鼻が一つ、目が二つ、口が一つ、尻の穴も一つ。そして両手・両足。天皇も「被差別民」も、何一つ、変りはない。「障害者」というのも、右の「基本型」を「元（もと）」にした概念なのである。

それなのに、なぜ。なぜ、天皇から「被差別民」まで、「尊卑」が分れているのか。それを実在する「歴史書」は答えていないのだろうか。

とんでもない。明確に〝書かれていた〟のである。神代の巻の最後に、「兄」と「弟」の〝争い〟が書かれ、「弟」の方が「天皇」の座を得たことがハッキリと書かれている。

これに対して、「兄」の方が「俳優（わざおぎ）」のように、昼も夜も、「弟」に仕えることとなった、と。芸能の世界へと〝追いやられ〟た「被差別民」をさししめしている（古事記）。

これに対して「中巻・下巻」を占める「御陵」こそ、天皇陵だ。その「守護人」が、本来「天皇家以上の尊貴の身分」すなわち「兄」だった人々なのである。

「このような『構成』の下で、中巻・下巻を読んでほしい。」

そういう、明確な「指示」が、上巻（神代の末尾）にハッキリと、疑う余地もなく、書かれている。けれども、本居宣長は、自己の「イデオロギー」を優先し、古事記を、古事記のままに、言いかえれば「ありのままに」読もうとは決してしなかった。

明治維新以降の、国学者も、国文学者も、歴史学者も、そして柳田国男・折口信夫のような民俗学者たちも、一切この「明白な史料事実」に対して、一言もふれようとしなかった。だから、学校の公的な教科書でも、それに「ふれぬ」ことを最高のルールとしてきたのだ。

ここでも、「ことが、支葉末節だから」ではなく、「論理と論証が、あいまいだから」でもなく、むしろそれがあまりにもハッキリと書かれているから、「存在しなかった」ことにされているのだ。だから、わたしの『俾弥呼』の〝出色の一章〟の形で「歴史の革命」として、これを正面から論じても、一切の「書評」はこれに対しても「無視（シカト）」の一線を守り、大手メディアの「論議」から排除してきたのである。

しかもそれは「差別する側」からはもちろん、「差別される側」からもまた、「無視（シカト）」の「目」が及んでいるように見えるのは、なぜだろうか。

すでに「被差別民の、職能起源説」は否定され、「古墳時代とのかかわり」の存在が説かれていた。しかし、その一線をさらに〝越え〟て、「天皇陵」や「天皇制」の問題と、これが不可分の問題であること、それを「明示」せずして、歴史家の「面目」は存在しないのではなかろうか。

わたしの中で、「問答」が生れた。

シカトと洗脳

「わかった。」

「何が。」

「文章には『文脈』がある。その中の『単語』は、その『文脈』の一つとして、理解されなければならない。」

「いつも、言っていることじゃないか。」

「そう。同じことだ。『宗教』にも、『国家』にも、マスコミなどの『大手メディア』にも、永年（ながねん）、つちかってきた『文脈』があるんだ。」

「なるほど。」

「だから、その『文脈』の中で〝あつかう〟ことのできるテーマは、あつかう。しかし、その『文脈』の大わくから〝外れた〟テーマは、あつかうことができない。だから『除外』するんだ。あたかも、その『重大テーマ』の〝出現〟が〝無かった〟かのようにして『処理』せざるを得ないんだ。」

「そう考えれば、このような『重大問題』に対して、『知らぬ』『存ぜぬ』の姿勢で〝押し通している〟わけ、その理由がハッキリするね。」

「そう、『こんな重大なテーマなのに、無視する』のじゃなくて、『これほど重大なテーマだから』無視せざるを得ないんだ。」

「あってはならないことだけど、それが真相かもしれないね。」

わたしの「内部」で、このような「問答」があったあと、ついに「最終の回答」そのバベルの塔が見えてきたのである。

ノアの大洪水のあと、バビロンに建てられたという高塔だ。旧約聖書、創世記第十一章である。そこでは「人間の傲慢」の象徴とされた。神が人間の自己神格化を憎み、人々の「言葉」を混乱させた、そのためこの「バベルの塔」の工事は中止せざるをえなかった、というのだ。

そのため、「実現の可能性のない架空的な計画」の意味で使われている（広辞苑）。

当時の「神」の観念を「元」とした、鋭い観察である。ことに、人間同志の「紛争」の根元を「言葉」のちがいにおいた、その観察は鋭い。各民族や各国家の「言葉」とは、それぞれの「文化」や「政治」など、すべての「歴史」の集約だ。それらの各々の「独自性」が、人間同志の「和解」をさまたげている。そういう「見方」だ。それを「神」の名によって解説しているのである。

しかし、「人間同志の間の和解」は、本当に不可能なのであろうか。

わたしは考えた。二十一世紀において「宗教」や「国家」や「大手メディア」の果している〝役割〟を。

それらは、自己の「信者」や自己の「国民」や自分たちの「読者」に対して、それぞれ基本の「大わく」をもっている。今のべた「文脈」だ。その「文脈」に従って、自家の「内部」の〝成員〟を、彼等の中のメンバーを「納得」させてきたのである。

だから、その「文脈」を〝越える〟テーマにぶつかったときは、〝敢然と〟「無視」する他はない。「シカト」の原理だ。

ことの「道理」を〝逆転〟させてみよう。「同一のテーマ」を、「表」からではなく、「裏」から見るのだ。否、より正確に言えば、従来のように「裏」から見るのではなく、「表」から、見つめる。ハッキリと「正視」するのだ。すると、そこに見えてくる姿は、何か。

「宗教も、国家も、大手メディアも、すべて『自己支配下の人々』の頭脳を『洗脳』しつづけてきた。そして今も、それをつづけている。」

これだ。教会も、寺院も、大・中・小の各国家も、そして「学校」も「メディア」も、すべてそのための「宣伝機関」にすぎないのである。

最晩年の親鸞は語った。今のわたしと同じ、八十八歳（かぞえ）のときだ。

「あみだ仏は、大自然のれうなり。」

と。今まで、自分が無上の「信仰対象」としてきた「アミダ仏」とは、大自然の真相を知るための手段だ。「道具」なのだ、と言い放ったのである。彼の生涯の主著、教行信証にも、（そのままの形では）出現していなかった一言だった。

わたしは思う。釈迦も、イエスも、孔子も、マホメットも、もし九十歳から百歳までの寿命があったとしたら、これと「共通の思想」を彼等それぞれの言葉で語ったのではないか、と。

歴史に「イフ if」はない。過ぎたことは返らない。しかし、わたしは生きている。「畢生の書」の『俾弥呼』を書き終えたあと、なお「余命」をもつ。運命の神は、わたしになお「語らせたい」ことがあるのではないか。

それはおそらく、「人類の運命」にかかわることだ。わたしはそのように直感しているのである。

宗教や国家の賞味期限

わたしは日本で生れた。幼くして歴史に関心をもち、その道を進んだ。当然「日本の歴史」がわたしの対象となった。

しかし、村岡典嗣先生の教えにより、ソクラテス・プラトンの「方法」によって、日本の古典を見た。研究したのである。

そこから見えてきたのは、確かに「日本の古代」であったけれど、同時に何よりも「世界の古代」

そして「人類の古代」だった。そのための「日本のケース」を明らかにする。そういう〝一すじの道〟となったのである。

事実、日本の古典に対する「史料批判」の方法と、同一の「問題意識」に立って、バイブルを見たとき、従来〝解き難く〟見えていた難問が、スラスラと解けてきて、驚いたのだ。

大蔵経典や論語、またコーランなど、これらの「人類の聖典」も、同一の方法によって、これらの「語られたところ」の真相を摑むことができる。わたしは、そう信じて疑わない。

もう一歩を進めよう。

これらの「聖典」は、〝無類の価値〟をもつ。それは疑いない。しかし、それがわたしたち人間の「さらなる前進」を止めるものであってはならない。

たとえば、「原水爆」や「原発」など、これらの宗教の宗祖、また「国家」の創始者たちは、知らなかった。それぞれの民族の「古典」に、そのような「存在」は〝ふれ〟られてもいないのである。

もちろん、後世の、あるいは現代の「祖述者」が、彼等の〝信ずる〟古典において、それに「相当すべき文言」を〝見出す〟ことは、自由だ。賞讃してよい。しかし、そのことと「古典の語り手たちは、それを知らなかった」という一事を〝混線〟させることは許されない。

「俗な言葉」で言えば、食物にそれぞれの「賞味期限」があるように、宗教や国家にも、大手メディアにも、それぞれの「賞味期限」があるのだ。

その一事を〝裏付ける〟ための、確たる証拠、それが先述の「無視（シカト）の原理」の存在なのである。

3　『古事記伝』と足摺岬の再考

「本居さんは、ね。『師の説に、な、なづみそ。』と言っています。」

「はい。」

「師の説に、な、なづみそ」

十六歳の少年だったわたしに対し、村岡先生は、くりかえし、そのように言われた。「本居さん」という呼び方も、わたしには先生の親戚の人のように聞えた。

しかし、今思えば、その言葉は的確だった。本居宣長から村岡先生へ、先生からわたしへ。「本居さん」の孫弟子に当る、末輩のわたしが、本居宣長はもちろん、村岡先生すら「想到」されなかった、日本歴史の全体像へと辿り着くこととなったのである。

否、「辿り着いた」というよりは、本居宣長の「近畿天皇家一元主義」のイデオロギーを「非」とし、村岡先生も「想到」されなかった「九州王朝、中心」の古典批判へと踏みこんだ。その地点から、古事記・日本書紀や続日本紀・風土記等に対する「史料批判」への不可避の道、その一筋道のスタート・ラインに立つこととなったのである。

(この問題については「村岡学批判——日本思想史学の前進のために」『新・古代学』第八集、新泉社刊、所収、で詳述。参照されたい。)

「松坂の一夜」という言葉がある。わたしには、なつかしい言葉だ。小学校の教科書にあった。若き日の宣長が尊敬する賀茂真淵に会った夜のエピソードである。

本居宣長『古事記伝』批判

真淵が伊勢に向うとき、会いたいと思ったが、会えなかった。その帰り道、宣長の住地に近い、伊勢の松坂で、ようやく目指す大先輩に彼は会い、生涯の「古事記研究」の基礎を与えられたというのである。

けれども、そのときの真淵の「教え」あるいは「忠告」は、もっぱら「原文の書き変え」にあったようである。

「古典の文字には、まちがいが多いから、研究する前に、それをよく〝正して〟から研究しなければならない。」

そういう主旨だった。若き宣長は、感激した。そして「師の教え」通り、古事記や他の古典の「原文」に対し、容赦なく「訂正」を加えていった。それは彼の『古事記伝』の冒頭でも「力説」されている。

当時の、唯一の木版本である「寛永版本」に対しても、「あやまりが多い」と「酷評」を加えている。さらに「延佳本」という写本に対しても、やはり「誤謬が多い」という。それだけではない。最古の古写本である「真福寺本」に対してすら、「字の脱(オチ)たる、誤れる」などは殊(こと)に多い、として、高い評価を与えてはいないのである。

そして肝心の『古事記伝』では、その「底本」としているのは、もっぱら「宣長の美学」によって〝直し抜かれた〟「宣長底本」なのである。「師の教え」の実行だ。

だが、このような「方法」の落ち行くところは、どこか。当然「宣長のイデオロギー」に〝合致〟したものに「原文」を〝直して〟おいて、注釈するのであるから、「結果」は、ハッキリしている。宣長が〝望む〟通りの結論が出るに定(き)まっているのである。

その好例の一つは、例の「日出ず(づ)る処の天子、書を日没する処の天子に致す、恙(つつが)なきや」の「名文句」だ。これを〝無造作〟に近畿天皇家側、すなわち「推古天皇と聖徳太子の側」の発言として認めるのだ。

「(筑紫や熊襲など)九州の人間は、ウソつきで、中国の連中はそれにだまされた。」という「目」に立って、例の「邪馬臺(台)国」も、本当は「大和」なのに、中国の本(三国志)は、まちがえて書いている、というのと、一連の「処理法」だ(『馭戎慨言』等)。

九州の人々に対しては、もちろん、中国の人々に対しても「失礼千万」な〝手口〟だが、宣長は〝頓着(とんじゃく)〟しない。そんなことより、「近畿天皇家第一主義」それも「至上唯一主義」の観念の方が、はるかに「大切」なのである。

このような宣長に対して、わたしは敢然と言おう。

「『師の説に、な、なづみそ。』とあなたが言われた通り、わたしはあなたの指さすところへ行きません。そして古事記という記録そのものの指ししめすところに従います。」

と。

たとえば、古事記の「真福寺本」が「弟」と書いているところを、要所、要所で「矛」と〝書き直し〟ている。宣長が、あれほど「酷評」した「寛永版本」や「延佳本」などに〝漫然と〟従ったところ、それらに対してわたしはハッキリと「否（ノウ）」の言葉を向ける他はない。

その点、幸いにも、大下隆司さんが正確な写真版を作って下さった。ミネルヴァ書房復刊版の『多元的古代の成立』（上・下）の末尾の「日本の生きた歴史」（十四・十五）に掲載させていただいた。

本居宣長の『古事記伝』の底本、いわば「宣長底本」が、彼の「美学」による「造文」であること、その動かせぬ〝証拠〟である。

本居宣長の改ざん

わたしは、スタート・ラインに立った。

八十六歳という、生涯の終りに近い今、新たな「古代史研究」の、未開の分野、その広大な世界がわたしたちの研究を待っている。その「時」が来ているのだ。——なぜ。

たとえば、『続日本紀』（国史大系）。

巻一の上欄を見れば、

「御世、宣長の説に據（よ）りて補う。」

「下、宣長の説に據りて移す。」

「宣長云う、恐らく当（まさ）に弥弊々に作るべし。」

「結、原、給に作る。宣長の説に據りて改む。」

本居宣長六十一歳自画自賛像（賛無）
（本居宣長記念館蔵）

「乎、印本、尓に作る。宣長云う。当に衍（えん）なるべし」

わずか一ページの上欄に、これだけ、

「底本を、本居宣長の説によって改めた」

という注記がある。

凡例で見れば、本来の原本である「京都御所東山御文庫本」（宮内省図書寮〈皇室書陵部〉の谷森健男氏、旧蔵本に当る）の底本が、各所において、

「本居宣長の意見」

によって〝改ざん〟されているのだ。

わたしは京都大学の図書館（文学部）で、これを見た。写真版をとり寄せた。いずれも、この『新訂増補　国史大系』の「続日本紀、前篇」の活字本（吉川弘文館、昭和五十七年刊）は、その実体が「本居宣長の〝改ざん〟」によるものだった。

だから、ここから〝浮び上る〟古代史像は、当然「宣長のイメージ」に〝合う〟ものだったのである。

「高天原」を〝天上のすべて〟とし、「黄泉国」を〝地下の死者の国のすべて〟とし、その「中間」

を、この地上とする「三分割世界」という、宣長の「目」によって原文を「改ざん」しているのである。

わたしたちは、本来の「底本」に立って、ふたたび研究を出発させねばならないのだ。――これが「スタート・ライン」である。

原典に返る

「うちの神様は、年に一回、出雲へ行かれます。」

これは、対馬の阿麻氐留（アマテル）神社の氏子総代、老漁夫の小田豊さんの言葉だった。

わたしの『古代史を疑う』（駸々堂出版、昭和六十年刊）の読者には「周知」のところだ。彼の語るところでは、「うちの『アマテルの大神』は、神々の中で一番えらい神様だから、出雲へ行ってお祭のはじまるまで〝待たず〟にすむように、一番最後に行かれる。そして帰りは、一番最初に帰って来られます」、というのである。

何気なく、お聞きしていたわたしは、あとで気付いて「仰天」した。この「アマテルの大神」は、出雲の大神の〝家来〟なのだ。だから、年に一度、「参勤交代」のように、出雲へ「お参り」するのである。西日本の神話では、このような「出雲参り」の伝承をもつ神社は、必ずしも珍らしくはない。

しかし、わたしが「仰天」したのは、「アマテルの大神」が、そのような〝家来の神々〟のひとり、否、「ワン・ノブ・ゼム」の〝筆頭〟とされていたからだった。

小学校以来、すなわち「戦前」から、わたしにとって〝絶対〟に、

「天照大神（アマテラスオホミカミ）は、神々の中の最高神である。」

そして、

「そのため、その天照大神を祭った伊勢神宮こそ、最高至貴（しき）の中心としての神社である。」

という「観念」を、一回も〝疑った〟ことがなかったからである。

しかし、今回、わたしの「視野」は〝一変〟した。見馴れていた『日本書紀』（岩波日本古典文学大系）の神功紀では、その天照大神自身の言葉が「引用」されている。そこには、

「御心」

という「敬語」が用いられている。率直に理解すれば、この「天照大神」は「最高神」ではない。この神の「上」に、さらに「尊貴なる神」が存在しているのだ。

そして「決め手」は、例の、

「アマテルの大神」

だ。日本書紀の神功紀の「底本」、すなわち最古の写本である「北野本」（京都の北野神社蔵）では、何と「アマテル」と傍訓されている。「アマテラス・オホミカミ」ではない。

だが、岩波の日本古典文学大系の「活字本」では、この「アマテル」は〝捨て〟られ、「アマテラス・オホミカミ」という後代写本（卜部系写本）によって〝取り変え〟られているのだ。その〝取り変え、底本〟をもって、わたしたちは「本来の日本書紀」であるかに、〝思わされて〟きていたのである。

そのような〝手直し〟としての、いわゆる「史料批判」の「方法」が、この岩波本の「日本書紀（上）」の六〇六ページ以下に詳述されている。井上光貞氏によるものだ。

「天照大神は、無類の最高神である。」

という「イデオロギー」に立って、「自家の好む、新底本」を〝作り〟、それを「活字化」していたのである。

これが、本居宣長以来の手法、

「自家の美学にもとづき、原文を〝手直し〟する」

立場の実行だった。

わたしたちは、もう一度「原典」に帰り、研究の「再出発」をしなければならない。

この「日本書紀、神功紀」の語るところは、重大である。

神功皇后の夫、仲哀天皇は九州へ行き、熊襲と戦って死んだ。その敗軍を「反転」させて、武内宿彌と神功は、「志賀」（滋賀県）の宮を〝目指し〟た。「反乱軍」だ。志賀には、仲哀天皇の第一妃とその子供たち（カゴサカ王とオシクマ王）がいたからである。

その「反乱」に対する「大義名分」に〝使われ〟たのが、今問題の「アマテルの大神」の「お告げ」だった。その「お告げ」が、

「志賀の都を攻めよ。」

と言ったから、攻めたのだ。だから「反乱」ではない、という「自己、正当化」の一節である。この

「神功の子」が、有名な応神天皇、そして仁徳天皇なのだ。

わたしたちは、「親、天皇家」や「反、天皇家」のイデオロギーを排し、事実を事実とし、真実のみを真実とする、そのような歴史学の出発点に、今ようやく立つことができたのである。

NHK高知放送局の取材

「どうして、縄文が弥生に変ったんですか。」

鋭い質問だった。NHKのディレクター、相良広芸（さがらひろき）さんの「問い」である。

高知から、今井一広さん（カメラマン）と小西伸二さん（音声）の御両人と共に、車で京都府向日市のわたしの自宅を目指して来られた。平成二十五年三月二十九日、午後四時の来訪である。高知放送局、放送部制作の方々だ。

相良さんの関心は、高知県の足摺岬周辺の遺跡だった。しかし、土佐清水市などで聞くと、わたしの研究調査以後、他の研究がない、と言われた。そこで足摺岬のパシフィックホテルからわたしのところへ電話して来られたのである。

「パシフィックホテル」も、わたしにとっては、なつかしい場所だ。太平洋の断崖に近く、黒潮に望む絶景、何回宿（と）ったか、数え切れない。当時、東京の昭和薬科大学に在任中だったから、新幹線で神戸駅へ。神戸から足摺へは、もっぱら室戸汽船（フェリーむろと）だった。すでに、十八年前だ。だが、忘れえぬ「研究調査」そして「研究実験」だった。

幸いに、土佐清水市文化財調査報告書として、平成七年刊の、『足摺岬周辺の巨石遺構——唐人石・唐人駄場・佐田山を中心とする実験・調査・報告書』

が〝手元〟にあったから、早速、パシフィックホテルあてでお送りした。
そのための来訪となったのである。

足摺岬と火山爆発

当時、わたしには「二つの、中心のねらい」があった。すでにのべた通りだ。

その他の各種の調査結果も、右の報告書にある。各種のカラー写真や計算や表のデータも、豊富に掲載した。他の研究者の方々の御協力によった。

相良さんはそれらを読まれた上で、三時間の終り近く、最初の質問「縄文から弥生へ」の「問い」を向けられたのである。

そのとき、わたしは答えた。

「やはり、征服でしょうね、弥生時代の人々による。」

たとえば、弥生の稲作が、日本列島ではまず九州北岸部の菜畑（なばたけ）（唐津）・板付（いたつけ）（博多）あたりではじまり、次いでこの高知県で行なわれ、やがて大和（奈良県）へと〝移る〟状況をのべた。「筑紫から土佐へ」は〝連続〟しているが、「筑紫から大和へ」は、「時期」が「連続」していない。C14の放射能測定のしめすところだ。それらを語ったのである。

しかし、お別れして、その日の真夜中、わたしは「重大なミス」に気づいた。それは、

「火山の一大爆発」

のテーマだ。九州の縄文を語るときには、わたしがいつも逸せず、語るところ。要点は次のようだ。

（その一）九州の南部、鹿児島県の大部分（西北の川内（せんだい）地方を除く）は、南方海上の硫黄島火山の一

大爆発によって、「潰滅」した。縄文中期末、約六千年前だ（修正値以前）。

（その二） 川内地方や肥後（熊本県）は「半死半生」の被害を受けた。豊後（大分県）・日向（宮崎県）なども、同じ。

そのとき、黒潮に乗って〝脱出〟した人々が南米のエクアドル・チリ近辺に「分布」した。「ウイルス（I型の1）」や「遺伝子」が、日本列島の太平洋岸の幾多の人々と「一致」している。

（その三） 三国志の魏志倭人伝で「侏儒国」が「女王を去る、四千余里」とあるのは、足摺岬近辺、「東南、船行一年（二倍年暦）」とされる「裸国・黒歯国」は、これに当る。先述の通りだ。

（その四） 「潰滅」した大隅・薩摩（鹿児島県）は、「縄文早期」（一万数千年前）以来の「縄文文明の中枢」だった。

（その五） 古事記や日本書紀が「神代」として扱っているのは、この「硫黄島の一大爆発」の「被害」の〝少なかった〟筑紫（福岡県）・肥前（長崎県）・出雲（島根県）という「生き残り」地帯である。

以上は、わたしの〝くりかえし〟語ってきたところだ。かつては「東高西低」と言われた「縄文理解」は、すでに「旧見」にすぎないのである。

真夜中に、わたしは気づいた。

「足摺岬の縄文文明の『潰滅』は、硫黄島の「火山の一大爆発」の〝余波〟だったのであった。」

と。平成七年の「報告書」を書いたとき、わたしには、いまだこの「認識」がなかった。

アメリカのメガーズ博士（エヴァンズ夫人）を、土佐清水にお呼びしたあと、東京の全日空のホテル

で、彼女がわたしに求められた一言、

「火山を研究して下さい。」

こそ、まさにこの「足摺岬の潰滅の秘密」を〝解き明かす〟べき「金言」だったのであった。

しかし、わたしの「幼稚な頭脳」は、そのような「時」と「所」との〝文脈〟に気づかず、今日（平成二十五年三月二十九日）を迎えていた。翌朝（三十日）、相良さんにお電話し、「わたしにとっての、発見」を告げた。

相良さんは、歓然として言われた。

「唐人駄場に行ったとき、火山灰のようなものが多いね、と言っていたんです。」

若い、新しい「目」は、さすがに「真実」を見ていたのだ。

インタビューは平成二十五年四月十一日午前八時十五分からの「あさイチ」という番組の「JAPAなび」コーナーで放映予定とのことだった。

紆余曲折の放送

「事件」は、前日（四月十日）の午後、はじまった。高知のNHKのプロデューサーと名乗る黒川さんという方からの電話だった。まだお会いしたことのない人である。

「明日の放送で、古田さんの出られるところは、全部カットされることとなりましたから、御了承下さい。」

驚いた。その前の日（四月九日）、相良さんとの応答で、予定通りの放映を確認したばかりだったからである。放映が西日本だけか、それとも東京や東北を含む、全国かとお聞きしたところ「もちろん、全国です。」と答えられた。「中止」の「ち」の字もなかったのだ。それが〝一転〟した。半日の間に〝変った〟のである。

「それはおかしいですね。三時間もかけて、わたしの家で写真や音声の技術者の方と一緒に、撮って帰られたではありませんか。」

「いや、他にも、そういう例はあります。」

「どんな?」

「いや、それはプライバシーに関することなので言えません。」

そこから、二転、三転、さまざまな「理由」が並べられた。

「今回の放映は、現地の人の興味を扱うものですから。」

「それは、最初から、そう聞いています。」

「『旅番組』ですから、研究や検証は必要ありません。」

「旅で土佐清水へ行ったら、巨大な三列石や唐人石があった。それにふれて、これに関する研究調査を、古田が一九九五年の報告書で発表している、と言うだけで、何十秒か一分くらいですむ話じゃないですか。」

「『一分』というのは、とても長い時間ですから、無理です。」

当日の番組は、午前八時十五分から十時までの一時間四十五分間の番組だった。

「お笑いやグルメだけではなく、三列石や唐人石のしめしている『謎』にふれるのが、なぜ駄目なんですか。現地の人がみんな持っている『知的興味』じゃないですか。そのために、高知からわたしの京都の自宅まで、お三方がわざわざ車でお出でになったのでしょう。」

「でも、やっぱり、駄目なんです。」

「とても、納得はできませんね。あなたの方も、よくお考えになったらどうですか。」

午後の一時間くらいかけた〝押し問答〟だった。

第二の「幕」が上った。

先の〝押し問答〟の日の夕方、再び黒川氏から電話があった。四時間くらいあとだ。

「古田さんの言われたことは、大変ごもっともなことなので、放映いたします。」

わたしは受け入れた。そして言った。

「黒川さんの『黒』は、ブラックじゃない、と思います。黒潮の黒、〝神聖な〟という意味ですよ。」

ところが、次の日の放映を見て「唖然（あぜん）」とした。出ていたのは、二つのシーンだけだ。

第一、佐田山第二峰の「三列石を隋円形の石が取り囲んでいる写真」。わたしが軽気球から下方撮影した、苦心の成果だったが、その出典（報告書名）も、その写真のもつ意義の解説もなかった。

第二、わたしが自分の書斎で語る映像。その内容は「これは仮説です。わたしの仮説ですが。」というところだけ。数秒で終った。

問題は、その「内容」だ。わたしののべた（幾回も、のべさせられた）のは、次の二点だった。前述の通りだ。

（その一）　足摺岬近辺に多く分布する三列石は、縄文時代の「祭祀の場」の一端である。

（その二）　その事実を、軽気球からの写真撮影で実証できた。

（その三）　唐人石は、黒潮に乗って南方から到来する人々にとっての「縄文灯台」の役割をもっているのではないか、という『仮説』を立て、それを現地の漁業組合や多くの研究者の協力によって実証できた。

この内容の中の一部分「仮説です」のところだけ、引き抜いて「再編集」し、わたしの立場の全体が「単なる仮説以上の何物でもない」と、みずから告白しているかのように〝組み直され〟ているのだ。

「編集」の名による「改ざん」である。もしこれを、

「古田の報告書の題名（土佐清水市による）を挙げ、精しくは、その報告書を見てほしい。」

と、ナレーションを入れれば、それこそ数秒ですむ話だ。だが、逆に、

「古田自身が、自分の研究全体は、単なる仮説にすぎないものだと告白している。」

という形へと、〝模様変え〟したのである。これがNHK常套の「編集」という名の「改ざん」の手口なのであろうか。信じがたい。

あるいは、御本人も「被害者」なのかもしれない。彼より「上部」から命ぜられたところ、その

「黒い手」こそ、この問題の真の「犯人」なのであろう。
わたしにとって、〝有意義〟な「事件」の経験となった。

第八章　真実の歴史と人類の未来のために

1　従来説を越えて

リーパー氏の核兵器論

すぐれた「声」に接した。

スティーブン・リーパー氏である。毎日新聞（平成二十五年三月二十六日付、夕刊）第二面全体の記事だ。

アメリカのオバマ大統領は「核兵器のない世界」を唱えたあと、臨界前核実験や新型核実験を繰り返している。

日本政府は核兵器廃絶を掲げ、北朝鮮に厳しい態度を見せる一方、アメリカに対しては明確な批判を避けている。

リーパー氏は言う。

「米国も日本も矛盾だらけ。『自国の安全のため』と核を保有し続ける米国や他の国も、核の傘に頼る日本も北朝鮮だけに『つくってはいけない』と言う権利はありません。」

当然の道理だ。わたし自身、指摘してきたテーマである。

「戦争でもうけたい人、石油などの資源を支配したい人、どうやったら自分たちが勝てるかばかりを考えている国の指導者。彼らに共通しているのが戦争文化です。」

そして言う。

「(核兵器禁止) 条約の実現に向けて被爆国の日本こそがリーダーとなり、他の国々を引っ張るべきです。もしそうしないなら恥ずべきこと。なぜなら、核兵器の人道上の罪を一番よく分かっているのが日本なのだから。」

きわめて〝自然な〟理解と言えよう。

彼の「出色の発言」は、次の一節だ。

「核兵器は人道法に反する武器、持つのも使うのも犯罪です。米国は日本に原爆を落とすために意図的に戦争を引き延ばしました。戦争終結を早め一〇〇万もの命を救ったと教えられたのは全てうそだった。それをこの広島の地で学んだのです。」

これも、わたしが深く「指摘」してきたところだ(『古田武彦・歴史への探究』第三巻「現代を読み解く歴史観」所収。従来の「学問論」「閑中月記」の各論稿を集成。ミネルヴァ書房、平成二十五年四月刊、参照)。

氏は言う。

「ただ、今でも多くの米国人は信じてくれませんが。」と。しかし、それを〝敢えて言う〟氏の勇気に対して、厚く敬意を送りたい。氏（Steven Leeper）は、一九四七年、アメリカのイリノイ州出身。この日（平成二十五年三月三十一日）、広島平和文化センター理事長を退任する。だが、わたしに比べれば、まだ若い。今年の九月には広島女学院大学の特任教授に就任の予定という（現在は客員教授）。

御活躍に期待したい。

ベエク・再論

村岡先生は言われた。

「アウグスト・ベーク（ベエク。August Bäckh〈安酸敏眞（やすかたとしまさ）氏は「ベーク」が原音に近いとされる〉）のフィロロギーは、文献だけではありません。『認識せられたものの、認識』の学問ですから、人間のしたことすべてが対象です。

しかし、わたしはその中の『文献』だけを研究します。」

何回も、聞いた。わたしの骨身に沁みた。しかし、この一言が、わたしの学問の運命を定めることとなろうとは。思いもしなかった。だが、それが事実だった。「岐路（き）」をなす道標だったのである。

このテーマについては、すでに書いた。にもかかわらず、わたしはこの一言のもつ「本当の意味」を知ったのは、他でもない。第二章でのべたようにこの研究自伝を書きすすめ、青年の日に志した、ベエクの本を手にしたからであった。

『フイロロギーの諸学問の百科と方法論』

"Encyklopadie und Methodolgie der Philologischen Wissenschaften"

東京古田会の平松健さんが、インターネットでケンブリッジ大学（英国）の出版部からとり寄せて下さったのである。感激した。

幸運は、さらにつづいた。「多元の会」の西坂久和さんが北海学園大学論集（北海道）に掲載されて間のない、右の本の翻訳と論稿を、わたしに送ってこられた。

おびただしい分量の、最新のものは平成二十一〜二十三年度の文部科学省科学研究費の一部だと記されているから、現在（平成二十五年）においては、まさに「仕上り、直後」だ。僥倖（ぎょうこう）である。思いがけない幸せ、としか言いようがない。

右は、この大著の「翻訳」と共に、アウグスト・ベエクの生涯と研究業績に対する緻密な研究と紹介が、十分に収載されている。いずれも、北海学園大学の安酸敏眞さんの労作である（知泉書館刊行予定）。

わたしには、まさに天に舞い、地に躍り上る喜びだった。

それも、わたしの「目」と「耳」で、村岡先生の一言を改めて〝追おう〟とする。その「今」だったからである。

ここで「村岡史学とアウグスト・ベエク」をめぐる、現在のわたしの立場を率直に記そう。

第一、村岡史学では、対象とする「文献」が記・紀に限られ、中国（隋・唐）の史料に対する言及がない。たとえば「隋書」（初唐成立）の中の、有名な「日出ず（づ）る処の天子」問題に対する史料批判も皆無なのである。わたしがくりかえし強調する「男性（多利思北弧）と女性（推古天皇）同一人」の矛盾に立つ「思想史上の、不可避のテーマ」に対する論述も亦皆無なのである。「文献だけを対象とする」村岡先生としても、避くべからざるところ、まして一方は「同時代史料」としての「文献」なのであるから。

第二、同じく、三国志の魏志倭人伝に対する「思想史的叙述」も、皆無だった。

これらは、あるいは先生が長命であれば、当然（わたしの論証を避けげず）何等かの〝受けとめ〟を示されたこと、わたしには疑いない。しかし不幸にも（梅沢伊勢三さんをはじめとする）日本思想史学の後継者もまた、「古田説を、存在しなかったとする」非学問の道を継承しつづけているように見える。残念である。

第三、神籠石山城群が「山城」であることが確認された。しかも、それは「大和」を〝取り巻かず〟「筑紫と防府」を〝取り巻いていた〟ことが確認されたのである（昭和三十八〜九年）。「認識されたものの、再認識」である。これは「日本思想史学」上からも、不可避の重大テーマだ。なぜなら、「大和中心、一辺倒」の、明治以降の「日本歴史像」に対して根本変革を迫るものだからである。しかも、その「旧歴史像」の基本は、他にあらず、本居宣長の「断案」に依拠するものだった。それ故、村岡学にとって〝風馬牛〟よろしく無関心であってよいはずはない。許されぬところだ。だが、現在（二十一世紀）に至る「日本思想史学」は、この矛盾を「無かった」かのように処理している。

第四、当然、明治以降の詔勅等でも〝くり返され〟てきた「万世一系」論とも、正面から〝衝突〟する。村岡先生の好論敵であった、津田左右吉の「造作説」に〝立論の基礎〟を借り受け、論題を「回避」すべきではないこと、自明。村岡先生の学風と〝真反対〟だ。無責任の手法である。

簡明に、以上もってアウグスト・ベエクの学を懇切にわたしにしめされた、村岡先生の恩愛に対して真実に報いたい。

（右の論点、詳しくは「村岡学批判——日本思想史学の前進のために」〈『新・古代学』第八集、新泉社、平成十七年刊〉参照。）

上田正昭氏からの学恩

一冊を読んだ。上田正昭氏の『私の日本古代史（上）（下）』（新潮選書、平成二十四年刊）である。

旧知の著者だ。わたしより一つ歳下。ほぼ同年だ。同じく、京都市内の高校の教師をしていた頃からの〝知り合い〟である。同和教育の講師として、すでに輝ける存在だった。その後も、京都大学の教授となり、互いに京都の郊外に住む。浅からぬ「因縁」と言えよう。

すでに書いたことだが、わたしは三国志の魏志倭人伝の研究に入る前に、彼のお宅を訪問した。俊秀の倭人伝研究者として名のあった、先達として三国志の版本を見せてほしい、と要望するためであった。

けれども、彼はわたしに「倭人伝の研究など、おやめなさい。あなたは親鸞の研究に専念した方がいい。」と翻意をくりかえしすすめたのである。

わたしはそのような「相談」におとずれたわけではなかったから、丁重にことわり、彼の手持ちの版本を見せてもらった。江戸時代前後の通用本である。わたしの目指した「初期の版本」ではなかった。礼をのべて去った。

すでに古代史の研究に入ったあと、彼から電話がかかってきた。「わたしは『大和朝廷』ではなく、『難波朝廷』と言っています。」と。わたしが彼の説を紹介したときの、わたしの文章に「チェック」を入れてくれたのである。「大和」時代と「難波」時代と、併せて「大和朝廷」とは、言っていない、との御注意だった。その通りだ（今回の本では「三輪王権」「ヤマト王権」等の表記）。

そこでわたしは熟考の末、新たに「近畿天皇家」という言葉にたどりついた。その後のわたしの古代史研究にとって、不可欠の概念となったけれど、これは上田氏の「電話」が発端だった。学恩である。

今回の本を読んで驚いた。平成二十二年、この稿を書きはじめて以来、不幸の連続だった。血尿の検査で膀胱癌が判明した上、平成二十三年の十月十五日、難病のため、奥様が亡くなられたという。さらに二十四年に御自分の病気の再発に会った、という次第だった。悪戦苦闘の結果、仕上った鏤骨（るこつ）の一書という他はない。

では、この一書に対する「読後感」はいかに。それはわたしにとって、不幸にも予期通りだった。たとえば、

変わらぬ学界

「倭国から隋王朝への遣隋使の派遣は、推古天皇八年（六〇〇）（『隋書』）、推古天皇十五年（『日本書紀』、『隋書』）、推古天皇十六年（『隋書』）、推古天皇十八年（『隋書』）、推古天皇二十二年と、少なくと

も五回におよぶ。とりわけ有名なのは、推古天皇十五年（大業三）の大使小野妹子らが持参した倭国の国書であった。」（下、一三四ページ）

というように、『日本書紀』と『隋書』を〝無造作に〟並記している。その上、

「その国書には、『日出づる処の天子、書を日没する処の天子に致す。恙無きや』とあって、煬帝はこの国書を覧て四夷にかんする長官である鴻臚卿に『蛮夷の書、無礼なる者あり、復た以って聞する勿れ』とつげた（『隋書』）。」

と記し、この「名文句」の主が多利思北弧（タリシホコ）という男性であり（妻を雞弥〈キミ〉と言う）、一方の推古天皇が女性である事実と、真向うから「矛盾」する。わたしが三十余年間、強調しつづけてきたテーマには「無関心」の〝形〟をとっている。

さらに、白村江の敗戦（六六二、もしくは六六三）以前の「構築」と見られる神籠石山城が、「大和」（奈良県）ではなく、「筑紫」（福岡県）を中心として構築されている事実に対しても、また、「無関心」の〝筆致〟に終始している。

日本の古代史という「全体像」を描く上で、これらは果して「風馬牛」をきめこんですむテーマなのであろうか。

彼は、若き日、倭人伝に対し、「近畿説」に立つ俊秀として、その学界内の〝足どり〟を印した。その延長線上で本書の全体像は構築されている。それは、結構だ。

だが、その後、「異議提出」された重要テーマに対して、あたかもそれが「なかった」かのような

処理法は、学問を志す者にとって採るべきところではない。率直に言って、わたしにはそう思われるのである。

すでに彼は、学界における「雄」、否「泰斗」ですらある。彼の「遺風」を継ぐ研究者も少なくない。その責任は大なのではあるまいか。

けれども不幸と病状に抗しつつ、「従来説」の〝ありよう〟を明示してくれたこと、わたしはやはり深い感謝を彼にささげざるをえない。

彼の今後の、さらなる健筆を祈ると共に、身体と家内の無事を得ている者として、改めて深い感謝を天にささげたい。

小田富士雄氏の九州観

好個の力作に接した。

小田富士雄氏の『古代九州と東アジア』（Ⅰ・Ⅱ、同成社、平成二十四年十一月と二十五年二月刊）である。

従来説を、考古学者の立場から〝大成〟した著述だ。二十年にわたる諸論稿が〝落ち〟なく編集されている。わたしにとっては、この上なく〝有難い〟本である。この、わたしの本の読者にとっても、「古田が『従来説』と言っている、その実体は何か。」と問うとき、先述の「文献」上の上田正昭氏の著作と同じく、「考古学」上では、その典型がここにしめされているからだ。有益である。

本書は「既存の大前提」から出発している。

「今日、井原（後期前半）・三雲（中期後半）が伊都国王墓、須玖岡本（中期後半）が奴国王墓に比定

されることは周知の事実となっている。また志賀島出土の金印が西紀五七年に後漢王朝から下賜された記録に照合できることも疑いないところである。」（I、第一部第八章「北部九州の首長墓とクニグニ」一一七ページ）

右を「今日」の「周知の事実」として前提すれば、もはや〝こわいもの〟なしだ。〝九州には、これら奴（な）国地帯以上の質量をもつ地帯はありえない。〟いわゆる「奴国」（二万戸）と「邪馬台国」（七万戸）の対比問題である。

「三世紀代の『魏志』倭人伝には奴国の人口二万余戸とみえるが、当時万余戸を数えた国々は伊都国万余戸、投馬国五万余戸、邪馬台国七万余戸で、その他は四千戸から千余戸であった。『魏志』韓伝には『大国萬餘家、小國数千家』とあるが、奴国、伊都国は大国のクラスである。」（I、第一部第六章「奴国の首都須玖岡本遺跡」七三ページ）

すなわち、肝心の「七万余戸」の〝超、大国〟としての「邪馬台国」はどこか。当然「大和」（奈良県）以外にはありえない。――これが小田氏の「論理」なのである。二冊の大著を〝一貫〟した流れだ。

金印論証

「ここには、印がないね。」

わたしの「発見」だった。金印問題の根本史料とされた、天明四年（一七八四）三月十六日付の「甚兵衛口上書」には、志賀島村の庄屋と組頭（二名）と、計三名の名前が列挙されながら、いずれも（印）がない。

ところが、「百生（姓）」の甚兵衛だけは、しっかりと「印」が押されている。〝奇妙〟である。

しかも、現存の文書は、大正年間に黒田家（福岡県）の文書保管担当の中島氏が毛筆で写したものだ。だとすれば、その「写し」に甚兵衛の押印だけが「押され」ているはずはない。大正年間まで、甚兵衛が〝生き残って〟いた、などという可能性は、絶無なのである。

その上、現在の「資料」（福岡市立歴史資料館図録。金印発見二百年記念、「漢委奴国王、金印展」）では、右の三名の下に、いずれも㊞として、印刷されている。

この点、わたしは平成十九年十一月二日、歴史資料館で「実物」を熟視した。そこにはやはり、三名の「押印」は存在しなかったのである。

親鸞研究から古代史研究へ、いつも「文書研究」とその史料批判を、学問研究の第一歩としてきたわたしにとって、右が「偽文書」ないし「改ざん文書」であること、それは不可避の帰結だった。

この問題の〝行き着く〟ところ、すでに何回も述べてきた。第四回大学セミナー（東京都八王子）で詳述し、『多元』第八十三号（多元的古代研究会）にも転載した。

何よりも、福岡市の教育委員会学芸員の塩屋勝利さんの〝完膚なき〟までの（海中をふくむ）実地調査にもかかわらず、「志賀島叶の崎」近辺から、全くその痕跡（「囲み石」など）が発見されなかった。皆無だったのである。

一方、三雲神社（糸島市）の宮司家には「代々の実物として、金印が存在した」こと、それが「盗難に会った」こと、さらに博多（福岡市内）に「金印売却の〝うわさ〟が存在した」こと、など、すでに何回も書いた。

しかし、「考古学者」の小田氏には、これらの「事実」には、一切関心をもたれた様子がない。この二巻の大冊において、右の「金印論証」の皆無なこと、はなはだ惜しまれるのである。

絹と錦

「錦があったのは、須玖岡本遺跡だけでした。」

この一言が、わたしにとっては「金玉の証言」だった。「絹と錦」の専門的研究者、布目順郎さんの言葉である。富山時代にも、また京都の御自宅へ帰られてからも、くりかえし訪問した。わたしの『俾弥呼』第九章「女王の知られざる生涯」の「北部九州、絹の分布図」でしめした通りだ(二六七ページ)。

念のために言おう。これは「日本列島全体」の中の一部分としての「北部九州」のものではない。「日本列島」全体において、これが「全部」だ。すなわち、弥生時代の奈良県には「皆無」なのである。

正確な意味で「周知」の通り、漢代には、絹は「国外持ち出し、禁止品目」の筆頭だった。王昭君の「故事」で著名である。

だから、この「博多湾岸」に〝圧倒的中心〟をもった「絹の分布図」は、すなわち、倭人伝に言う「邪馬壹(いち)国」がどこにあったか、どこにその中心が分布していたかを、「考古学」上において、明々白々と証言していたのである。

布目氏がこの一点へと「論理をすすめる」ことなく、「絹の分布」を知らなかった時代の考古学者、杉原荘介・富岡謙蔵等の「編年」に従ったこと、布目氏にとって「千慮の一失」と言う他はなかった。氏の明らかにした「弥生絹の分布図」こそ、新たな「考古学編年」の基準尺だったのである。

そしてそれは同時に「邪馬台国」ならぬ、「邪馬壹（壱、あるいは一）国」の所在地、その中心を明示するものだった。

まして「錦」となれば、『俾弥呼』の冒頭のカラー写真でしめしたように、須玖岡本出土が「唯一」である。

布目氏は、銅鏡の「くみひも」かと考えておられたようであるけれど、それなら、他の多くの「漢式鏡」にも、これと〝同類〟の出土があっていいはずだ。だが、他にはないのである。

やはり、三国志の魏志倭人伝において「魏帝授与の錦類の一つ」、そのように見なすのが自然、この「すじ道」なのだ。

けれども、小田氏は「絹や錦」というこの重大問題には、一切〝ふれる〟ところがないように見える。氏にとって「絹や錦」は「考古学的対象物」以外の something（何物か）なのであろうか。不審である。

神籠石・従来説

「白村江の敗戦のあと、唐の戦勝軍が筑紫に来てあと、倭国側が『水城』などの軍事施設を次々と作った、なんて、まるで『絵物語』だよね。」

「日本書紀を〝信ずれ〟ば、そうなります。とんでもない話ですよ。」

わたしと上城誠さんとの会話だった。否、数多くの、わたしの本の読者といつも〝くりかえし〟てきたところである。

白村江の敗戦は「六六二」(旧唐書)年ないし「六六三」(日本書紀)年だ。「一年のズレ」は、双方の依拠した暦(中国の北朝系と南朝系)の「誤差」であろう。

戦勝国、唐軍の「筑紫来襲」は九年間に六回にも及んだ(天智紀)。ところが、その翌年の天智三年(六六四)、天智天皇が、

「又筑紫に於て、大堤を築き、水を貯う。水城と曰う。」

というように、軍事要塞群の建造を行なった、というのである。

「その結果、わが国は連合軍侵攻の脅威にさらされることとなり、西日本防衛のための緊急対策に迫られる事態となった。その最初の対応が六六四年のこの記事である。」(Ⅱ、第三部、第二章「水城と大宰府都城」五三ページ)

このような小田氏の「イメージ」を〝補強〟するために「造作」されたのが、すでにわたしの何回も引用した、小田氏の「作成図」だ。ここでもⅡ、第三部、第四章、日本の朝鮮式山城の調査と成果(八九ページ、図1西日本古代山城の分布〈小田、二〇〇〇〉)に収録されている。

わたしはすでに批判した。

第一、中国(隋・唐)や新羅軍が、もし「大和」(奈良県)へ〝襲撃〟しようとするならば、対馬海流を東下して舞鶴港に至り、そこから「大和」を襲うはずだ。「大和朝廷」がそのような「肝心の来襲ルート」を〝忘却〟し、「舞鶴湾から大和に至るルート」に、「神籠石山城」はもとより、氏の言わ

れる「神籠石系山城」もまた、全くない、まさに皆無なのは根本的矛盾である。

第二、瀬戸内海周辺の「神籠石系山城」のほとんどは、九州と防府（山口県）周辺の「神籠石山城」とは、築城方式も、築城素材（阿蘇山の石）も、築城時期も、「別存在」だ。それを「大和朝廷中心のイデオロギー」のために〝合成〟した分布図を「造作」することは、考古学的「誠実性」、そして学問の基本を侵すものである。

これらの重大な「問題点」について、わたしはこの三十年間、何回となく論じてきた。わたしの論稿や本の読者には、それこそ「周知」のところだ。（たとえば、「神籠石談話」『東京古田会ニュース』第八十六号、平成十四年七月号、「神籠石の証明——古代山城論」同上、第一三〇号、平成二十二年一月号、『失われた九州王朝』「日本の生きた歴史（二）」ミネルヴァ書房復刊版、五五九ページ、等）

だが、小田氏はこの大冊において、一回もこの疑点に対する「再反論」をしめしていない。それどころか「神籠石系、作図」に対する批判はなかった。——その〝立て前〟を貫いているのだ。氏にとって「古田の批判」も、「九州王朝説」も、「この世には存在しない」という立場なのである。

しかし、今回、「国が築城した対外防衛施設」とされている、太宰府の大野城の柱根の伐採年代が「六五〇年ごろ」と判明した。X線CT画像の最新技術による（毎日新聞、平成二十五年六月三日付。上城誠氏の御教示による）。

この技術は、一年単位の新測定法で、確率はほぼ百パーセントだという。

小田氏のような「従来説」は、命旦夕（めいたんせき）、否、すでに「崩壊」しているのである。後代のために、その精密な証拠書類を「大成」された、氏の労苦に深く感謝したい。

なお、中村通敏(みちとし)氏(福岡市)は精細な、この大冊批判を逐一インターネットで展開されつつある(ブログ「棟上寅七の古代史本批評」平成二十五年二月以降)。期待したい。

わたしはこの貴重な「従来説の集成」に対し、各ページを忠実に「勉強」させていただくのを楽しみとしている。

2 日本国の未来に向けて

わたしはこの本で、思いの〝たけ〟をありのままに書きつづってきた。率直に、真実を、誰人にも遠慮せず、その思いを貫いてきたのである。その最後に、わたしの思うところをさらにのべよう。

日本の戦前戦後

第一、戦前、昭和二十年以前は、わたしにとって「待つ」時代だった。やがて来たるべき「敗戦」を〝予知〟し、そのあとこそ、自分の出番、そう信じてきた。もちろん、岡田甫先生による教えだった。三日に空(あ)けず、お宅にうかがい、シッカリと耳と心にきざんだためだった。果して、十八歳の夏、八月十五日、その「とき」が到来した。以降、六十八年、その「待った」時期を生きてきた。幸せな人生だったと言う他はない。

第二、これは事実だ。わたしにとって〝疑うべく〟もない、生涯の〝ありよう〟だった。だが、そのような青年が、あの「昭和前期」に生きていたこと、果していわゆる学術書、たとえば、藤原彰・今井清・遠山茂樹の『昭和史』(岩波文庫)や庶民の「目」から書かれたという、松本清張の『昭和史発掘』(文藝春秋)、さらには近年の加藤陽子『それでも、日本人は「戦争」を選んだ』(朝日出版社)などに〝出現〟しているのだろうか。わたしには見えない。

「それは、ささやかな例外に過ぎない。」そういう批評も起きよう。その通りだ。だが、わたし自身にとっては、それは輝き通す「生涯の光茫」だった。だから、この本が生れたのである。

第三、わたしにとって「昭和前期」は〝いい加減〟な時代だった。「鬼畜米英」などのスローガンは二十四時間鳴りひびいていたけれど、空疎だった。青年の、あるいは少年の直感では〝上すべり〟にしか聞えなかったのだ。この点、後述する、最近の中国や韓国から聞えてくる「日本批判」の〝声高な口調〟とも、〝共通〟するものがあるのかもしれない。

第四、他国はいざ知らず、この日本自身、いわゆる「戦後社会」の〝ありよう〟そのものもまた、「空疎なひびき」を底音にもつ。いわゆる「民主主義のお説教」である。もちろん、戦勝者、アメリカによって〝もたらされた〟ものだ。

その中で生れ、その中で育ってきた人々には「論外」と思われるかもしれないけれど、戦前の「鬼畜米英」から「民主主義のお手本としてのアメリカ」へと、〝豹変〟した、同一の大人たちを「見た」青年のわたしは「絶望」した。「世の移り変り」の〝あさましさ〟にあきれたのである。

「豊かさの中の、自殺の多さ」この〝偽わりえぬ現実〟が、無言のうちに「証言」しているのは、この六十数年の社会の奥底の底音なのではあるまいか。

「人は、パンのみにて生くるに非ず。」これは、同じくローマ占領軍の支配下に生きた一人の青年、あのイエスの述懐だった（マタイ伝）。歴史はくりかえしているのである。

第五、そのシンボル、文字通り「象徴」となっているのは、戦後教育の「日本の歴史」だ。「日出ず（づ）る処の天子、書を日没する処の天子に致す、恙（つつが）なきや。」の「名文句」を、教科書のハイライトとして用いながら、その国書の送り主の「自署名」が「多利思北孤」という、妻子をもつ男性であることを〝隠し通し〟てきた。近畿天皇家の女性、推古天皇だと書きつづけている。あるいは、摂政の聖徳太子と〝まちがえた〟のだ、否、「ウソ」をついて中国（隋の天子）を〝だました〟のだ、など、全世界の識者の「失笑」を招くたぐいの「弁舌」を公教育の場で行なわせている。

子供の直感は、とうにその「ウソ」を見抜いているのだ。

「こんな世の中に生きていても、しょうがない。」真面目な子供、ごまかせぬ大人ほど、死の断崖をのぞきこむのである。

新たな国家・日本

しかし、わたしの「日本観」は〝逆〟だ。現在の日本は、明日の日本の前にいる。それは輝く未来、人類がかつて経験しなかった国家なのである。なぜか。

日本は、敗戦した。昭和二十年の八月十五日だ。その前日、天皇の詔書が出された。「大東亜戦争終結ニ関スル詔書」だ。

「万世ノ為ニ太平ヲ開カムト欲ス」

と。これが「日本の志」であった。わたしの「待っていた」時代である。

近年、「自衛隊」を「国防軍」と呼び変えようとする論議がある。「名称変更」は自由だ。だが、「戦勝国側の補助部隊」という、実態がそのままなら、〝たいした〟意味はない。日本の歴史の「一変」でも「継承」でもないのである。

周知のように、アメリカは日本軍を「解体」し、日本をその統治下においた。いわゆる「独立」後も、その実体に変化はない。たとえば、沖縄問題一つ採り上げてみても、それは明瞭だ。〝動かす能わざる〟現実と見えよう。

中国が尖閣問題などで、日本と「対立」しているように見える。しかしその本質は「国連理事国間の綱引き」なのだ。歴史の本筋ではない。

では、日本の役割は何か。ただ一つ、断固日本の立場、国家の抱く真実を、一歩も退かず、守り抜くこと、それ以外にない。

永い歴史の中で、百年や二百年は「さざなみ」に過ぎない。一国が、あるいは数国が他国を、永遠に「支配し通す」ことができる、などと思うのは、あくまで〝一時期の錯覚〟に過ぎないのだ。

ユダヤに対するローマ支配も、消えていった。代って、その中で生れた一青年、イエスの思想がローマを支配したのである。

わたしたちの国、日本が世界をリードすべき「国家の理想」を生み出す。そして地球が日本国家を「地球の珠玉」「人類の眼目」の島と見なす。それは決して「夢」や「まぼろし」ではない。逆だ。

「こんな国に生きていても、しょうがない。」

それは「虚偽の日本」像にだまされ、〝いっとき〟の姿を「永遠の現実」であるかのように、錯覚させられているからに過ぎない。

わたしたちには「自殺」などしている暇はないのである。

「アジアの国よ、剣を取れと、叫ぼう者あっても、いのちを賭けて、従わぬ。」

昭和二十年五月、十八歳の日に作った「歌」の一節だ。その志は、八十六歳の老齢にしていよいよ強いのである。

アメリカ・中国・韓国

近年の日本の「現実」をふりかえろう。

歴史は「黒船」にさかのぼる。

第六、幕末、アメリカの「黒船」が江戸の浦賀水道、今の東京湾に渡来した。「水を求む」とか「捕鯨のため」とかは〝口実〟だ。その真の〝狙い〟は、アジアで唯一残されていた独立国の日本を「植民地化」するためだった。その真の目的を達したのが、昭和二十年、八月十五日の「勝戦」だった。その南端、沖縄における軍事基地の構築こそ、その企図の「完成」だったのだ。

もちろん「日米同盟」などは〝口実〟だ。「国際法上の建て前」なのである。「民主党」や「自民党」「公明党」といったレベルのテーマではない。戦勝者アメリカ軍が「主目的」を貫いているだけだ。もしグアム等に〝引き上げる〟とすれば、それは「航続距離」や「飛行能力」または経済上の〝理由〟からにすぎない。

たとえ、日本の原子爆弾等の所有を認める議論（キッシンジャーなど）が出たとしても、それは「アメリカ軍の補助勢力の一環」としてに過ぎない。彼等は「勝った」そして日本は「敗けた」のであるから。

第七、中国も同じだ。尖閣列島、さらに沖縄まで「対立」しているかに見えるけれど、アメリカと同じ「国連理事国、同志」の中の綱引きなのである。ヒステリカルな「日本非難」は、わが国の「昭和前期」と似て、自家の内部矛盾、「共産主義の大義名分とこれに反する格差拡大の現実」を〝おい隠す〟ための隣国攻撃、その〝効果〟を狙っているのだ。わが国でも「昔、通った道」なのである。にもかかわらず、中国は偉大だ。あの陳寿が三国志にしめした「無類の誠実性」の伝統は、百年や二百年の「短期間」に消え去るものではない。現の証拠、千八百年後代の、隣国のわたしの肺腑を摑んで離すことがない。わたしの全著作は、その「証拠書類」に過ぎないのである。

第八、同じく、アメリカ。そこに生きる庶民のすばらしさは、平成十五年、わたし一人旅のアメリカ行きで、忘れることができない。ワシントンD・Cを出た、汽車の中で立ち上り、「おーい、みんな。次の駅で降りる奴は、手を上げてくれ。おれはここで降りるんだ。」息子は中国へ行っているという五十代くらいの〝おやじ〟だった。何人か、いっせいに手を挙げた。みんな、その駅で降りるとき、手とり、足とり、電話のかけ方まで「世話」をやいてくれた。あんなアメリカを憎むことなど、到底できない。わたしの尊敬するエヴァンズ・メガーズ夫妻、二人の研究者をもつ国、それがアメリカである。

その点、韓国も同じだ。

第九、最近〝とんでもない〟発言があった。「原爆投下は神の懲罰」(中央日報、二〇一三年五月二十日付)という論説委員、キム・ジン氏の発言である。早速、全文(日本語訳と英訳)を〝とり寄せ〟て、読んだ(西坂久和さんによる)。

安倍晋三首相が座った飛行機の操縦席の機体番号が「七三一」だった。それを旧日本軍の「人体実験」で知られた「七三一部隊」と〝結びつけ〟て攻撃したのである。その突端が、右の「神の懲罰」発言に向った。全くの〝濡れ衣〟だ。もしそれが「意識」されていたとしても、「是」か「非」か、歴史への判断は不明だ。もちろん、〝意識〟してその番号を首相が〝選んだ〟などという可能性は、絶無に近いからである。

キム氏の「神」に対する認識は〝ひどい〟、幼稚だ。「愛の神」どころではない、野卑な「復讐の神」だ。キリスト教以前、ユダヤ教以前、そしてハムラビ法典以前の「神」なのである。法典の「目には目を、歯には歯を。」の提言は「受けた被害と『同一』の報復以上をするな。」という禁令だったのであるから。彼は韓国の「神認識」の幼稚さ、その一端を〝暴露〟したのである。

けれどもわたしは、韓国を尊重する。田中明さん(朝日新聞社から留学)が告げられたように、韓国には深い知識層(ヤンバン。両班)が実在する。そしてこの国の知的骨格をなしているのである。

そして何よりも、わたしの十日市小学校(広島県三次市)時代の同級生、李(リー)君の形姿、(転校生の)わたしに対する凄惨な「集団的イジメ」に決して同調せぬ、凜乎(りんこ)たる韓国少年の姿が、今もわたしの胸の底に焼き付いているからである。

　筆を一転しよう。「日本の使命」についてである。

　第十、周知のように「ヒロシマ・ナガサキ」そして「フクシマ」の被害は、地球上においてこの眇たる日本列島内部のみに〝集中〟している。これは果して「偶然の為せる業（わざ）」なのであろうか。否、日本が与えられた、運命の神の処遇なのではあるまいか。「天与（てんよ）の運命」だ。それは、何か。

日本と原発

　まず、原水爆。北朝鮮がしめしているように「理事国、独占」の〝わく〟は破れた。やがて各小国も、これにつづこう。その〝行き着く先〟は「テロ用の小型原爆」だ。新たな「九・一一」が「小型原爆」をともなう可能性は毎年、毎月、高まっているのである。

　次に、原発。アメリカ・ヨーロッパはもとより、中国や韓国も「原発利用」に〝狂奔〟している。その原発は、数十万年の「地球の未来」を〝汚染〟しつづける。わずか数百年の近代国家に、そのような〝汚染〟の権利など、あるはずがない。選挙の「多数決」などで〝片付く〟問題ではないのである。

　この点、現在の政府当局の政策は矛盾している。一方では「未来の国民につけを残すな。」と称して「消費税値上げ」、他方では決定的なつけを未来に刻印する「原発」容認。さらにインドやトルコなど、他国への「原発」売り込み。矛盾そのものだ。

　これは先の「七三一」問題とは逆だ。完全な「確信犯」なのである。海外の「心ある人々」は、日本の「無節操」を笑う。「日本は信用できない国だ。」安倍政権は、そのＰＲに没頭している。株や経済の上・下は「いっとき」の姿だ。そのために「地球の未来」そして「日本の未来」を〝売り渡し〟てはならないのである。

日本国家の首相には「日本の未来」をとりもどしてほしいのだ。

次は「慰安婦」問題。

慰安婦問題

第十一、最近、橋下徹氏の発言を〝発端〟として、テレビや新聞、週刊誌等、各メディアに議論がかまびすしい。わたしの考えを端的にのべよう。

韓国側から提起された「慰安婦」問題。これはわたしたちが徹底的に〝謝罪〟すべきだ。「国家が強制した証拠がない。」などと、「法律上の用語」のみで〝逃げる〟べきではない。もし、戦時中において、日本国と日本軍が韓国の人々を〝尊重〟し、〝大切にし抜いていた〟そのように、韓国の人々、女性や子供も、感じていたとしたら、この種の問題は今さら生じなかったであろう。

早い話、同じ「植民地」でも、台湾ではちがった。あの「三・一一」のとき、アッというまに莫大な寄付金が日本に寄せられた。それは決して日本側が台湾に対して「強制」したものではないこと、当然だ。

明治の当初、乃木希典（まれすけ）が総督として赴任した。歴代の「対応」の〝あり方〟が、朝鮮とは異なっていたのではあるまいか。

もちろん、この問題は、韓国のみの問題ではない。明治のはじめ、福沢諭吉が「脱亜入欧」のすすめを説いて以来、「アジア侮蔑」の思想形成が、明治・大正・昭和と、三代にわたって続けられてきた。その「余波」否、「本波」であろう。

慶應大学側では、この諭吉発言に対する、「別の解釈」が行なわれているようであるけれど、やはりアジア諸国に対する、日本からの敬愛の念が諭吉以来「一貫」していた、などとは決して言えない。それは先の（旧満州の）「七三一部隊」一つ採ってみても、残念ながら疑うことができないのである。たとえ、中国や韓国の人々が「もういい。それは言わないことにしよう。」と言ってくれたとしても、わたしたちには決して「許す」ことはできないのだ。

もしわたしが韓国のソウルに訪れることがあれば、「売笑婦」の彼女たちを刻した記念像の前に行き、深く頭を下げ、周辺のゴミを、心をこめて拾い集めたい。それが願いである。

五木寛之氏の『運命の足音』

忘れられぬ一書がある。

五木寛之氏の『運命の足音』（幻冬舎、平成十四年刊）だ。

五木氏の郷里の福岡から一枚の写真が送られてきた。差出人は知らぬ女性、その写真には白い帽子をかぶった若い女性の姿が写っていた。氏が記憶から消しさりたいと思ってきた、母親の姿だった。母親は小学校の教師であり、その教えを受けた女性が差出人だった。

父親も、同じくソウルの小学校の教師。やがて平壌（ピョンヤン）の師範学校の高等部の教師となっていた。現在の韓国、そして北朝鮮である。敗戦の年（昭和二十年）、五木氏は平壌（へいじょう）一中の一年生。父親は教育召集で入隊し、除隊されて帰ってきたばかりだった、という。

五木寛之『運命の足音』
（幻冬舎，平成 14 年）

悲劇は、敗戦と同時に到来した。ソ連軍が平壌に入城してきたのだ。そして風呂に入っていた父親に自動小銃を突きつけ、子供の五木氏の目の前で、母親を犯した。

「二人がかりで母の寝ている敷布団の両端をもちあげると、奇声を発しながら運んでいき、縁側から庭へセメント袋を投げるように投げだした。」

「事件のあった日から、母はなにも口にしなくなった。まったくものも言わず、父親がスプーンで粥をすすめても、無言で目をそらすだけだった。やがて母が死んだ。」

それから五十七年がすぎ、五木氏がようやくその記憶を消しえたかと思ったとき、この写真が送られてきた。

「オルガンとテニスが上手で、とても明るく、とてもやさしい女先生でした」と。旧姓、持丸カシヱ。昭和二十年九月二十日、平壌にて没。享年四十一。

現在でも、ソウルやピョンヤンには（日韓の）「知人」は存在するのではあるまいか。そして同類の運命に会った人々も、また。

わたしは韓国から「慰安婦」問題を〝告発〟された方々に聞きたい。この五木氏の母親は「女性としての尊厳」を踏みにじられたのではないのか。〝問題〟とするに足りない程度の「些事」なのか。単なる「例外」に過ぎないのか。

もちろん、五木氏は小説家だ。だが、その一言一句、すべて真実だ。リアルなのである。なぜなら、わたし自身、もっとも尊敬する義兄（井上嘉亀、神戸大学工学部教授）から、〝くりかえし〟中国の東北地方（旧満州）の経験を聞かされた。ソ連軍が侵入し、口々に「女を出せ」と叫び、はじめは「水商売」やがて「家庭の主婦」さらに「未婚の少女たち」を、次々と〝差し出させ〟られたのである。それを語るたびに、義兄は涙を流しつづけた。何回語っても、涙の尽きることはなかった。

彼は当時、三十歳前後、敗戦後は吉林大学の教授（化学）となり、新中国（共産党）の科学者（教え子）からも、たびたび招かれていた。その人の〝忘れられぬ〟思い出だ。わたしはその詳細を聞き知っていたから、この五木氏の述懐が「小説」などではない、歴史事実だったということを信じるのだ。

再び、問う。韓国の「売笑婦」問題を訴える人々よ。あなたがこれらの「女性の人権侵害」に対して〝素知らぬふり〟をつづけるならば、逆に、あなた方に関心のあるのは「女性の人権」より、「政治上の利権」の方ではないか。それを〝証明〟しはしまいか。

ひたすら「勝った国々（国連理事国側）」に〝媚びを売る〟行為に堕しはしまいか。

本来の崇高なる行為、「女性の人権」そのものの〝世界への訴え〟を「とりもどして」ほしいのである。

わたしが仙台で聞いた「女性の叫び声」あの生涯を貫いて耳朶（じだ）に残る一声がそれをわたしにうながしてやまない。

3 スタート・ライン

ベエクとシュリーマン

わたしは孤独の道を歩んできた。「亡師孤独」の一道を、夢中で辿りつづけ、この八十六歳の生涯を過してきた。それがわたしの底音だった。竹藪の中の孤居を歩みつつ、いつも思ってきたことだった。

しかしそれは、とんでもない「思いちがい」だったようである。ふりかえれば、あまりにも多くの支援者にささえられていたからだ。

たとえば、日本の古代史。

わたしの進もうとする道を、絶えず見守り、ささえつづけて下さった方たち、またわたしの拙文を愛し、読みつづけて下さった方たちなしに、これまでの「執筆」をつづけることができたかどうか。ひたすら、後代の知己を信じて書きつづけた、あの秋田孝季に比して、わたしは恵まれていたという他はないのである。

たとえば、世界史。

アウグスト・ベエクは「ギリシャ研究」を出発点とした。ギリシャやローマの諸文物・文書類を〝綜合的に〟客観化した。その功績は大きい。

一七八五年から一八六七年にわたる生涯は、ハイデルベルク大学、ベルリン大学の「教授」としての業績だった。

けれども、注目すべきは次の一点だ。

シュリーマンが四回にわたる、トロヤ発掘を開始した一九七一年は、ベエクの没後だった。当然のことながら「イリヤッド」に歌われた「ギリシャ軍のトロヤ攻撃」は単なる「説話」ではない。「歴史事実」そのものであったこと、この一事の確認は、ドイツをふくむヨーロッパの古典学者ではなかった。一素人探究者たるシュリーマンによって「偉大なる画期」が歴史に印されたのである。

約言すれば、「ベエクは、シュリーマン以前の学者だった。」この事実に疑いはないのである。

百三十年間の誤導

このシュリーマンは、日本に訪れた。その記録は『シュリーマン旅行記、清国・日本』（石井和子訳、エス・ケイ・アイ発行、新潮社製作、平成三年刊）として、公刊されている。彼は中国（清）を訪れ、その後、念願の日本に来た。江戸時代の「江戸」や道中の光景が、時折〝鋭い〟観察を交えつつ、綴られている。だが、当然ながら「道中記」としての性格を出ていない。「古事記」も「日本書紀」も、種々の日本の古代伝承も、いまだ彼の「脳内」には宿っていなかったのである。

けれども、ここにはいまだシュリーマンの知らざる「古代世界」の「対立」が存在した。

第一、「古事記」「日本書紀」といった歴史書には「現存の、天皇家」の淵源が、それを「正統化」する形で、大量に残されていた。

第二、その「八世紀成立」の歴史書の〝内容〟は、より早い、隣接した中国側の歴史書、それも「同時代史料」の歴史内容と、大きく〝くいちがって〟いる。たとえば、『三国志』『宋書』『隋書』『旧唐書』等である。

第三、日本列島中の「考古学的出土物」の分布状況は、「第一」より、「第二」の「同時代史料」と一致するものが多い。たとえば「三種の神器」「絹と錦」（以上、三世紀）「神籠石山城群」等である。

第四、しかし、一八六八年の明治維新以降の「公的な歴史」は、「本居宣長によって〝手直し〟された、歴史書」に従い、「第二」と「第三」の事実を「排除」しつづけて、今日（二十一世紀）に至っている。百三十年間の「誤導」であった。

真実の歴史を求めて

以上の「現況」には、深い道理がある。

すでに述べたように、人間の生み出した「宗教」は「己が教義」をもって信者を「洗脳」する。同じく「国家」は「己が教義」をもって、国民を「洗脳」する。これを「公的な教育」と称しているからである。「教会」の役割と、本質的に「同一」なのである。

けれども、彼等は「人間の歴史」の中で、今後も〝生き延び〟つづけることができるのだろうか。残念ながら、それは「否（ノウ）」だ。彼等の「宗教」や彼等の「国家」の基本をなす「イデオロギー」の〝衣の裾〟がすでにほころびはじめているからである。

その〝証拠〟が、彼等において〝一般化〟している、「真実の歴史」に対する臆面もなき「無視（シカト）」だ。すでに正面からこれに〝対応〟できなくなっているのである。

それも、当然だ。なぜなら「人間が宗教や国家を生んだ」のであり、決して「宗教や国家が人間を生んだ」のではないからである。

やがて人類は、真実の歴史へと辿り着くことであろう。その真実をわたしは求める。夕に学びつつ、朝（あした）に死にたい。

支援者との道のり

この本は「亡師孤独」の、わたしの生涯から生み出された。八十数年の、孤独の歩みだった。自己の内面に向って、みずから問い、みずから答えたものに過ぎなかったのである。

しかし、今かえりみれば、望外の「事件」の連続だった。次々と、有難き導師が現われて、わたしを導いてくれたのだった。

「捨てて惜しまじ、学問の道」

これは、自分の人生の節目（ふしめ）に臨んだとき、しばしばつぶやいたところ。決断の谷を越えるときの言葉だった。たとえば、信州を去るとき、たとえば、高校教師（洛陽高校）をやめるとき、神戸の港の船舶荷物の運搬人やビジネスホテルの掃除人など、それらを新たな「職業」として〝予想〟していたのである。

しかし、次々と、新たな導き手が現われ、再び、三たび、わたしを「学問の道」へと引きもどした。

これこそわたしにとっての「運命の神」の指示するところだった。

「望外の幸せ」は、支援して下さる多くの方々に恵まれたことである。

たとえば「東京古田会」。代表は初代、西谷日出夫氏より現在の藤沢徹氏に至る。藤沢氏は「東日流外三郡誌」寛政原本（寛政五年七月、和田長三郎）の意義を「発見」された。

たとえば「朝日トラベル」。竹野恵三氏である。「あんな重いもの（飛行機）が空を飛べるなんて、わたしには信じられませんよ。」笑いながら、言っておられた。日本国内はもちろん、中国や韓国など海外の遺跡にも〝運んで〟下さった。山本真之助氏などとの一行だった。

たとえば「古田史学の会」。全国に支部をもつ。代表は水野孝夫氏。インターネットに詳しく、探したい本などお聞きすると、直ちに応じて下さる、有難い方だ。事務局長は古賀達也氏。「市民の古代」（藤田友治氏）当時からの会員である。

たとえば「多元的古代研究会」。故、高田かつ子さん以来だ。会誌「多元」でわたしは「言素論」を連載。発行編集は安藤哲朗氏。新東方史学会の担当もお願いしている。貴重な存在である。

Home pageは、「古田史学の会」の横田幸男氏、「多元的古代研究会」の西坂久和氏、いずれも感謝し切れぬ方々だ。

さらに「古代史セミナー」（今年〈平成二十五年〉で十回目、八王子、大学セミナー）。理事長は佐藤東洋士（とよし）氏、館長は荻上紘一氏。「古田の弟子」を自称される荻上氏は、故、中嶋嶺雄氏と同じく、松本深志高校の御出身。担当は小倉要さん、安田久美子さんである。

たとえば「豊中歴史の会」。代表は永田良昭氏。大下隆司氏も、その会でわたしの「学問の方法」を後継。老齢の身が出歩くとき、快くサポートして下さっている。大下（旧、松本）郁子さんはその嫁、わたしの学問の深き理解者である。鹿児島在住だ。

書き尽くせぬ方々、いずれも「八方破れ」で「四方欠点」だらけのわたしを、見るに見かねて深く支援して下さっているのであろう。

別　れ

「友あり、遠方より来たる。亦楽しからずや。」（「有朋（とも）、遠きより方（なら）び来たる」貝塚茂樹訳、等）

論語筆頭の、孔子がもらした深い感懐である。全篇を貫く、基本の底音がこめられている一句だ。幸いにも、わたしは今日（平成二十五年四月二十六日）、この感懐を孔子と同じうすることができたのである。

オランダから来られた難波収（おさむ）さんとお会いできた。難波さんはわたしと同年、八十六歳である。敗戦後、京都大学の宇宙物理学科に学び、天文学の専門家となった。同時に、古代史などの文化・歴史方面にも造詣が深く、オランダの天文台に勤めながら、わたしの歴史学を現地の方々に推奨して下さっていた。

先年、ガン細胞の転移を胎内の各所に発見された。担当の医師から、「あと、数ヶ月の寿命」と告げられたという。そのとき、日本で密かに「名声」をもつ丸山ワクチン治療に着眼され、その投与をつづけ、現在まで〝生き延び〟られたという。今回も、一方ではその薬を求め、他方では宇宙物理の友人やわたしたち（夫妻）に会うため、日本に帰られたのである。お嬢さま（ノリ子さん）と同道された。孫は二人（男女）とのこと。

〝意外にも〟お元気だった。京都市内のビジネスホテル（東横イン）でお会いし、近くのスシ屋さんで夕食を取りつつ、談の尽きることがなかった。

「まだ、五年も十年も、生きられますよ。来年の今月今夜も、ここでお会いしましょう。」と。だがしかし、オランダのユトレヒトに帰られたあと、死去の報に接した。五月八日である。嗚呼。

最終の悲報に接した。

ベティ・メガーズさんの逝去である。二〇一二年七月二日、九十歳だった。お生れは一九二一年十二月五日である。藤沢徹さんがお知らせ下さった。

夫君のクリフォード・エヴァンズさんと共に、わたしにとって輝けるアメリカ、そのものだった。あの陳寿が偉大なる中国の歴史家として、わたしの中に生きつづけているように、お二人がわたしの中で光を失う日は、永遠に来ない。輝いている。

これ以外に、他言はない。

人類の未来に向けて

今年は桜が早かった。三月中に満開と落花。花の寺（京都市西京区）にも行かぬまま、そばの竹藪から鶯の声を聞いていた。

外は政治の季節。新政権の経済政策が報道されている。しかしわたしは原稿の執筆に集中していた。

この研究自伝を書きすすめる朝夕だった。

ミネルヴァ書房の杉田社長から要請されてから、八年くらい経過していた。『俾弥呼』（日本評伝選）を書き終えた今、ようやく筆をとることができたのである。

少年時代から歴史の道を志した自分をふりかえってみると、なぜ現在のような「学問の道」をたどるに至ったか、改めて「自覚」せられてきた。今回の執筆は「己を知る」ために不可欠の道だったのである。

それは、日本の学界や教科書、そして大手メディアが採りつづけてきた世界、その「大わく」からは、全く孤立していた。異例の展開だった。明治維新以来、日本国家の採用してきた「公的な歴史」とは異質だったのだ。だから、「無視（シカト）」されたのである。

考えてみれば、その起源は八世紀初頭にはじまっていた。『続日本紀』の文武天皇、七〇一年の「開始」以来だ。それから〝造られ〟はじめた歴史書、『古事記』や『日本書紀』の〝建て前〟とした、近畿天皇家一元主義の歴史観を、わたしの立場は「非（ノウ）」とするものだった。宗教が自派の信者を規制するように、国家は国民を規制する。日本の国家においてわたしの試みた研究実験は、やがて世界の他の諸国家に対する検証への道を開くこととなったのである。

この点、奇しくも共通するテーマがある。「原発」問題だ。一昨年（平成二十三年）の三月十一日以来、当面させられたテーマである。けれども実は、右の時点以前から「知る人ぞ知る」懸案だった。それを指摘する研究者（小寺明氏等）を、委員会から〝はずし〟てきていたのだ。そして三・一一の

「事故」をもって「想定外」と称したのである。ここにも、自分たちの「定めた世界」以外に対しては「無視（シカト）」して恥じない日本国家の体質が存在したのである。

しかしそれは、日本だけではなかった。地球上の各国家が、大同小異、しめしつづけ、とりつづけてきた「同一の道」だったのである。

いかなる「国家の法」も、たとえ大差の「多数決」でも、地球を何十万年のちまで「汚染」しつづける資格はない。絶無なのである。なぜか。

言うまでもない。地球は人間の故郷だ。この地球から人間は生れ育ったのであり、人間が地球を生んだのではない。自明のことだ。ましてこの大宇宙。この大自然を汚染する「不滅の権利」が人間にあるのだろうか。問うも、馬鹿馬鹿しい、自明の真理だ。

だが、わたしは落胆しない。断固たる自信をもつ。わたしは人間を信頼する。

いっときの「迷い」から目覚めて、真実を真実と認識し、本来の歴史を歴史としてとりもどす、そのような「時代」が到来することを、わたしは一瞬も疑わない。

「天動説の時代」はすでに終りはじめているのである。

あとがき

すでに書くべきことは書き終った。「あとがき」も、いらない。昨日まで、そう思っていた。大きな、あやまりだった。肝心の一句を書き残していた。

「今は、石が流れ、木が沈む時代だ。」

村岡典嗣先生の言葉である。生涯の恩師の残された言葉だけれど、わたしは今までその真意を知らずに来た。

他でもない。「現代」に対する、先生の根源の批評、最高の批判である。たとえば、日本の首相が正面から核を否定せず、原子力の装置を外国に〝売り歩く〟姿。これ以上の「さかさまごと」はない。先生の比喩の通りだ。

先生がこの言葉を告げられたのは、敗戦直前、「戦争中」のことだ。日本国中が「鬼畜米英」を叫び、それを「国策」と称していた時代である。そのとき、先生は静かにこの言葉を語られたのである。

思えば、あの親鸞が生涯の主著、教行信証の後序（跋文）に「主上、臣下、背法違義」と書きつけたのと、同一の精神なのである。

「天皇や上皇が正当な法に背き、本来の正義に違(たが)っている。」

これが彼の生涯を賭けての「現代批判」の一語だった。「現代」とはもちろん、十二世紀、鎌倉時代という当時、後鳥羽上皇と土御門天皇が「生きていた」ときのことである。この一語を根本とせずに、親鸞を理解することは不可能である。それは村岡先生の言葉と共通の思想に根ざしていたのだった。

この言葉をわたしに告げたのは、和田喜八郎氏である。戦時中、(彼の父、元市(もといち)氏との縁で)先生の奥様は「米の買い出し」に青森県の五所河原に行かれたことがあった。その「米の代り」に自分の外套(マント〈インバネス〉)を置いていかれた。そのころ、青年というより十代半ばの少年だった彼に、先生はそう告げられたという。もちろん、彼にはその意味は分らなかった。しかし、鮮明にその一語を覚えていたのである。

わたしが後年、彼に会ったとき、「村岡先生」の名前を語るのを聞いて、彼は不思議がった。「なぜ、あんたは村岡先生のことを知っているんだ。」と。彼にとっては、村岡先生とは、奥様が「米の買い出し」にやってきていた、知り合いの東北大学の先生だったのである。もちろんわたしは、この先生を求めて仙台の東北大学に来たのだと、その由来を語った。昭和六十年代(一九八〇年以降)、六十歳台に「東日流外三郡誌」の「原本」を求めて、同年齢の彼に会ったとき、その最初の「やり取り」だった。

そのとき、先生が持っていった外套を、彼は使用せず、そのまま〝取っておいて〟いた。「村岡先生の御遺族に返してくれ。」と言う。わたしは喜んで承知し、先生のお嬢さんにお渡しした。「見覚え」があるという。

彼がこれを長期間、使わずに保存していたのは、彼なりの、先生に対する「敬意の表現」だったのではあるまいか。先日、身辺を整理していると、そのときの先生のお嬢さんの礼状が出てきた。当時を思い起した（先生の奥様は、起家（きか）。お嬢さんはなほ子さんである）。

「古田さんについていると、出世できないよ。」

東北大学出身の青年S君の言葉だった。阪急の駅前でわたしがS君と大下（当時、松本）郁子さんと、三人で話していて、寸時、御不浄（トイレ）に立ったとき、彼が大下さんに告げた言葉だった。その通りだ。「出世」が目的なら、わたしの学問を、わたしのような方法で貫くべきではない。彼は「正当な言葉」そして「まっとうな忠告」を、彼女のために〝もらして〟やったのであろう。すなわち、村岡先生の言葉通りだ。まともな学問、本来の学問の王道は捨ててかえりみられない。それがこの〝石の流れる〟「現代」だった。「天動説の時代」である。

＊　なお、平成二十五年八月十一日、待望の一稿に接した。水野孝夫さん（古田史学の会）から転送されてきた、張莉氏の「『倭』『倭人』について」（『立命館大学白川静記念東洋文字文化研究所紀要』第七号抜刷、平成二十五年七月発行）である（同研究所ホームページ八月一日付掲載）。氏は奈良市に住む中国人、同志社女子大学に現代社会学部准教授（特別契約教員）として勤務しておられるという。中国漢字学一般の研

究者である。その立場から、わたしの「邪馬壹国」（北部九州説）から「俀国」（多利思北孤）九州説に至るまで、歴史の大幹に対して、率直に賛意を銘記された。もちろん、自家独自の（わたしとは異なる）立説も、各所に見られる。見事である。「天動説の時代」は、やはり終結期を迎えたようである。

すでに、夜明けは近い。「男（多利思北孤）と、女の推古天皇を同一人とする」ような、虚偽の歴史を「公の教育」に用い、天皇も、首相も、文部科学省の大臣も〝恥じない〟でいる日本、それが〝消え去る〟日は近い。そして真実の歴史を、そのまま認めることを望む時は刻々と迫っている。暁の時代に入ろうとしているのだ。日本も、そして世界も。

わたし一人の中の「理性」が、わたしの内部からそれを告知させようとしているのである。その「内部の声」こそ、わたしにとって「運命の神」、生き生きと導いて、今日に至らしめてくれた存在そのものだった。真の導師だったのである。「亡師孤独」と言っていたのは、わたしの生涯を貫く「錯覚」に過ぎなかったのであった。

平成二十五年六月十三日午前二時四十九分、筆了

古田武彦

主要著作一覧

学術雑誌掲載論文

〈古代〉

「古事記序文の成立について――尚書正義の影響に関する考察」『続日本紀研究』二―八、昭和三十年八月

「邪馬壹国」『史学雑誌』七八―九、昭和四十四年九月

「邪馬壹国の諸問題（上）（下）」『史林』五五―六・五六―一、昭和四十七年十一月・四十八年一月

「好太王碑文『改削』説の批判――李進熙氏『広開土王陵碑の研究』について」『史学雑誌』八二―八、昭和四十八年八月

「魏晋（西晋）朝短里の史料批判――山尾幸久氏の反論に答える」『古代学研究』七三、昭和四十九年九月

「邪馬壹国の論理と後代史料（上）（下）――久保・角林両氏の反論に答える」『続日本紀研究』一七六・一七七、昭和四十九年十二月・五十年二月

「日本書紀の史料批判」『文芸研究』九五集、昭和五十五年九月（東北大学文学部、文芸研究会の第三十二回大会〈昭和五十五年六月十四日〉の冒頭講演に招かれて講述したものの論文化）

「魏・西晋朝短里の方法――中国古典と日本古代史」『文芸研究』一〇〇集・一〇一集、昭和五十七年六月・九月

「多元的古代の成立――邪馬壹国の方法とその展開」『史学雑誌』九一―七、昭和五十七年七月

「記・紀批判の方法――坂田隆氏の問に答える」『鷹陵史学』第九号、昭和五十八年十二月

「法隆寺釈迦三尊の史料批判——光背銘文をめぐって」『仏教史学研究』二六—二、昭和五十九年三月

〈中世〉

「親鸞の歴史的個性の比較史学的考察——対権力者観におけるイエスとの対照」『神戸大学教育学部研究集録』第一一集、昭和三十年九月

「親鸞『消息文』の解釈について——服部・赤松両説の再検討」『史学雑誌』六四—一一、昭和三十年十一月

「親鸞に於ける悪人正機説について」『日本歴史』第九五号、昭和三十一年五月

「歎異抄の思想史的意義」『文化』二〇—五、昭和三十一年九月

「原始専修念仏運動における親鸞集団の課題（序説）——『流罪目安』の信憑性について」『史学雑誌』七四—八、昭和四十年八月

「歎異抄蓮如本の原本状況——『流罪目安』切断をめぐって」『史学雑誌』七五—三、昭和四十一年三月

「性信の血脈文集と親鸞在世集団——新史料蓮光寺本をめぐって」『史林』四九—三、昭和四十一年五月

「蓮如筆蹟の年代別研究——各種真蹟書写本を中心として」『眞宗研究』第一一輯、昭和四十一年十二月

「親鸞の奏状と教行信証の成立——『今上』問題の究明」宮崎博士還暦記念会編『真宗史の研究』所収、昭和四十一年十二月

「坂東本の史料科学的研究——教行信証成立論の新基礎」『仏教史学研究』一三—一、昭和四十二年三月

「原教行信証の成立——元仁元年問題の史料科学的研究」『日本思想史研究』二、昭和四十三年二月

「親鸞研究の根本問題——九つの問い」家永三郎教授東京教育大学退官記念論集刊行委員会編『古代中世の社会と思想』所収、三省堂、昭和五十四年六月

「三願回転の史料批判——二葉憲香氏の反論に答える」『日本の社会と宗教』（千葉乗隆博士還暦記念論集）所収、同朋舎、昭和五十六年十二月

〈近代〉
「近代法の論理と宗教の運命――〝信教の自由〟の批判的考察」『金沢大学記念論文』第一席（暁烏賞受賞及び記念講演）、昭和三十七年四月
「明治体制における信教の自由」『日本宗教史研究』第三集（諸宗教との交渉）所収、法蔵館、昭和四十四年七月
〈その他〉
「史料科学の方法と展望」『古文書研究』第四号、昭和四十五年十月
「倭人とは何か」（講演記載）『太平洋学会』第五号、昭和五十五年一月
「中国考古学界に答える――王仲殊・汪向栄説への再批判」（講演記録）『太平洋学会』第一九号、昭和五十八年七月

歴史・一般雑誌（及び単行本）掲載論文（抄）

〈古代〉
「邪馬壹国の論理性――『邪馬台国』論者の反応について」『伝統と現代』二六、昭和四十九年三月
「直接証拠と間接証拠――好太王碑文《酒匂本》の来歴」『東アジアの古代文化』第三号、昭和四十九年秋
「邪馬壹国の史料批判」『邪馬臺国の常識』所収、毎日新聞社、昭和四十九年十一月
「九州王朝の論理性――白崎昭一郎氏に答える」『東アジアの古代文化』第六号、昭和五十年秋
「九州王朝の史料批判――藪田嘉一郎氏に答える」『歴史と人物』昭和五十年十二月
「『謎の四世紀』の史料批判」『歴史と人物』昭和五十一年五月
「邪馬壹国と冢」『歴史と人物』昭和五十一年九月
「邪馬壹国論争――ふたたび白崎氏の批判に答える（上）（下）」『東アジアの古代文化』昭和五十二年夏、秋
「九州王朝の証言（全八回）」『東アジアの古代文化』一六〜三〇号、昭和五十三年夏〜五十七年早春

「わたしの学問研究の方法について（上）（下）」『季刊邪馬台国』第三号・四号、昭和五十五年一月・四月
「古代史の弁明〈その一〉～〈その四〉」『円卓会議』一～四号、昭和五十八年十二月・五十九年三月・六月・九月、駸々堂出版
〈その一〉疑考・小林秀雄——本居宣長論。〈その二〉疑考・柳田国男——歴史民俗学論。〈その三〉疑考・柿本人麻呂。〈その四〉疑考・大国主命（のち『古代史を疑う』として昭和六十年十月、駸々堂出版より刊行）。
「好太王碑の史料批判——共和国（北朝鮮）と中国の学者に問う」『昭和薬科大学紀要』第二〇号、昭和六十一年
「アイアン・ロード（鉄の道）——韓王と好太王の軌跡」『昭和薬科大学紀要』第二〇号、昭和六十一年
「部民制の史料批判——出雲風土記を中心として」『昭和薬科大学紀要』第二一号、昭和六十二年
「国造制の史料批判——出雲風土記における『国造と朝廷』」『よみがえる卑弥呼』所収、駸々堂出版、昭和六十二年
「続・部民制の史料批判——『部』の始源と発展」『よみがえる卑弥呼』所収
「卑弥呼の比定——『甕依姫』説の新展開」『よみがえる卑弥呼』所収
「九州王朝の短里——東方の証言」『よみがえる卑弥呼』所収
「邪馬壹国の原点」『よみがえる卑弥呼』所収
「日本国の創建」『よみがえる卑弥呼』所収
「出雲風土記の中の古代公害病——その自然科学的研究」『古代は沈黙せず』所収
「法華義疏の史料批判——その史料科学的研究」『古代は沈黙せず』所収
「金印の論理——大谷光男氏に寄せて」『古代は沈黙せず』所収
「里程問題の本質——原島礼二氏に答える」『古代は沈黙せず』所収
「古典研究の根本問題——千歳竜彦氏に寄せて」『古代は沈黙せず』所収
「鏡の船載と仿製」『帝塚山考古学』第五集、昭和六十年一月

「千葉稲荷台古墳から金石文発見〈対談・金井塚良一〉」『歴史読本』昭和六十三年四月号
「P・G型古墳の史料批判――主従型の場合」『昭和薬科大学紀要』第二二号、昭和六十三年
「新唐書日本伝の史料批判――旧唐書との対照」『昭和薬科大学紀要』第二二号、昭和六十三年
「祝詞誕生――『大祓』の史料批判」『まぼろしの祝詞誕生――古代史の実像を追う』新泉社、昭和六十三年五月
「九州王朝と大和政権」鶴岡静夫編『古代王権と氏族』（日本古代史論集一）所収、名著出版、昭和六十三年
〈中世〉
「親鸞研究の方法論的基礎――理論的及び実際的根本問題について」『湊川』昭和三十年十一月
「晩年の親鸞」『伝統と現代』第三九号、昭和五十一年五月
「親鸞研究の根本問題――三つの提起」『理想』第五六九号、昭和五十五年十月
「親鸞伝の基本問題――『伝絵』の比較研究」『真宗重宝聚英』第五巻所収、同朋舎出版、平成元年
〈その他〉
「日本人起源論の方法」『歴史と人物』昭和五十二年六月

単著

〈古代〉
『「邪馬台国」はなかった――解読された倭人伝の謎』朝日新聞社、昭和四十六年十一月〈角川文庫・朝日文庫収録、ミネルヴァ書房復刊〉
『失われた九州王朝――天皇家以前の古代史』朝日新聞社、昭和四十八年八月〈角川文庫・朝日文庫収録、ミネルヴァ書房復刊〉
『盗まれた神話――記・紀の秘密』朝日新聞社、昭和五十年二月〈角川文庫・朝日文庫収録、ミネルヴァ書房復

刊〉
『邪馬壹国の論理――古代に真実を求めて』朝日新聞社、昭和五十年十月〈ミネルヴァ書房復刊〉
『邪馬一国への道標』講談社、昭和五十三年五月〈角川文庫収録〉
『ここに古代王朝ありき――邪馬一国の考古学』朝日新聞社、昭和五十四年六月〈ミネルヴァ書房復刊〉
『関東に大王あり――稲荷山鉄剣の密室』創世記、昭和五十四年十一月〈新泉社より昭和六十二年再刊、平成十五年新版〉
『邪馬一国の証明』角川文庫、昭和五十五年十月
『多元的古代の成立〈上〉――邪馬壹国の方法』駸々堂出版、昭和五十八年三月〈ミネルヴァ書房復刊〉
『多元的古代の成立〈下〉――邪馬壹国の展開』駸々堂出版、昭和五十八年四月〈ミネルヴァ書房復刊〉
『よみがえる九州王朝――幻の筑紫舞』角川選書、昭和五十八年六月
『邪馬一国の挑戦』徳間書店、昭和五十八年八月
『古代は輝いていたⅠ――「風土記」にいた卑弥呼』朝日新聞社、昭和五十九年十一月〈朝日文庫収録〉
『古代は輝いていたⅡ――日本列島の大王たち』朝日新聞社、昭和六十年二月〈朝日文庫収録〉
『古代は輝いていたⅢ――法隆寺の中の九州王朝』朝日新聞社、昭和六十年四月〈朝日文庫収録〉
『古代史を疑う』駸々堂出版、昭和六十年十月〈ミネルヴァ書房復刊〉
『古代の霧の中から――出雲王朝から九州王朝へ』徳間書店、昭和六十年十一月
『よみがえる卑弥呼――日本国はいつ始まったか』駸々堂出版、昭和六十二年十月〈朝日文庫収録、ミネルヴァ書房復刊〉
『倭人伝を徹底して読む』大阪書籍、昭和六十二年十一月〈朝日文庫収録、ミネルヴァ書房復刊〉
『古代は沈黙せず』駸々堂出版、昭和六十三年四月〈ミネルヴァ書房復刊〉

古田武彦著・古田武彦と古代史を研究する会編『まぼろしの祝詞誕生――古代史の実像を追う』新泉社、昭和六十三年五月（平成十五年新版）
『吉野ケ里の秘密――解明された「倭人伝」の世界』光文社カッパ・ブックス、平成元年六月
『「君が代」は九州王朝の讃歌』新泉社、平成二年七月
『古代史60の証言――金印から吉野ケ里まで九州の真実』かたりべ文庫、平成三年二月
『真実の東北王朝』駸々堂出版、平成三年三月〈ミネルヴァ書房復刊〉
『日本古代新史』新泉社、平成三年四月（『邪馬一国の挑戦』の増補版）
『九州王朝の歴史学――多元的世界への出発』駸々堂出版、平成三年六月〈ミネルヴァ書房復刊〉
『古代史をひらく――独創の13の扉』原書房、平成四年十月
『すべての日本国民に捧ぐ――古代史-日本国の真実』新泉社、平成四年十二月
『古代史をゆるがす――真実への7つの鍵』原書房、平成六年四月
『人麿の運命』原書房、平成六年四月〈ミネルヴァ書房復刊〉
『古代通史――古田武彦の物語る古代世界』原書房、平成六年十月
『学問の未来――歴史学と自然科学との間 12年間の軌跡』昭和薬科大学文化史研究室、平成八年三月
『神の運命――歴史の導くところへ』明石書店、平成八年九月
『古代史の未来』明石書店、平成十年二月
『失われた日本――「古代史」以来の封印を解く』原書房、平成十年二月〈ミネルヴァ書房復刊〉
古田武彦述・「多元的古代」研究会・関東編『古代歌謡の画期線――失われた古今・万葉の本質：古田武彦氏講演録』「多元的古代」研究会・関東、平成十一年七月（非売品）
古田武彦述・古田史学の会編『古田武彦講演集　一九九八』古田史学の会、平成十一年一月

『「君が代」を深く考える――日本の秘密』五月書房、平成十二年一月
『古代史の十字路――万葉批判』東洋書林、平成十三年四月〈ミネルヴァ書房復刊〉
『壬申大乱』東洋書林、平成十三年十月〈ミネルヴァ書房復刊〉
『「姥捨て伝説」はなかった――旅は道づれ夜は歴史』新風書房、平成十四年七月
『古田武彦と「百問百答」』古田武彦と古代史を研究する会、平成十八年十月
古田武彦述・多元的古代研究会編『茫たり五十年――寛政原本出現と親鸞：古田武彦氏特別講演会』多元的古代研究会、平成十九年九月
『奪われた国歌「君が代」』情報センター出版局、平成二十年八月
『俾弥呼――鬼道に事え、見る有る者少なし』ミネルヴァ書房、平成二十三年九月
古田武彦著・古田武彦と古代史を研究する会編『俾弥呼の真実』ミネルヴァ書房、平成二十五年三月
古田武彦著・古田武彦と古代史を研究する会編『史料批判のまなざし』ミネルヴァ書房、平成二十五年四月
古田武彦著・古田武彦と古代史を研究する会編『現代を読み解く歴史観』ミネルヴァ書房、平成二十五年四月

〈中世〉

『親鸞』清水書院、昭和四十五年五月
『親鸞思想――その史料批判』冨山房、昭和五十年五月（明石書店より平成八年復刊）
『わたしの親鸞』デンケンブックス、昭和五十三年一月
『わたしひとりの親鸞』毎日新聞社、昭和五十三年七月〈徳間文庫収録〉
『親鸞――人と思想』（古田武彦著作集　親鸞・思想史研究編Ⅰ）明石書店、平成十四年七月
『親鸞思想』（古田武彦著作集　親鸞・思想史研究編Ⅱ）明石書店、平成十五年九月
『わたしひとりの親鸞』（古田武彦著作集　親鸞・思想史研究編Ⅲ）明石書店、平成十四年一月〈平成二十四年明

石選書として出版〉

編　著

古田武彦編『邪馬壹国から九州王朝へ――シンポジウム』新泉社、昭和六十二年十月
古田武彦編『倭国の源流と九州王朝――シンポジウム』新泉社、平成二年十一月
東方史学会・古田武彦編『古代史討論シンポジウム「邪馬台国」徹底論争――邪馬台国問題を起点として　第1巻（言語、行路・里程編）』新泉社、平成四年六月
東方史学会・古田武彦編『古代史討論シンポジウム「邪馬台国」徹底論争――邪馬台国問題を起点として　第2巻（考古学、総合編）』新泉社、平成四年十月
東方史学会・古田武彦編『古代史討論シンポジウム「邪馬台国」徹底論争――邪馬台国問題を起点として　第3巻（信州の古代学、古代の夕・対話他編）』新泉社、平成五年四月
古田武彦編著『古代史徹底論争――「邪馬台国」シンポジウム以後』駸々堂出版、平成五年一月
古田武彦編『日本のはじまり――『東日流外三郡誌』抜きに日本国の歴史を知ることはできない』石塔山荒覇吐神社、平成八年九月（非売品）
古田武彦編著『海の古代史――黒潮と魏志倭人伝の真実』原書房、平成八年十月

共　著

『日本名僧列伝』社会思想社現代教養文庫、昭和四十三年十月
『日本古代史の謎――ゼミナール』朝日新聞社、昭和五十年三月
『邪馬台国の謎』（座談会）、汐文社、昭和五十一年七月

『続・邪馬台国のすべて――ゼミナール』朝日新聞社、昭和五十二年四月
『古代史の宝庫』朝日新聞社、昭和五十二年十二月
『続・親鸞を語る』三省堂選書、昭和五十五年六月
『「武蔵埼玉稲荷山古墳出土品」国宝指定記念講演会の記録』埼玉県立さきたま資料館、昭和五十九年三月
『聖徳太子論争』新泉社、平成元年十月（平成十八年新装版）
『天皇学事始め』論創社、平成二年二月
『津軽が切りひらく古代――東北王朝と歴史への旅』平成三年八月
『「君が代」、うずまく源流』新泉社、平成三年六月
『神武歌謡は生きかえった――古代史の新局面十周年記念論文集』新泉社、平成四年六月
『大古墳の研究はなぜ必要か』三一書房、平成五年
『法隆寺論争』新泉社、平成五年五月（平成十八年新装版）
『古代史の「ゆがみ」を正す――「短里」でよみがえる古典』新泉社、平成六年四月
『日本書紀を批判する――記紀成立の真相』新泉社、平成六年十月
『九州王朝の論理――「日出ずる処の天子」の地』明石書店、平成十二年五月
『東日流〈内・外〉三郡誌――ついに出現、幻の寛政原本！』オンブック、平成二十年六月

翻訳書

邦題『倭人も太平洋を渡った――コロンブス以前の「アメリカ発見」』
Man across the Sea: Problems of Pre－Columbian Contacts
原著者 Caroll L. Riley, I. Charles Kelley, Campbell W. Rennington, Robert L. Rands, 刊行者 University

of Texas Press, 刊行年 1971

古田武彦訳、創世記、昭和五十二年六月〈八幡書店から昭和六十二年六月再刊〉

＊『古代は沈黙せず』（昭和六十三年刊）収載の「著作一覧」に、その後刊行された主な文献を追加の上掲載した。

論争一覧

古代史関連

三木太郎との論争

三木太郎著作『魏志倭人伝の世界』吉川弘文館、昭和五十四年十月
〈第一回〉
古田「『邪馬台国』論争の復活——学界からの最近の反応」『京都新聞』（以下同）昭和五十四年十二月二十六日
三木「『御覧魏志』史料価値は高い——古田氏の論評にこたえて」昭和五十五年一月十一日
古田「陳寿反対派の証言——ふたたび三木氏に答える」昭和五十五年二月八日
三木「重視できる史書の史料系統の推定——古田氏に再反論」昭和五十五年二月十五日
古田「邪馬一国論争の新展開——三たび三木氏に答える」昭和五十五年三月七日
三木「虚構にみちた邪馬壱国説〈上〉——三たび古田氏へ」昭和五十五年三月十九日
三木「虚構にみちた邪馬壱国説〈下〉——三たび古田氏へ」昭和五十五年三月二十日
古田「邪馬一国論争の審判〈上〉——最後に三木氏に答える」昭和五十五年四月十日
古田「邪馬一国論争の審判〈下〉——最後に三木氏に答える」昭和五十五年四月十一日
三木・古田「『邪馬台国』論争——終わりにあたって」昭和五十五年四月二十七日

〈第二回〉
三木「『三国志』の中の『臺』――『神聖至高の文字』と限らない」『京都新聞』（以下同）昭和五十五年十月九日
古田「邪馬一国の史料批判――三木太郎氏に」昭和五十五年十月二十三日
〈補論〉
古田「邪馬一国の方法――古代史の盲点」『京都新聞』昭和五十五年十二月三日
〈第三回〉
三木「『神聖至高文字』とは何か」『京都新聞』（以下同）昭和五十六年四月一日
古田「邪馬一国の確証」昭和五十六年四月七日
〈別論〉
三木「邪馬壱国説の破綻」『歴史と人物』（以下同）昭和五十五年九月号
古田「『邪馬台国』批判――三木太郎氏に答える」昭和五十五年十二月号

佐伯有清との論争

佐伯「稲荷山古墳の鉄剣銘をめぐって〈上・下〉」『北海道新聞』昭和五十四年十月二十四日・二十五日
古田「多元的古代の成立――邪馬壹国の方法とその展開」『史学雑誌』九一―七、『多元的古代の成立〈上〉』（駸々堂出版、昭和五十七年七月）所収

榎一雄との論争

榎「『邪馬台国はなかった』か」十五回。『読売新聞』(以下同)昭和四十八年五月二十九日〜六月十六日
古田「邪馬壹国論」十回。昭和四十八年九月十一日〜二十九日
右は「邪馬壹国への道」の縮約(約三分の二)。原型原稿は、古田『邪馬壹国の論理』(朝日新聞社、昭和五十年十月)に全文収録。

李進熙との論争

李「広開土王陵碑文の謎――初期朝日関係研究史上の問題点」『思想』第五七五号、昭和四十七年五月
古田「高句麗好太王碑文の新事実――李進熙説への批判を中心として」東大史学会第七〇回大会にて発表、昭和四十七年十一月十二日
李『広開土王陵碑の研究――附資料編』吉川弘文館、昭和四十七年十月
古田「好太王碑文『改削』説の批判――李進熙氏『広開土王陵碑の研究』について」『史学雑誌』書評論文、八二―八、昭和四十八年八月。『よみがえる卑弥呼』(駸々堂出版、昭和六十二年十月)所収。
李「広開土王陵碑研究をめぐる諸問題――古田武彦氏の所論によせて」『史学雑誌』八三―七、昭和四十九年七月
――他に、「疑考・好太王碑――王健群説をめぐって」『古代史を疑う』所収、「高句麗好太王碑再論」『古代の霧の中から――出雲王朝から九州王朝へ』(徳間書店、昭和六十年十一月)所収、「好太王碑の史料批判――共和国(北朝鮮)と中国の学者に問う」『よみがえる卑弥呼』所収、等で李説にふれる。

後藤孝典との論争

後藤広開土王陵碑――李進熙説に対するさまざまな反応について」『東アジアの古代文化』創刊号、昭和四十九年

一月
古田「直接証拠と間接証拠――好太王碑文〈酒匂本〉の来歴――後藤孝典氏に答える」『東アジアの古代文化』昭和四十九年春号。『邪馬壹国の論理』（朝日新聞社）所収

朴時亨・王健群との論争

朴『広開土王陵碑』社会科学院出版、昭和四十一年三月。邦訳は、昭和六十年、そしえて（全浩天・訳）。
王『好太王碑の研究』雄渾社、昭和五十九年二月
古田「疑考・好太王碑――王健群説をめぐって」『古代史を疑う』所収、駸々堂出版、昭和六十年十月
古田「高句麗好太王碑再論」『古代の霧の中から――出雲王朝から九州王朝へ』所収、徳間書店、昭和六十年十一月
古田「好太王碑の史料批判――共和国（北朝鮮）と中国の学者に問う」『よみがえる卑弥呼』所収、駸々堂出版、昭和六十二年十月

王仲殊・汪向栄との論争

王「関于日本三角縁神獣鏡的問題」『考古』第四期、昭和五十六年
汪『邪馬台国』北京中国社会科学出版社、昭和五十七年三月
古田「中国考古学界に答える――王仲殊・汪向栄説への再批判」太平洋学会第五回研究大会〈昭和五十七年十一月二十日〉講演記録、第十九号、昭和五十八年七月
古田「考古学の方法――王仲殊論文をめぐって」『多元的古代の成立〈下〉』所収、駸々堂出版、昭和五十八年四月
古田「あとがきに代えて――汪向栄氏の批判に答える」同右書、所収

白崎昭一郎との論争

白崎「二つの九州王朝説」『東アジアの古代文化』昭和五十年初夏五号
古田「九州王朝の論理性――白崎昭一郎氏に答える」『東アジアの古代文化』昭和五十年爽秋六号
白崎「邪馬臺国論争は終っていない」『東アジアの古代文化』昭和五十一年春八号
古田「邪馬壹国論争〈上・下〉」『東アジアの古代文化』昭和五十二年夏一二号・秋一三号
白崎「中国文献の読み方――古田武彦氏に」『東アジアの古代文化』昭和五十六年春二八号
古田「『中国古代文献の読み方』批判――白崎昭一郎氏に」『東アジアの古代文化』昭和五十六年秋二九号

安本美典との論争

安本「『邪馬壹国』か『邪馬臺国』か――白崎昭一郎氏と古田武彦氏の論争を読んで」『東アジアの古代文化』昭和五十一年夏九号
安本「邪馬台国論争と古代中国の『里』」『数理科学』昭和五十三年三月号
安本「『邪馬台国』を数学でさぐる」『数学セミナー』昭和五十三年四月号
古田「邪馬一国と学問の方法」『数学セミナー』昭和五十三年八月号
安本「『魏晋朝短里説』は成立しない――古田武彦氏に答える」『東アジアの古代文化』昭和五十四年夏二〇号
安本「『邪馬壹国』論への反証――古田武彦氏へ答える」『東アジアの古代文化』昭和五十五年秋二五号
古田「九州王朝の証言」『東アジアの古代文化』全八回、昭和五十三年夏一六号～五十七年早春三〇号。『多元的古代の成立〈下〉』所収。
安本『「邪馬壹国」はなかった――古田武彦説の崩壊』新人物往来社、昭和五十五年一月
古田「古代史の虚像――その骨組みを問う」『文化評論』昭和五十五年三月号

古田「邪馬壹国の証明」『文化評論』昭和五十五年四月号

安本「『邪馬壹国』論の崩壊」『文化評論』昭和五十五年六月号

なお、『文化評論』昭和五十五年二月特大号に、野呂邦暢「邪馬台（臺）国論争のすすめ」が載り、右の同誌での論争の前提をなした。

古田「わたしの学問研究の方法について〈上・下〉」『季刊邪馬台国』三・四号、昭和五十五年一月・四月

安本「『邪馬壹国』論は成立しない——古田武彦氏に答える」『季刊邪馬台国』五号、昭和五十五年七月

安本・古田討論「『邪馬台国』をめぐって」（司会・野呂邦暢）。古田「邪馬一国の方法と検証」。安本「古田武彦説の破産」。野呂「息詰まる七時間」。『歴史と人物』昭和五十七年七月号

古田「倭の五王の史料批判（最終章）——故、野呂邦暢氏に捧げる」『季刊邪馬台国』八号、昭和五十八年四月

古田「国家の起源と『邪馬台国の東遷』」『別冊歴史読本』「古代謎の王朝と天皇」、昭和五十七年夏第二三号。『多元的古代の成立〈下〉』に「国家起源論批判」として収録。

安本『古代九州王朝はなかった——古田武彦説の虚構』新人物往来社、昭和六十一年六月

——他に、安本氏は、『季刊邪馬台国』の編集長として、第一一号（昭和五十七年冬号）以来、〝古田説批判〟を続行。古田は、『古代史の宝庫』（朝日新聞社）、『古代は輝いていた』（全三巻、朝日新聞社）、『よみがえる卑弥呼』（駸々堂出版）等の単行本の中に「反論」を収録。

後藤義乗との論争

後藤「邪馬壹国論についての疑問——貴字と卑弥呼をめぐって」『東アジアの古代文化』昭和五十四年早春一八号

古田「九州王朝の証言」全八回。『東アジアの古代文化』昭和五十三年夏一六号〜五十七年早春三〇号。『多元的古代の成立〈下〉』所収。

奥野正男との論争

奥野「三角縁神獣鏡、彷製鏡は銘文だけでは立証できない——中国出土鏡にも〝日本式語法〟がある」『毎日新聞』昭和五十四年十一月十日付

奥野「銘文から彷製鏡説は証明できない——中国出土鏡の事実から古田説を批判する〈上・下〉」『東アジアの古代文化』昭和五十五年春二三号・夏二四号

奥野「三角縁神獣鏡の謎を解く」『歴史と人物』昭和五十五年六月号

古田「古鏡の史料批判——奥野正男氏への再批判」『毎日新聞』昭和五十五年五月十六日付、九州では三月末。「古代史を妖惑した鏡（続篇）」（『邪馬一国の証明』所収は、右に若干加筆したもの）

古田「九州王朝の証言」全八回。『東アジアの古代文化』昭和五十三年夏一六号〜五十七年早春三〇号。『多元的古代の成立〈下〉』所収。

藪田嘉一郎との論争

藪田「『邪馬臺国』と『邪馬壹国』」『歴史と人物』昭和五十年九月号

古田「九州王朝の史料批判——藪田嘉一郎氏に答える」『歴史と人物』昭和五十年十二月号。『邪馬一国の証明』（角川文庫）所収。

藪田「邪馬台国新義」『歴史と人物』昭和五十一年三月号

古田「邪馬壹国と冢」『歴史と人物』昭和五十一年九月号、『邪馬一国の証明』所収

尾崎雄二郎との論争

尾崎「邪馬臺国について」京都大学教養部『人文』第一六集、昭和四十五年。『中国語音韻史の研究』（創文社）

所収。

古田「邪馬壹国の諸問題――尾崎雄二郎・牧健二氏に答う〈上・下〉」『史林』五五―六・五六―一、昭和四十七年十一月・四十八年一月。『邪馬壹国の論理』所収。

牧健二との論争

牧「古田武彦氏の『邪馬壹国』について」『龍谷法学』第二巻第二〜四号

古田「邪馬壹国の諸問題――尾崎雄二郎・牧健二氏に答う〈上・下〉」『史林』五五―六・五六―一、昭和四十七年十一月・四十八年一月。『邪馬壹国の論理』所収。

山尾幸久との論争

山尾「魏志倭人伝の史料批判」『立命館大学』第二六〇号、昭和四十二年二月

古田「『邪馬台国』はなかった」朝日新聞社、昭和四十六年（のちに角川文庫）

山尾『魏志倭人伝』講談社新書、昭和四十七年七月

古田「魏晋（西晋）朝短里の史料批判――山尾幸久氏の反論に答える」『古代学研究』七三、昭和四十九年九月。『邪馬壹国の論理』所収。

短里論争

〈各論者〉（山尾幸久・安本美典を除く）

白崎昭一郎『東アジアの中の邪馬臺国』芙蓉書房、昭和五十三年七月

吉野史夫「古田武彦『魏晋朝短里説』その他の問題をめぐって〈正・続・続々〉」『五条古代文化』第一三号以降、

昭和五十三年十一月・五十四年四月・八月
佐藤鉄章『隠された邪馬台国』サンケイ出版、昭和五十四年五月
篠原俊次「魏志倭人伝の里程単位」『計量史研究』第一巻第一号・第二巻第一号、昭和五十四年・五十五年以降
篠原俊次「最近の里程論について〈正・続〉」『五条古代文化』第二〇号・二一号、昭和五十六年七月・十一月
古田「魏・西晋朝短里の方法——中国古典と日本古代史〈上・下〉」『文芸研究』第一〇〇・一〇一号、昭和五十七年六月・九月。『多元的古代の成立〈上〉』所収。
古田「短里論争」『よみがえる九州王朝——幻の筑紫舞』角川選書、昭和五十八年六月
古田「九州王朝の短里——東方の証言」『よみがえる卑弥呼』所収、駸々堂出版、昭和六十二年十月
古田「里程論」『倭人伝を徹底して読む』所収、大阪書籍、昭和六十二年十一月
——他に、『ここに古代王朝ありき』朝日新聞社、『古代は輝いていたI』朝日新聞社等にあり

坂田隆との論争

坂田「『盗まれた神話』批判——古田武彦氏に問う」『鷹陵史学』第七号、昭和五十六年三月
古田「記・紀批判の方法——坂田隆氏の間に答える」『鷹陵史学』第九号、昭和五十八年十二月。『古代は沈黙せず』所収。

久保泉との論争

久保『邪馬台国の所在とゆくえ——新宇佐説』中央公論事業出版、昭和四十五年
古田「邪馬壹国の論理と後代史料——久保・角林両氏の反論に答える〈上・下〉」『続日本紀研究』第一七六号・一七七号、昭和四十九年十二月・五十年二月

角林文雄との論争

角林「倭人伝考証〈上・下〉」『続日本紀研究』第一六六号・一六七号、昭和四十八年
古田「邪馬壹国の論理と後代史料——久保・角林両氏の反論に答える〈上・下〉」『続日本紀研究』第一七六号・一七七号、昭和四十九年十二月・五十年二月

橋本文男との論争

橋本「邪馬台国は大和にあった——古田氏の『九州王朝説』を駁す〈上・中・下〉」『世界日報』昭和五十四年八月十七日・十八日・十九日
古田「古代王朝論——橋本文男氏に答える〈正・続〉」『世界日報』昭和五十五年二月十九日・二十日

親鸞関連

赤松俊秀との論争

赤松「親鸞の消息について——服部之總氏の批判に答えて」『史学雑誌』五九—一二、昭和二十五年十二月号
赤松「仏教界の動向」『新日本史大系』第三巻所収
古田「親鸞『消息文』の解釈について——服部・赤松両説の再検討」『史学雑誌』六四—一一、昭和三十年
古田『親鸞——人と思想』清水書院、昭和四十五年
赤松『本願寺聖人伝絵序説』大谷大学内、安居事務所発行、昭和四十八年六月
古田「あとがきに代えて」『親鸞思想——その史料批判』所収、冨山房、昭和五十年五月

服部之總との論争

服部「いはゆる護国思想について」『親鸞ノート』（国土社、昭和二十三年）所収。福村書店再刊、昭和二十五年

古田「親鸞『消息文』の解釈について――服部・赤松両説の再検討」『史学雑誌』六四―一一、昭和三十年十月号

多屋頼俊・宮地廓慧との論争

古田「原始専修念仏運動における親鸞集団の課題〈序説〉――史料『流罪目安』の信憑性について」『史学雑誌』七四―八、昭和四十年、『親鸞思想――その史料批判』所収

多屋「『大切の証文』再考〈正〉」『中外日報』二〇〇九二～二〇一〇一、全七回。昭和四十五年二月

古田「口伝と証文〈正〉」『中外日報』二〇一四五～二〇一五九、昭和四十五年。『親鸞思想――その史料批判』所収

多屋「『大切の証文』再考〈続〉」『中外日報』二〇二三七～二〇二三九、昭和四十五年

宮地「多屋・古田両説批判」『中外日報』二〇二八〇～二〇二九二、昭和四十五年

古田「口伝と証文〈続〉」『中外日報』昭和四十五年十二月十五日～昭和四十六年一月十九日、『親鸞思想――その史料批判』所収

二葉憲香との論争

古田「親鸞の中心思想――三願転入の論理」『親鸞思想――その史料批判』所収、冨山房、昭和五十年五月

二葉「親鸞の宗教的主体の成立」『古代・中世の社会と思想』（家永三郎教授東京教育大学退官記念論集Ⅰ）所収、三省堂、昭和五十四年六月

古田「三願回転の史料批判――二葉憲香氏の反論に答える」『日本の社会と宗教』（千葉乗隆博士還暦記念論集）

所収、昭和五十六年十二月、同朋舎出版

二葉「親鸞の廻心――古田氏説再批判」『歴史への視点――真宗史・仏教史・地域史』（梅原隆章教授退官記念論集刊行会編）所収、桂書房、昭和六十年十一月

＊『古代は沈黙せず』収載のものを掲載した。

古田武彦略年譜

和暦	西暦	齢	関係事項	学界の動向	一般事項
大正一五 昭和　元	一九二六	0	**8・8**福島県喜多方にて、旧制喜多方中学の英語教師であった父・貞衛、母・玉意のもとに生まれる。		
二	一九二七	1	**3月**父の転任のため、広島県呉市溝路町へ移る。		**7月**岩波文庫刊行開始。
三	一九二八	2		村岡典嗣増訂『本居宣長』刊行。	**3・15**共産党一斉検挙（三・一五事件）。**6月**張作霖爆殺事件。
六	一九三一	5			**9月**満州事変。
七	一九三二	6		**12月**歴史学研究会創立。	**2月〜3月**血盟団事件。**5・15**五・一五事件。

八	一九三三	7	4月呉市東本通小学校へ入学。		2月小林多喜二虐殺される。（当時の旧制高校生愛読書・・倉田百三『愛と認識の出発』『出家とその弟子』、阿部次郎『三太郎の日記』、西田幾多郎『善の研究』、河合栄治郎編『学生叢書』、マルクス『資本論』『ドイツ・イデオロギー』、エンゲルス『空想から科学へ』、『歎異抄』『正法眼像』）
九	一九三四	8		6月内藤虎次郎（湖南）死去。 10月日本民族学会設立。	
一〇	一九三五	9			
一一	一九三六	10			2・26二・二六事件。
一二	一九三七	11			7月盧溝橋事件。

和暦	西暦	齢	略歴	関連事項
一三	一九三八	12		**5月**坂本太郎『大化改新の研究』刊行。
一四	一九三九	13	この時期に旧制三次中学へ進学。のち、父の転任のため、広島県の府中町へ移り、父が校長をつとめる旧制府中中学へ転入。その後、父の転任にともない、広島市の西観音町へ移り、父が校長をつとめる旧制広島二中へ転入。	**7月**喜田貞吉死去。**この年**「原理日本」の蓑田胸喜、美濃部達吉・津田左右吉を攻撃。
一五	一九四〇	14		**2月**津田左右吉『古事記及日本書紀の研究』『神代史の研究』発禁となる。**この年**村岡典嗣、東京帝大法学部（東洋政治思想史）講師となる。増訂『日本思想史研究』刊行。アウグスト・ベエクのフィロロギーの方法論を日本思想史研究に用いた。
一六	一九四一	15		**12・8**真珠湾攻撃。

一七	一九四二	16	**4月**旧制広島高校入学。	村岡典嗣編『本居宣長全集』刊行。	太平洋戦争勃発。カミュ『異邦人』刊行。
一八	一九四三	17	岡田甫、広島高校教授就任（道義＝倫理、ドイツ語、哲学兼生徒主事）。広島高師教育学講師。著者は終生の教えを受ける。ソクラテスの教え「論理の導くところへ行こうではないか、たとえそれがいかなるところへ到ろうとも」。	**7月**静岡県登呂遺跡発見。	**8月**島崎藤村死去。
一九	一九四四	18	広島市の郊外、海田市の軍需工場で勤労動員中、鉄くずが目に入り怪我、江田島で静養する。		
二〇	一九四五	19	**4月**東北大学日本思想史科に進学、村岡典嗣の門を叩く。**6月**勤労動員に出ることを命じられる。**8・6**宮城県志田村にて勤労動員中、「広島に新		**8・6**広島に原子爆弾投下。**8・9**長崎に原子爆弾投下。**8・15**敗戦。日本は連合軍占領

			型爆弾投下」との報に接し、**8・15**広島へ帰る。		下に入る。
二一	一九四六	20	**4月**仙台へ戻り、師・村岡典嗣の逝去（**4・13**）を知る。	**6月**日本歴史学会『日本歴史』創刊。**12月**黒板勝美死去。**この年**津田左右吉による『愚管抄』に関する論争起こる。	**1月**天皇人間宣言。**11月**日本国憲法公布。**この年**極東国際軍事裁判始まる。黒澤明監督「わが青春に悔なし」、マーヴィン・ルロイ監督「キュリー夫人」公開。
二二	一九四七	21	**12月**卒業論文「道元の『利他思想』をめぐって」提出。		
二三	一九四八	22	**3月**母死去。**4月**長野県松本深志高校の教頭となっていた岡田甫に招かれ、教師として赴任。	**5月**座談会「日本民族＝文化の源流と日本国家の形成」で江上波夫が「騎馬民族征服説」を発表。**12月**相沢忠洋、群馬県岩宿で先土器時代の石器を発見。**この年**服部之總、「反権力者」としての親鸞説提唱。	

二四	一九四九	23		**4月**日本民俗学会発足。**この年**津田左右吉文化勲章を受ける。	
二五	一九五〇	24		服部之總と赤松俊秀の親鸞論争起こる。	
二六	一九五一	25		**8月**福岡県板付遺跡発掘開始。**11月**『魏志倭人伝』（岩波文庫）刊行。**12月**法隆寺金画壁画の模写が完成、落慶法要。**この年**井上光貞により郡評論争が始まる（一九六〇年代に活発化）。	**8月**サンフランシスコ対日講和条約締結。
二七	一九五二	26			**4・28**日本独立。
二八	一九五三	27	**4月**過労から体調を崩す。	**2月**斎藤茂吉死去。**8月**岡山県月の輪古墳発掘。	
二九	一九五四	28	**3月末**松本深志高校を退職、姉（井上淑子）夫婦の住む神戸・須磨へ移る。**4月**義兄（嘉亀）の配慮で、私立森学園の講師となる。また、神戸大	白鳥庫吉『神代史の新研究』刊行。竹内理三編『大宰府・太宰府天満宮史料』刊行開始。	**3月**第五福竜丸事件。

三〇	一九五五	29	学の特別研究生となる。この頃から親鸞研究に没頭するようになる。**4月**神戸市立湊川高等学校へ社会科教師として転任。**8月**「古事記序文の成立について――尚書正義の影響に関する考察」が『続日本紀研究』に、**9月**「親鸞の歴史的個性の比較史学的考察――対権力者観におけるイエスとの対照」が『神戸大学教育学部研究集録』に掲載される。**この年**赤松俊秀と対論、笠原一男が世話役をつとめる東京大学でのシンポジウムに登壇。	諸橋轍次『大漢和辞典』刊行開始。	**8月**第一回原水爆禁止世界大会広島大会開催。一九五五年体制。
三一	一九五六	30		**3月**服部之總死去。**5月**奈良国立文化財研究所、飛鳥寺を発掘。**この年**井上光貞『日本浄土教成立史の研究』、部落問	

				題研究所『部落史に関する綜合的研究』刊行。	
三二	一九五七	31	**5月**結婚。新婚旅行で阿蘇山へ。	**8月**古代学協会『古代文化』創刊。	**8月**東海村の原子力研究所で日本初の原子の火が灯る。
三四	一九五九	33		**9月**静岡県で三ヶ日人発掘。	**4月**永井荷風死去。
三五	一九六〇	34	**4月**妻が京都大学法学部に入学。それにともない、京都・神楽岡町に移り、京都の洛陽高校に国語教師として転任。のち、京都府向日市物集女町に転居。		日米安全保障条約改定反対闘争激化。**6・15**デモで樺美智子が死亡。
三六	一九六一	35		**12月**津田左右吉死去。**この年**エミリオ・エストラダ死去。学生社から『古代史講座』刊行開始。	
三七	一九六二	36		**8月**柳田国男死去。**12月**山内清男・佐藤達夫「縄文土器の古さ」発表。**この年**佐賀県武雄市に「おつぼ山神籠石」が	

三九	一九六四	38	論文「近代法の論理と宗教の運命——〝信教の自由〟の批判的考察」が金沢大学暁烏賞の一位を受賞。のちに『神の運命』（明石書店）として刊行。	発見され、朝鮮式山城と確認される。『岩波講座日本歴史』刊行開始。
四〇	一九六五	39	**3月**父死去。	**6月**家永三郎教科書裁判。この年上田正昭『帰化人』により、帰化人を渡来人と呼ぶことが提唱される。小林秀雄「本居宣長」発表。井上光貞『日本古代国家の研究』刊行。**8・15**石井良助・井上光貞編『シンポジウム邪馬台国』。**11・10**江上波夫・石田英一郎ら『シンポジウム日本国家の起源』開催。この年吉本隆明「共同幻想論」発表。
四一	一九六六	40		中国文化大革命（〜一九七七年）。

四三	一九六八	42		**8月**岡山県津島遺跡発掘調査開始。弥生前期水田址発見。**10月**澤瀉久孝死去。	全共闘運動激化。
四四	一九六九	43	『中央公論』連載の松本清張「古代史疑」に疑念を抱き、倭人伝研究を本格的に始める。**9月**『史学雑誌』に論文「邪馬壹国」が掲載され、反響を呼ぶ。**12月**松本清張と対談。	**4月**福岡県沖ノ島の宗像祭祀遺跡第三次発掘開始。**10月**金錫亨・朝鮮史研究会『古代朝日関係史――大和政権と任那』刊行。朝鮮側からの日本古代史研究批判盛ん。**12月**静岡県伊場遺跡第三次調査開始。	東大安田講堂攻防戦。
四五	一九七〇	44	**3月**洛陽高校を退職。**5月**『親鸞――人と思想』（清水書院）刊行。	梅原猛「神々の流竄」発表。	**3月～9月**大阪万博開催。**11・25**三島由紀夫が自衛隊市ヶ谷駐屯地にて割腹自殺。
四六	一九七一	45	**11月**『「邪馬台国」はなかった――解読された倭人伝の謎』（朝日新聞社、のち朝日文庫）刊行。	石母田正『日本の古代国家』刊行。	
四七	一九七二	46	**11・12**李進熙と「好太王碑」	**3月**奈良県高松塚古墳で極彩	**5・15**沖縄本土復

			について論争。この後、青森市で講演後、「東日流外三郡誌」に触れ、研究を始める。	色の壁画発見。**5月**李進熙「高句麗好太王碑文の謎」（『思想』第五七五号）発表、**10月**『広開土王陵碑の研究』刊行。	帰。
四八	一九七三	47	**8月**『失われた九州王朝——天皇家以前の古代史』（朝日新聞社、のち朝日文庫）刊行。**この年**榎一雄と「邪馬台国」論争。	**2月**九州歴史資料館開館。**8月**長崎県の泉福寺洞穴遺跡で豆粒紋土器発見される。**9月**大阪府東奈良遺跡で銅鐸・銅戈・勾玉の鋳型が発見される。	石油ショック。
四九	一九七四	48		**4月**奈良国立文化財研究所に埋蔵文化財センター設置。**7月**中国・始皇帝陵で兵馬俑発掘される。**この年**田中美知太郎・藤沢令夫編『プラトン全集』刊行開始。	
五〇	一九七五	49	**2月**『盗まれた神話——記・紀の秘密』（朝日新聞社、のち朝日文庫）刊行。**5月**『親鸞思想——その史料批判』（冨山房）刊行。	西郷信綱『古事記注釈』刊行。	

五一	一九七六	50	安本美典との論争が始まる。	**7月**岡山県楯築墳丘墓発掘開始。この頃公共事業による遺跡破壊が増加。	**2月**ロッキード事件。
五二	一九七七	51		宮崎康平『まぼろしの邪馬台国』刊行。五〇万部を売り、邪馬台国論争のきっかけとなった。	
五三	一九七八	52	**7月**『わたしひとりの親鸞』(毎日新聞社)刊行。	**4月**大阪府仲津媛古墳の陪塚で、木製そり「修羅」発見。**5月**福岡県板付遺跡で水田遺構など発見。**9月**埼玉県教育委員会、稲荷山古墳出土鉄剣銘文の一一五文字を解読と発表。**この年**部落問題研究所『戦後部落問題の研究』刊行。	
五四	一九七九	53	三木太郎と「邪馬台国」論争始まる(〜五五年)。	**1月**奈良県田原町から太安万侶の墓誌出土。**6月**福岡県岡本遺跡で小銅鐸の鋳型出土。	
五五	一九八〇	54	**4月**龍谷大学の講師として親鸞を講義する。**6月**筑紫舞に	**1月**佐賀県安永田遺跡で鳥模様のある銅鐸の鋳型片発見。	

五六	一九八一	55	出会う。**8月**中国東北地方へ藤田友治と調査へ赴く。	**3月**宮崎康平死去。**5月**群馬県三ツ寺遺跡発掘開始。**10月**宮城県座散乱木遺跡から石器出土。**この年**クリフォード・エヴァンズ死去。
五七	一九八二	56		**5月**福岡県比恵遺跡の甕棺墓から細形銅剣出土。**12月**諸橋轍次死去。**この年**「古田武彦と古代史を研究する会」（東京古田会）発足。唐津湾周辺遺跡調査委員会編『末盧国――佐賀県唐津市・東松浦郡の考古学的調査研究』刊行。
五八	一九八三	57		**2月**井上光貞死去。**3月**国立歴史民俗博物館開館。小林秀雄死去。**11月**奈良県明日香村キトラ古墳、石槨内の彩色壁画を確認。**この年**西嶋定生『中国古代国家と東アジア世界』、斎藤忠編著『古代朝鮮・

五九	一九八四	58	**4月**昭和薬科大学教授として赴任、東京に移住。**11月**（～翌年**4月**）『古代は輝いていた』（全三巻、朝日新聞社、のち朝日文庫）刊行。**8月**梅原猛と対談。この頃、法隆寺釈迦三尊像の光背銘文の研究を進める。	日本金石文資料集成』刊行。**1月**島根県の岡田山古墳出土の鉄製太刀から、「額田部臣」解読される。**2月**平泉澄死去。**7月**荒神谷遺跡から銅剣（出雲矛）三五八本と銅鐸六個、銅矛（筑紫矛）一六本が出土。	
六〇	一九八五	59		**3月**福岡県吉武高木遺跡で木棺墓出土。**9月**奈良県藤ノ木古墳から朱塗り家形石棺発見される。**11月**直良信夫死去。	
六一	一九八六	60		**1月**石母田正死去。	
六二	一九八七	61		**2月**坂本太郎死去。**9月**奈良県島庄遺跡で大庭園遺構出土。	
六三	一九八八	62		**6月**奈良県藤ノ木古墳石棺内に大量の副葬品があることが判明。**9月**長屋王邸宅跡から多数の木簡発見。**11月**稲荷台	**7月**リクルート事件。

六四 平成元	一九八九	63		古墳鉄剣に「王賜」に始まる一二文字の最古の銘文があったことが発表される。**2月**佐賀県吉野ヶ里遺跡で国内最大の弥生期大集落確認、**3月**有柄銅剣などが発見される。兵庫県権現山五一号墳で三角縁神獣鏡五面発掘。**7月**米沢市一ノ坂遺跡で縄文期の日本最長住居跡発見。	**1・7**昭和天皇崩御。平成に改元。
三	一九九一	65	**8月**昭和薬科大学の信州校地で、六日間のシンポジウムを開催。のちに、『「邪馬台国」徹底論争——邪馬壹国問題を起点として』全三巻として、新泉社から刊行される（平成四～五年）。		ソ連崩壊。バブル崩壊。
四	一九九二	66		**5月**佐賀県吉野ヶ里遺跡から二つ目の環濠集落が発見される。奈良県唐古・鍵遺跡から	

				楼閣を描いた弥生中期の土器片出土。大和と中国の関係や、邪馬台国の所在地論争活発に。**8月**松本清張死去。青森県風張遺跡から出土した炭化米により、稲作起源論争に一石が投じられる。	
五	一九九三	67	この頃土佐清水市教育委員会の依頼により、足摺岬周辺の巨石遺構を調査。**12・10**佐田山第二峰列石群を軽気球から撮影。	**2月**奈良県橿原神宮火災、神楽殿消失。**5月**宮城県高森遺跡で五〇万年前の石器出土。**9月**青森県三内丸山遺跡で大量の木の実が発見される。**12月**『万葉集』定家卿本写本が発見される。法隆寺、世界遺産に認定される。	
六	一九九四	68		「「多元的古代」研究会」、「古田史学の会」発足。	
七	一九九五	69	『新・古代学』が新泉社から発刊（〜平成一七年、第八集まで刊行）。**11月**メガーズ博士東	**10月**青森県三内丸山遺跡で、縄文中期の東西二一〇メートルの墓が確認される。	**1・17**阪神・淡路大震災。**3・20**地下鉄サリン事件。

			京永田町憲政記念館で講演。		
八	一九九六	70	**3月**パラオ島へ調査旅行。**3月**昭和薬科大学を定年退職、京都府に移り住む。この頃から、万葉集を研究するようになる。**3月**古田史学論集『古代に真実を求めて』第一集（古田史学の会編）が明石書店から刊行される。	**8月**丸山眞男死去。**10月**島根県加茂岩倉遺跡から弥生中期の銅鐸三九個が出土。	**12月**原爆ドームが世界遺産に認定。
一〇	一九九八	72	**2月**森嶋通夫のすすめにより執筆した『失われた日本』（原書房）を刊行。	**1月**奈良県黒塚古墳で三角縁神獣鏡三二枚、画文帯神獣鏡一枚が出土。**2月**福島県宮畑遺跡で縄文時代の巨大柱穴が発見される。林屋辰三郎死去。**3月**奈良県明日香村のキトラ古墳で「星宿図」「白虎」の図が発見される。	**9月**黒澤明死去。
一一	一九九九	73		**9月**和田喜八郎死去。	
一二	二〇〇〇	74		**11月**宮城県の上高森遺跡のねつ造発覚。前期旧石器時代遺	

一四	二〇〇二	76	**1月～翌年9月**『古田武彦著作集　親鸞・思想史研究編』（全三巻、明石書店）刊行。	跡の全面的な再調査の動きが起こる。	
一五	二〇〇三	77	アメリカへ一人旅。スミソニアン博物館にて講演・討議。		
一六	二〇〇四	78			**7月**森嶋通夫死去。
一七	二〇〇五	79		**10月**九州国立博物館開館。藤本光幸死去。	
一八	二〇〇六	80	**5月**直接編集を務めた『なかった——真実の歴史学』がミネルヴァ書房から刊行される（～平成二一年、第六号まで刊行）。**11月**「東日流外三郡誌」「寛政原本」発見。		
一九	二〇〇七	81	**2月**一一日間にわたり、エクアドル・グアヤキル・バルディビアを訪問、言語調査。		
二〇	二〇〇八	82			リーマンショック。

二二	二〇一〇	84	**1月**ミネルヴァ書房から「古田武彦・古代史コレクション」シリーズ刊行開始。**この年**監修・出演のDVD「701——人麻呂の歌に隠された九州王朝」(アンジュ・ド・ボーテ・ホールディングス)が発売される。	
二三	二〇一一	85	**9月**『俾弥呼』(ミネルヴァ書房)刊行。	**3・11**東日本大震災。福島第一原発でメルトダウン。
二四	二〇一二	86		**3月**吉本隆明死去。**7月**藤田友治死去。ベティ・J・メガーズ死去。
二五	二〇一三	87	**3月**ミネルヴァ書房から「古田武彦・歴史への探究」シリーズ刊行開始。NHK高知放送局の取材を受ける。**11月**八王子の大学セミナー主催の古代史セミナーが一〇回目を迎える。	

ら　行

わ　行

ま　行

や　行

な　行

は　行

さ　行

た　行

か　行

人名索引

あ 行

《**著者紹介**》

古田武彦（ふるた・たけひこ）

1926年　福島県生まれ。

旧制広島高校を経て，東北大学法文学部，日本思想史科において村岡典嗣に学ぶ。

長野県松本深志高校教諭，神戸森高校講師，神戸市立湊川高校，京都市立洛陽高校教諭を経て，

1980年　龍谷大学講師。

1984～96年　昭和薬科大学教授。

著　作　『「邪馬台国」はなかった――解読された倭人伝の謎』朝日新聞社，1971年。

『失われた九州王朝――天皇家以前の古代史』朝日新聞社，1973年。

『盗まれた神話――記・紀の秘密』朝日新聞社，1975年。

『古田武彦著作集　親鸞・思想史研究編』全3巻，明石書店，2002年。

『俾弥呼――鬼道に事え，見る有る者少なし』ミネルヴァ書房，2011年，ほか多数。

シリーズ「古田武彦・古代史コレクション」「古田武彦・歴史への探究」をミネルヴァ書房より刊行中。


シリーズ「自伝」my life my world

真実に悔いなし

――親鸞から俾弥呼へ　日本史の謎を解読して――

2013年9月30日　初版第1刷発行　〈検印省略〉

定価はカバーに
表示しています

著　者　古　田　武　彦
発行者　杉　田　啓　三
印刷者　藤　森　英　夫

発行所　株式会社　ミネルヴァ書房
607-8494　京都市山科区日ノ岡堤谷町1
電話代表　(075)581-5191
振替口座　01020-0-8076

亜細亜印刷・新生製本

ISBN978-4-623-06752-7

Printed in Japan

シリーズ「自伝」my life my world

精神医学から臨床哲学へ	木村 敏著	三七六頁	二八〇〇円
生物学の夢を追い求めて	毛利秀雄著	二九〇頁	二八〇〇円
情報を読む力、学問する心	長尾 真著	三三二頁	二八〇〇円
新しい歴史像を探し求めて	角山 榮著	二〇四頁	二五〇〇円
社会学 わが生涯	富永健一著	四八二頁	三〇〇〇円
アジアのなかの日本再発見	上田正昭著	二八四頁	二八〇〇円
実証政治学構築への道	猪口 孝著	二七二頁	二八〇〇円
一般均衡論から経済学史へ	根岸 隆著	二五六頁	二八〇〇円
ある社会学者の自己形成	森岡清美著	三三六頁	三〇〇〇円
生命のつながりをたずねる旅	岩槻邦男著	三六〇頁	三〇〇〇円
環境考古学への道	安田喜憲著	二九二頁	二八〇〇円
国際法の現場から	小田 滋著	四〇〇頁	三二〇〇円
ゲーム理論と共に生きて	鈴木光男著	三七二頁	三五〇〇円
言語文化の深層をたずねて	堀井令以知著	四四八頁	三五〇〇円
真実に悔いなし	古田武彦著	四〇八頁	三〇〇〇円

以下続刊

青柳正規
上田閑照
小和田哲男
加藤尚武
川勝平太

川崎和男
古在由秀
小宮隆太郎
佐藤文隆
鈴村興太郎

橘木俊詔
西尾幹二
速水 融
樋口恵子
藤田紘一郎

宮本憲一
山極寿一
山之内靖
山内昌之

＊敬称略、五十音順
（二〇一三年九月現在）